A VIDA OCULTA NA MAÇONARIA

C. W. Leadbeater 33°

A VIDA OCULTA NA MAÇONARIA

Tradução da 2ª edição de 1928
por
J. Gervásio de Figueiredo 33°

BIBLIOTECA MAÇÔNICA PENSAMENTO

Editora
Pensamento
SÃO PAULO

Título original: *The Hidden Life in Freemasonry*.
Copyright © 1928 C. W. Leadbeater.
Copyright da edição brasileira © 1956 Editora Pensamento-Cultrix Ltda.
Texto de acordo com as novas regras ortográficas da língua portuguesa.

19ª edição 2013.
3ª reimpressão 2021.

Todos os direitos reservados. Nenhuma parte desta obra pode ser reproduzida ou usada de qualquer forma ou por qualquer meio, eletrônico ou mecânico, inclusive fotocópias, gravações ou sistema de armazenamento em banco de dados, sem permissão por escrito, exceto nos casos de trechos curtos citados em resenhas críticas ou artigos de revistas.

Capa: Rosana Martinelli
Projeto gráfico e diagramação: Verba Editorial
Revisão de texto: Gabriela Morandini e Renato Potenza Rodrigues

Dados Internacionais de Catalogação na Publicação (CIP)
(Câmara Brasileira do Livro, SP, Brasil)

Leadbeater, C. W., 1847-1934.
A Vida Oculta na Maçonaria / C. W. Leadbeater; tradução de J. Gervásio de Figueiredo. — São Paulo: Pensamento, 2013. — (Coleção Biblioteca Maçônica Pensamento)

Título original: *The Hidden Life in Freemasonry*
ISBN 978-85-315-0704-5

1. Maçons 2. Maçonaria — História I. Título. II. Série.

| 12-03842 | CDD - 366.109 |

Índice para catálogo sistemático:
1. Maçonaria: Sociedades secretas: História 366.109

Direitos de tradução para a língua portuguesa adquiridos
com exclusividade pela
EDITORA PENSAMENTO-CULTRIX LTDA.
Rua Dr. Mário Vicente, 368 — 04270-000 — São Paulo, SP
Fone: (11) 2066-9000
E-mail: atendimento@editorapensamento.com.br
http://www.editorapensamento.com.br
que se reserva a propriedade literária desta tradução. Foi
feito o depósito legal.

Sumário

Algumas palavras de apresentação 11
Prólogo 13
Prefácio do autor 15

1. Introdução

Experiência pessoal 21
Testemunhos egípcios 22
Conservação dos rituais e símbolos 29
O ponto de vista egípcio 33
A obra oculta 38
A raça egípcia 40
As Grandes Lojas 42
As Lojas comuns 44
Histórico da Maçonaria 47

2. A Loja

Sua forma e extensão 51
Orientação 53
A abóbada celeste 54
O altar 55
Pedestais e colunas 58
Ordens arquitetônicas 60
O significado das três colunas 64
As colunas do pórtico 68

3. Os acessórios da Loja
   Os ornamentos 81
   O pavimento de mosaico 81
   A borda dentada 84
   A estrela flamígera 85
   Os utensílios 87
   As joias móveis 90
   As joias imóveis 100

4. Cerimônias preliminares
   O ritual comaçônico inglês 108
   A procissão 109
   O avental 112
   A cerimônia da incensação 115
   O acendimento das velas 120

5. A abertura da Loja
   A ajuda dos Irmãos 123
   A cobertura da Loja 127
   O S...l de Ap. 132
   Os oficiais 139
   Os deveres 143
   A abertura 147
   As P...s de Ap. 151

6. A Iniciação
   O candidato 157
   Divisões da cerimônia 158
   A preparação do candidato 161
   A preparação interna 167
   As três viagens simbólicas 172
   O J... 179
   As L...s Em...s 182

O S...l e a P...e 183
Exame e investidura 183
Os instrumentos de trabalho 185
Interpretação egípcia dos instrumentos de trabalho ... 187

7. O segundo grau
As perguntas 192
A preparação 198
A preparação interna 198
A abertura 199
O último trabalho do Ap. 202
As cinco etapas 203
Os cinco passos 205
O J... 209
Os instrumentos de trabalho 211
Encerramento da Loja 211

8. O terceiro grau
A abertura da Loja 213
O C... 214
A preparação do candidato 216
A preparação interna 217
A entrada na Loja 218
Os sete P...s 219
O J... 219
As forças etéreas 221
Hiram Abiff 225
Morte e ressurreição 229
A Estrela 231
A ascensão da humanidade 232
Fogo, Sol e Lua 233
Os três vilões 235
A inscrição 236

9. Os graus superiores

O plano maçônico 238
A cerimônia de instalação 239
O Grau de Mark 240
O Santo Arco Real 243
Graus ainda mais elevados 251
A Rosa-Cruz 251
A Maçonaria Negra 254
A Maçonaria Branca 256
Como usar os poderes 258
Nossas relações com os anjos 260

10. Dois maravilhosos rituais

I

Os trabalhos no Egito 265
A forma do Templo de Amon-Rá 268
A construção do Templo de Amon-Rá 271
O desvelar da luz oculta 273
As oferendas 275
A descida de Osíris 276
A distribuição do sacramento 277
A reunião de Osíris 280
A refulgência da luz 282
A promessa e a bênção 284

II

A cerimônia dos santos anjos 285
A Loja e os oficiais 286
O triângulo de adeptos 287
A chegada dos anjos 288
A construção do Templo dos anjos 289
A cerimônia no Templo 291
O efeito do festival 292

11. O encerramento da Loja

   As saudações 294
   Preparação para o encerramento 298
   O encerramento 300

Figura I
Projeção mental de uma Loja

Algumas palavras de apresentação

Ao traduzir para o idioma português o importante livro de Charles Webster Leadbeater, The Hidden Life in Freemasonry, *fazemo-lo movidos pelo puro desejo de colocar ao alcance de maior número de estudiosos de assuntos maçônicos e dos leitores de nossa língua, e mesmo da castelhana, uma das mais transcendentais e lúcidas obras publicadas no gênero por um dos mais conspícuos maçons e clarividentes dos últimos tempos.*

Com efeito, há muitíssimas e notabilíssimas publicações maçônicas, porém em sua quase totalidade são de fundo histórico ou simbólico, e umas poucas de fundo interpretativo das alegorias e tradições. Nenhuma como esta, que apresenta o significado básico e oculto da Maçonaria, o qual não só excede de muito ao sentido simbólico e alegórico, como também ultrapassa as raias da gênese histórica comum na Maçonaria, remontando sua origem a um passado cuja grandeza é hoje pouco conhecida mesmo em certas esferas maçônicas.

Através desta obra vê-se que a Ordem Maçônica não é apenas "um sistema de moral exposta em símbolos e alegorias", e sim, uma autêntica escola de iniciação moral, cultural e espiritual, que prepara seus adeptos tanto para uma nobre vida terrena e social, como para entrar num alto e esclarecido estado de consciência em sua futura vida ultraterrena, terminado que haja o seu ciclo de aprendizagem e atividade neste mundo.

Por ela poderá adquirir o maçom, e mesmo o investigador leigo, uma concepção mais completa e inspiradora do transcendente significado evolutivo e hierárquico da arca de Noé, vogando sobre as águas e pairando sobre o monte Ararat; da escada de Jacob; do templo de Salomão complementado pela Arca de Jerusalém, e do advento, peregrinação, glorificação, morte, ressurreição e ascensão de Cristo em sua divina manifestação mística universal. Possivelmente notará a analogia desses fatos bíblicos com numerosas outras lendas religiosas e filosóficas extra e pré-bíblicas, anunciando os mesmos acontecimentos por versões diferentes, mas visando ao mesmo objetivo: o aperfeiçoamento da alma. E mais uma vez comprovará a luminosa verdade do provérbio de Salomão: "A Sabedoria Divina dirige suave e poderosamente todas as coisas".

Todos esses fatos são estados mais místicos que históricos, a serem galgados por todo maçom ardoroso e leal, e isso não apenas simbolicamente, mas por um efetivo desdobramento da sua consciência interna. Desses fatos, os símbolos e alegorias são pálidas figuras demonstrativas, embora sugestivas.

Trata-se, pois, de um livro sui generis, oportuno num momento de tão denso materialismo. Não só prima por sua clareza e honestidade como também soluciona muitos conceitos maçônicos um tanto simplistas no que diz respeito à metafísica. Ao lado de outros livros, notáveis sob outros aspectos, será este um potente farol a clarear o escarpado caminho ascendente para a Verdade, que tem de palmilhar todo investigador sincero, pertença ou não ao quadro maçônico.

Pelo menos é essa a nossa crença e propósito. Se isso se efetivar, não será a nós que pertencerão os louros da vitória, mas à própria Maçonaria, qualquer que seja o seu Rito, pois terá as suas colunas mais iluminadas e robustecidas, para maior felicidade e glória da humanidade.

O tradutor

Prólogo

Cabe-me uma vez mais o privilégio de apresentar ao grande público, para auxílio dos estudiosos, outro volume da série de escritos do Bispo Charles W. Leadbeater sobre o lado oculto das coisas. *Verdadeiro maçom que é, está sempre procurando espalhar a Luz que recebeu, para que ela dissipe as caóticas trevas. Buscar a Luz, ver a Luz, seguir a Luz eram deveres familiares a todos os maçons egípcios, embora as trevas que imperavam naquele antigo país jamais houvessem sido tão densas como as que envolvem hoje o Ocidente.*

Este livro será bem recebido por todos os maçons sensíveis à beleza de seu antigo rito e desejosos de acrescentar conhecimento ao seu zelo. A história interna da Maçonaria é posta à margem no momento, e o aprendiz é conduzido por um seguro guia através do labirinto que preserva da curiosidade ociosa e desatenta o santuário central. Ficam iluminados os lugares antes escuros; as obscuras alusões se tornam cristalina claridade; esboroam-se os muros que pareciam sólidos; a confiança substitui a dúvida; pelas frestas das nuvens se obtêm vislumbres da meta; e as névoas do solo se esvaem ante os raios do Sol nascente. Em vez de fragmentos de semicompreendidas tradições, confusas e não interpretadas, temos à mão uma esplêndida ciência e um reservatório de forças que podemos utilizar para a elevação do mundo.

Não mais temos que perguntar: "Qual é a Grande Obra?". Já sabemos "que é nada menos que um concentrado esforço para cum-

prirmos o dever que pesa sobre cada um de nós, como possuidores da Luz, e que consiste em espalhar a Luz por todo o mundo, e em tornar-nos efetivos colaboradores do G∴ A∴ D∴ U∴ em Seu grande plano para a evolução de nossos Irmãos".

As explicações detalhadas das cerimônias são profundamente interessantes e instrutivas, e recomendo-as de todo o coração aos verdadeiros maçons. Nosso M∴ I∴ Irmão nos acrescentou, com este livro, um pesado débito de gratidão aos muitos que já temos com ele. Sejamos honestos devedores.

Adyar, 25 de dezembro de 1925

Annie Besant

Prefácio do autor

A comunidade maçônica difere de todas as demais sociedades, já que os candidatos à filiação têm de aceitá-la de olhos vendados, e a seu respeito não recebem muita informação até seu ingresso efetivo em suas fileiras. Mesmo então a maioria dos maçons só obtém, habitualmente, uma ideia muito geral do significado de suas cerimônias, e raramente penetra mais além de uma elementar interpretação moral de seus símbolos principais. Embora conservando o devido sigilo sobre os assuntos que devem ser mantidos secretos, meu objetivo, neste livro, é explicar algo do significado mais profundo da Maçonaria, com a esperança de despertar entre os Irmãos uma reverência mais intensa por aquilo de que eles são os guardiães, e uma compreensão mais completa dos mistérios da Ordem.

Conquanto o escopo primário deste livro seja a instrução dos membros da Ordem Comaçônica, cujo desejo é, tal qual se expressa no seu ritual, verter em vasos maçônicos as águas do conhecimento esotérico, espero, no entanto, que venha a interessar um círculo mais amplo. E talvez seja útil a alguns dos muitos Irmãos da Ordem maçônica masculina, que estão em busca de uma interpretação do simbolismo maçônico mais profunda do que a ministrada na maioria de suas Lojas, mostrando-lhes que no ritual que eles tão bem conhecem e amam, se entesouram esplêndidos ideais e profundos ensinamentos espirituais, que são do mais absorvente interesse para aquele que estude o aspecto oculto da vida.

Antes de poder adquirir essa compreensão mais plena, precisamos ter pelo menos um leve trato com certos fatos concernentes ao mundo em que vivemos, e do qual vemos ou compreendemos menos da metade. Com efeito, ainda que o símile pareça um pejorativo, é uma grande verdade que nossa situação se assemelha muito estreitamente à de uma lagarta a alimentar-se de uma folha e cuja visão e percepção se estendem apenas muito pouco além da folha que ela devora. Quão difícil seria a essa lagarta transcender suas limitações, ampliar sua visão, compreender que sua folha faz parte de uma enorme árvore com milhões de folhas semelhantes, com sua vida própria, perpetuada durante milhões de gerações de vidas como a sua; e que a árvore, por sua vez, é apenas uma unidade de uma vasta floresta de dimensões incalculáveis para seu minúsculo cérebro! E se por inusual desenvolvimento uma lagarta conseguisse vislumbrar o vasto mundo que a rodeia e procurasse expor sua visão a suas companheiras, quantas destas a descreriam e ridicularizariam, quantas não lhe instariam para que não perdesse seu tempo em tais invencionices sem proveito, porém se convencesse de que o único objetivo da vida é procurar uma boa situação numa folha suculenta, para dela extrair o mais possível!

Quando, mais tarde, se torna uma borboleta, sua visão se amplia, e entra em contato com uma beleza, uma glória e uma poesia na vida de que dantes não fazia ideia. É o mesmo mundo, e contudo, tão diferente, meramente porque lhe pode ver mais, e por ele se move de nova maneira. Cada lagarta é uma borboleta potencial; e temos a vantagem sobre estas criaturas no fato de podermos antecipar o estágio da borboleta, e assim aprender muito mais acerca de nosso mundo, aproximar-nos muito mais da verdade, gozar a vida muito mais, e fazer muito mais benefícios.

Devemos estudar o lado oculto da vida cotidiana, pois assim aproveitaremos muito mais dela. A mesma verdade se aplica às coisas superiores, como a religião, por exemplo. A religião tem sempre falado à humanidade acerca de elevadas coisas invisíveis, não pertinentes apenas a um longínquo futuro, mas rodeando-

-nos muito perto, aqui e agora. Nossa vida e o que dela podemos aproveitar dependem em larga escala do grau de realidade que essas coisas invisíveis tenham para nós. O que quer que façamos, pensemos sempre nas consequências invisíveis de nossa ação. Sabem alguns de nós quão útil nos tem sido esse conhecimento em nossos Serviços de Igreja; exatamente o mesmo se dá com a Maçonaria.

Embora a maioria das pessoas não veja este vasto mundo interior, ele não é, entretanto, invisível. Como escrevi em *A Ciência dos Sacramentos*:

> Possui a alma humana faculdades que, desenvolvidas, capacitam o homem a perceber este mundo interior, de sorte que se lhe tornará possível explorá-lo e estudá-lo tão precisamente como se estudasse e explorasse essa parte do mundo que está dentro do alcance de todos. Tais faculdades constituem herança de toda raça humana; desenvolver-se-ão dentro de cada um de nós, à proporção que progride nossa evolução. Mas os que estiverem dispostos a esforçar-se poderão antecipar-se aos demais na sua aquisição, da mesma forma que o aprendiz de ferreiro, especializando-se no uso de certos músculos, pode levá-los a um desenvolvimento muito maior do que o de outros de sua idade. Existem aqueles que têm essas faculdades em condições de atuar e podem, por seu emprego, obter vasta soma de interessantes informações a respeito do mundo que a maioria das pessoas não pode ainda ver... Compreenda-se claramente que não há nada de fantástico nem de antinatural nesta visão. É somente uma dilatação das faculdades com as quais estamos todos familiarizados e cujo desenvolvimento nos torna sensíveis a vibrações mais rápidas do que as que nossos sentidos físicos estão normalmente habituados a perceber.

Grande parte das informações dadas neste livro foi obtida pelo uso de tais faculdades, perfeitamente naturais, embora supranormais. Quem quer que possua tal clarividência e observe uma cerimônia maçônica, verá que ali se está fazendo muito mais do que o que expressam as palavras do ritual, apesar de formosas e dignas como habitualmente o são.

Compreendo perfeitamente que tudo isso possa parecer fantástico a quem não haja estudado em primeira mão o assunto. A única coisa que me resta é confirmá-lo como clara e definida realidade para mim, além de que uma longa e cuidadosa investigação, prosseguida durante mais de quarenta anos, me deu a absoluta certeza da existência e segurança deste método.

Não se trata de uma nova descoberta, porque já a conheceram os antigos; mas, como muitas coisas da antiga sabedoria estiveram esquecidas durante os tenebrosos séculos medievais, até que pouco a pouco se tornou a estimar seu valor, a muitos isso parece estranho e incrível. Contudo, basta recordar quão extremamente inconcebíveis deveriam parecer aos nossos avós o telefone, o aeroplano, a radiotelegrafia e ainda o automóvel, para nos apercebermos de que seria insensatez recusar uma ideia tão só porque nunca se ouvira falar nela.

Faz poucos anos, as possibilidades de observação, postas em nossas mãos pelo invento e melhora do espectroscópio, estavam tão distantes do pensamento vulgar, como agora as possibilidades da clarividência. Bem se poderia haver qualificado de vã quimera a análise espectral da constituição química e da medida dos movimentos de estrelas situadas a milhares e milhares de quilômetros de distância. Não poderiam estar iminentes outras descobertas?

Cientistas tão notáveis como Oliver Lodge, William Crooks, o professor Lombroso, Camille Flammarion e o professor Myers, que se deram ao trabalho de investigar o assunto da visão interna, convenceram-se da existência dessa faculdade, pelo que, se entre nossos Irmãos houvesse alguns aos quais parecesse ridícula semelhante alegação, suplico-lhes que continuem lendo e vejam se o conhecimento obtido por um meio, para eles estranho, dá ou não uma razoável e sensata explicação dos obscuros ou incompreensíveis pontos de nosso ritual. O que lhes der melhor conceito do significado dos mistérios de nossa Ordem, e em consequência, acrescentar sua veneração e amor por ela, não poderá ser desdenhável nem absurdo.

Quem desejar conhecer algo mais deste fascinador assunto poderá consultar o livro intitulado *Clarividência*, que publiquei há anos. Por outro lado, agradeço cordialmente ao Rev. Herbrand Williams, M. C. B. A., por sua amabilidade em pôr à minha disposição seus copiosos arsenais de erudição maçônica durante muitos meses de pacientes, penosas e árduas investigações. Também se estende meu agradecimento ao Rev. E. Warner e à senhora M. R. St. John, pelo cuidadoso trabalho dos desenhos, e ao professor Ernest Wood por seu infatigável auxílio e cooperação em todos os sentidos, sem o que não teria sido possível publicar este livro.

C. W. L.

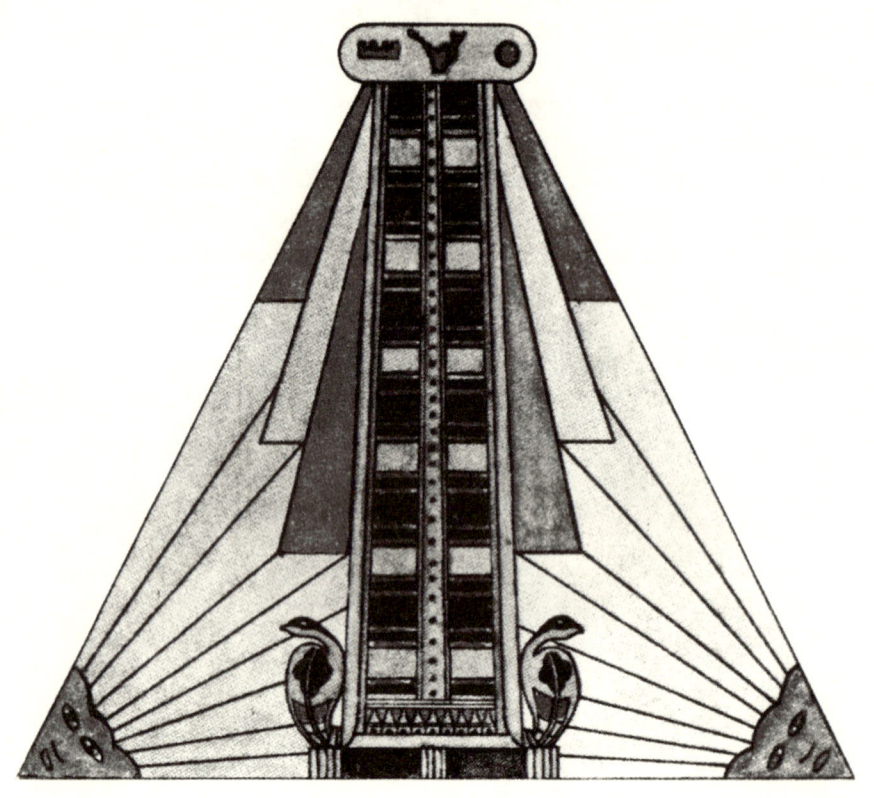

Figura II
Um avental egípcio

1. Introdução

EXPERIÊNCIA PESSOAL

As origens da Maçonaria se perdem nas neblinas da Antiguidade. No século XIX, acreditou-se que a Maçonaria datava dos grêmios medievais de pedreiros, considerados por alguns como reminiscências dos colégios romanos. Haverá ainda quem não saiba mais que isso, porém, todos os estudantes dos antigos Mistérios, que ao mesmo tempo são maçons, sabem que por esta linha temos de achar nossa filosófica prosápia, pois em nossas cerimônias e ensinamentos há muitas coisas que podiam ter significado para os pedreiros, e que tal significado se lhes avulta quando examinadas à luz do conhecimento recebido nos Mistérios.

Os autores maçônicos assinalam diversos graus de antiguidade à Ordem. Alguns atribuem sua fundação ao rei Salomão, e outros afirmam resolutamente que a sabedoria maçônica é o único resíduo do divino conhecimento possuído por Adão antes de sua queda. Contudo, há uma multidão de provas não tão míticas como esta, à qual ocorre ser-me possível contribuir com algo de minha experiência pessoal de natureza algo inusual.

Mediante alguns anos de esforço, e muitos mais de prática, pude desenvolver e vigorizar certas faculdades psíquicas da índole citada no Prólogo, as quais, entre outras coisas, me capacitaram para recordar-me de minhas vidas passadas. A ideia da preexistência pode ser nova para o leitor*, mas não me proponho a aduzir argumentos a seu favor, ainda que abundem, senão tão só declarar que, para mim, como para muitos outros, é um fato de experiência pessoal. A única de minhas vidas passadas, que se relaciona com o nosso assunto, transcorreu uns 4 mil anos antes de Cristo, no país que agora chamamos Egito.

Quando, na vida atual, me iniciaram na Maçonaria, me surpreendi viva e agradavelmente ao ver pela primeira vez a Loja, pois me era familiar a sua disposição e idêntica à que eu havia conhecido 6 mil anos antes nos mistérios egípcios.

Bem sei quão alarmante é essa afirmação, mas só me cumpre dizer que é literalmente verdadeira. Não cabe engano nem é possível explicá-la por mera coincidência. A colocação dos três principais dignitários é inusual; os símbolos são significativos e característicos, e peculiar a sua combinação; contudo, todos eles pertenceram ao Egito Antigo e os conheci bem, ali. Quase todas as cerimônias permanecem inalteradas; existem apenas pequenas diferenças em pontos menores. Os p... os e os t...s dados têm um significado simbólico de que me recordo perfeitamente.

TESTEMUNHOS EGÍPCIOS

Conhecedor desses fatos de minha experiência pessoal, passei a buscar no plano físico provas que os corroborassem nos livros que me vieram às mãos, e elas excederam à minha expectativa.

A explicação do p...l do Primeiro Grau denota que os usos e costumes dos maçons têm sido sempre afins com os dos antigos egípcios, mas não nos oferece nenhum exemplo dos pontos de afinidade, os quais se encontram nos instrutivos livros do Irmão

---

* Os que desejarem maiores informações sobre este interessantíssimo assunto, deverão ler a obra *Reencarnação*, da M∴ I∴ I∴ Annie Besant, e o capítulo sobre a reencarnação em minha obra *Compêndio de Teosofia* (Ed. Pensamento).

Churchward, intitulados *Sinais e Símbolos do Homem Primitivo* e *Os Arcanos da Maçonaria*, assim como em *As Escolas Arcanas* do Irmão John Yarkr e em *A Maçonaria e os Antigos Deuses* do Irmão J. S. M. Ward. Passarei a compendiar, com viva gratidão, a informação extraída dos referidos livros. Os maçons de vários graus poderão selecionar dela os traços que lhes recordem as suas próprias cerimônias.

Têm-se aproveitado algumas ilustrações interessantes das pinturas murais do Egito Antigo e das vinhetas de vários papiros, e principalmente do *Livro dos Mortos*, do qual existem várias edições revistas. Dessas fontes se torna evidente que, no Egito, o templo tinha a forma de um duplo quadrado, em cujo centro havia três

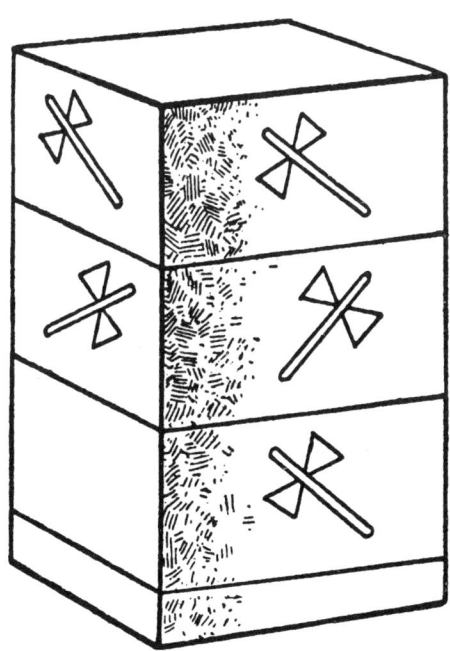

Figura III

cubos superpostos em disposição de altar*, sobre o qual se colocavam os livros das Escrituras Sagradas. Certamente, não as mesmas que as nossas, que não haviam sido escritas ainda. Os cubos representavam os três aspectos ou pessoas da Trindade: Osíris, Ísis e Hórus, como se infere dos sinais neles gravados (*vide Figura* III, copiada, todavia, não de um altar egípcio, mas de uma ilustração do livro de Arthur Evans sobre Creta); mas num período posterior só encontramos um cubo duplo.

Na entrada do templo havia duas colunas, e sobre estas, quadrados representando a terra e o céu**. Uma delas tinha um nome que significava "na força", enquanto que o nome da outra significava "estabelecer"***. Esse pórtico simbolizava o caminho que conduz ao mundo superior de Amenta, onde a alma se fundia com o imortal espírito e ficava daí em diante estabelecida para sempre; por isso, esse pórtico figurava estabilidade.

Na entrada da Loja havia sempre dois guardas armados de facas. Ao guarda externo se chamava o Vigilante, e ao interno o Arauto****. O candidato era despido da maioria de suas vestes, e entrava com uma c... c... e os o...s v...s Era conduzido à porta do templo, onde lhe perguntavam quem era. Ele respondia que era *Shu*, o "suplicante" ou "genuflexo", que vinha das trevas em busca de luz. A porta era um triângulo equilátero de pedra, que girava em torno de um eixo em seu próprio centro.

Ao entrar, o candidato pisava no quadrado, e, ao pisá-lo, se subentendia que ele estava trilhando e transpondo o quaternário inferior, ou a personalidade do homem, a fim de desenvolver a tríada superior, o ego ou alma. (Na Maçonaria moderna é expressa a mesma ideia no Primeiro Discurso, em que se diz que um maçom vem para a Loja "a fim de aprender a governar e dominar suas paixões e a fazer ulteriores progressos na Maçonaria"). Era conduzido por longos corredores; faziam-no dar sete voltas em torno da

---

* Churchward, *The Arcana of Freemasonry*, p. 43.
***Id., ib.*, p. 44.
*** *Id., ib.*, p. 212.
**** *Id., ib.*, p. 47.

Loja, e após haver respondido a muitas perguntas, era finalmente conduzido ao centro da Loja, onde lhe perguntavam o que queria. Diziam-lhe para responder: "Luz". Em todas essas perambulações, tinha ele que começar com o pé esquerdo. Se o candidato violasse seu J..., segundo diz o *Livro dos Mortos*, sua garganta era cortada e seu coração arrancado. No papiro de Nesi-Amsu se menciona outro grau, no qual se diz que o corpo era cortado em pedaços e reduzido a cinzas, as quais se espalhavam na superfície das águas até os quatro ventos do céu.

Há no templo de Khnumu, na ilha de Elefantina, diante de Assuão, um baixo-relevo que nos mostra duas figuras, sendo uma do Faraó e a outra de um sacerdote usando o toucado de íbis de Tot, mantendo-se numa atitude fortemente sugestiva das c... p... de f...*, embora não exatamente conforme com a nossa prática atual (*vide Figura* IV [A]). O baixo-relevo representava uma Iniciação, e a palavra dada é *Maat-heru*, que significa "de voz verídica" ou "aquele cuja voz tem de ser obedecida"**. Também observei uma pintura, em que aparecem quatro cortesãos saudando o Faraó com o s... p... de um M. I., e frequentemente se encontra nos monumentos o s... de s..., característica de Hórus. O malhete era então feito de pedra, em forma de duplo machado.

Naquela época os aventais eram feitos de couro e em forma triangular. O do Primeiro Grau era puramente branco, como hoje; mas o dos M. M. era de cores brilhantes, com profusão de joias e orlas de ouro (*vide Figura* II). Nossa r... de v... q... p... estava representada por um cúbito de 25 polegadas. No centro da Loja brilhava a Estrela Flamígera, mas era de oito pontas, em vez de seis ou cinco. Chamavam-na "Estrela Dalva", ou "Estrela da Manhã"; era símbolo de Hórus da Ressurreição, o qual era representado com ela na cabeça e como a tendo dado a seus seguidores.

O esquadro maçônico era muito bem conhecido, e chamava-se *neka*. Encontra-se em muitos templos e também na grande

---

* Também chamados c... p... de p... (N. do T.)
** Churchward, *op. cit.*

pirâmide. Diz-se que era empregado para esquadrar pedras e ainda, simbolicamente, para esquadrar a conduta, o que se adapta à moderna interpretação. Construir com o esquadro equivalia a construir para sempre, segundo os ensinos do Egito Antigo, e na Sala do Juízo egípcia se vê Osíris sentado sobre o esquadro enquanto julga os mortos (*Figura* IV [B]). Assim veio o esquadro a simbolizar o fundamento da eterna Lei*.

Os egípcios usavam alvenarias brutas e lavradas com o mesmo significado que lhes atribuem os maçons de hoje. Não só no Egito, assim como nalguns monumentos da América Central, se representava uma pértiga rematada por uma pomba, e os que a conduziam eram chamados "condutores". Também é fato curioso que os descendentes dos negros do Nilo, que há séculos emigraram do Egito para se estabelecerem na África Central, quando prestam juramento ante os tribunais, o fazem com um gesto que, se me fosse permitido descrever, seria universalmente reconhecido pela Ordem.

Outro ponto que me surpreendeu muitíssimo ao observar as vinhetas do *Livro dos Mortos*, é que o s... de l... do C...-ro está representado com toda a clareza. Mostra-se, naquela atitude, um grupo de pessoas adorando o Sol poente, ou tributando-lhe respeito.

Esse *Livro dos Mortos*, como impropriamente o denominaram, faz parte de um manual destinado a servir como uma espécie de guia no mundo astral, com várias instruções a respeito do modo como deviam conduzir-se os falecidos e os Iniciados nas regiões inferiores daquele mundo. Os capítulos encontrados em várias tumbas não nos dão o conjunto dessa obra, mas uma seção dela, e ainda assim muito estragada. A mente dos egípcios parece haver atuado muito formal e ordenadamente, pois esquematizavam toda concebível descrição das entidades com que um falecido tivesse a possibilidade de se encontrar. E dispunham cuidadosamente o feitiço ou palavra de poder que consideravam mais

* Churchward, *op. cit.*

A. Uma Iniciação egípcia

B. Osíris sobre o esquadro

Figura IV

eficaz para vencer as entidades hostis; mas sem perceber que sua própria vontade efetuava o trabalho, atribuíam o êxito a alguma espécie de magia. No princípio se procurou manter secreto o *Livro dos Mortos*, mas posteriormente se transcreveram em papiro alguns capítulos seus, para colocá-los na tumba do falecido. Diz uma das passagens: "Este livro é o mistério supremo. Que ninguém passe por ele os olhos, porque seria abominação. Chama-se *Livro do Senhor da Casa Secreta*"*.

Os antigos egípcios admitiam sete almas ou forças vitais emanadas do Altíssimo; os estudantes orientais as denominam os sete primordiais, e são mencionadas em *O Livro de Dzyan***. Seis delas são super-humanas e a sétima é a nossa humanidade, dada à luz pela virgem Neith. Símbolo desse parto era o pelicano, o qual, segundo a fábula, alimentava suas crias com o sangue que extraía de seu próprio peito. Esse símbolo teve muita importância na filosofia, derivada em grande parte, ao que parece, dos ensinamentos egípcios. Nos hieróglifos egípcios encontramos "o Um e os Quatro", referindo-se a Hórus e a seus quatro irmãos, também mencionados nas *Estâncias de Dzyan*; e outra expressão comum a ambos os documentos é "o Um procedente do Ovo". No Egito, o ovo era símbolo do Sol poente, que na linha do horizonte costuma tomar o aspecto do ovo. Esse ovo passava ao mundo inferior, onde, incubado, dava nascimento ao novo Sol do dia seguinte, que se alçava com toda a sua força, e o chamavam "a chama surgida de uma chama". Tudo isso tinha um profundo significado místico que se explicava nos Mistérios.

Quando morria Osíris, tentavam em vão ressuscitá-lo sucessivamente Íris e Nephtys; depois Anúbis o tentava e conseguia, e Osíris voltava ao mundo com os segredos do Amenta, o que parece sugerir que os segredos maçônicos estão estreitamente relacionados com o mundo inferior e a vida ultraterrena.

---

* W. Marsham Adams, *The Book of the Master*.
** Vide *A Doutrina Secreta*, por H. P. Blavatsky (Ed. Pensamento).

Tais são as provas mais evidentes que pude reunir, e há ainda outras que não podem ser publicadas. Parece-me que ainda se encontrariam mais provas; porém mesmo as aduzidas, quando consideradas em conjunto, desvanecem toda possibilidade de coincidência. Não há dúvida de que a fraternidade a que hoje temos a honra de pertencer é a mesma que eu conheci há 6 mil anos, e até se lhe pode assinalar mais remota antiguidade. O Irmão Churchward afirma que alguns sinais datam de 600 mil anos, o que é muito verossímil, porque o mundo é muito velho e a Maçonaria possui um dos mais antigos rituais existentes. Certamente temos que admitir que o mero descobrimento de um de nossos símbolos nos monumentos da Antiguidade não supõe, necessariamente, a existência de uma Loja; mas pelo menos demonstra que mesmo em tão remotos tempos pensavam os homens no mesmo sentido e tratavam de expressar seus pensamentos na mesma linguagem simbólica em que hoje em dia os expressamos.

CONSERVAÇÃO DOS RITUAIS E SÍMBOLOS

Verdadeiramente admirável é que hajam chegado até nós, com tão leves alterações, os símbolos e rituais. Seria isso inexplicável a não ser pela razão de haver as excelsas Potestades que presidem a evolução, se interessado pelo assunto e pouco a pouco conduzido as pessoas à reta senda quando se haviam desviado dela. Esse mister sempre esteve em mãos do Chohan ou Senhor do Sétimo Raio, porque este Raio é o mais diretamente relacionado com toda classe de cerimônias, e seu chefe foi sempre o supremo hierofante dos Mistérios do Egito Antigo. O atual Chefe ou Cabeça do Sétimo Raio é o Mestre de Sabedoria a quem chamamos o conde de Saint-Germain, porque com esse título apareceu ele no século XVIII. Também costumam chamá-lo o príncipe Rakoczi, por ser o último vestígio dessa casa real. Não sei exatamente quando lhe foi conferida a Chefatura do Raio do cerimonial, mas interessou-se pela Maçonaria desde o século III da era cristã.

Naquela época tomou a personalidade de Albano, nascido de uma nobre família romana na cidade inglesa de Verulam. Ainda jovem, seguiu para Roma e ingressou no exército, onde se distinguiu notavelmente, servindo em suas fileiras durante uns sete anos, ou talvez mais tempo. Em Roma foi iniciado na Maçonaria, e também ocupou lugar notável nos Mistérios de Mitra, estreitamente relacionados com aquela.

Depois regressou a seu país natal e ali o nomearam governador da fortaleza de Verulam. Também ocupava o cargo de "Mestre de Obras", e qualquer que fosse o seu significado, ele certamente superintendia as reparações e trabalhos gerais dessa fortaleza, e ao mesmo tempo era o Pagador Imperial. Relata-se que os operários eram tratados como escravos e mesquinhamente pagos, mas que santo Albano (como ele foi posteriormente chamado) introduziu a Maçonaria e mudou tudo aquilo, assegurando-lhes melhores salários e melhorando-lhes consideravelmente as condições gerais. Muitos de nossos Irmãos devem ter ouvido falar do manuscrito de Watson de 1687. Nesse documento se fala muito da obra de santo Albano pela Ordem e menciona-se especialmente que ele trouxe da França certas antigas instruções, que são praticamente idênticas às em uso na época presente. Ele foi decapitado durante a perseguição movida pelo Imperador Deocleciano no ano de 303, e cinco séculos mais tarde se erigiu a grandiosa Abadia de Santo Albano sobre a sua tumba.

No ano 411 ele renasceu em Constantinopla e recebeu o nome de Proclus, que depois deveria tornar-se famoso. Foi um dos últimos grandes expoentes do Neoplatonismo, e sua influência dominou grande parte do cristianismo medieval. Depois dessa, há um hiato na lista de suas encarnações, das quais nada conhecemos no presente. Reencontramo-lo renascido no ano de 1211, como Roger Bacon, um frade franciscano, que em sua época foi um reformador da Teologia e da Ciência. Em 1375 reaparece como Christian Rosenkreuz. Essa foi também uma encarnação de considerável importância, pois foi nela que fundou a sociedade secreta dos rosa-cruzes. Parece que uns cinquenta anos mais tarde ele usou o corpo de Hunyadi Janos, um eminente soldado e líder húngaro. Igualmente nos foi informado que pelo ano de 1500 ele viveu como o monge Roberto, em alguma parte da Europa Central. Praticamente nada sabemos acerca do que ele fez ou que o tenha distinguido nessa vida.

Depois vem uma de suas maiores existências, pelo ano de 1561, quando nasceu como Francis Bacon. Sobre esse grande homem lemos na história pouca coisa verdadeira e muita coisa falsa. Os fatos reais de sua vida estão se tornando gradativamente conhecidos, em grande parte mercê de uma história cifrada que escreveu secretamente em muitas obras por ele publicadas. Essa história é de empolgante interesse, mas não cabe aqui. Um bosquejo seu pode ser encontrado em meu livro *The Hidden Side of Cristian Festivals*, p. 308, do qual resumi este relato.

Segundo se nos diz, ele nasceu um século mais tarde como José Rakoczi, um príncipe da Transilvânia. As enciclopédias se referem a ele, mas sem dar muita informação. Depois dessa existência, seus movimentos estão envoltos em considerável mistério. Parece ter viajado pela Europa, retornando de quando em quando, mas a seu respeito possuímos pouco conhecimento definido. Foi o conde de Saint-Germain na época da Revolução Francesa, e trabalhou muito com Madame Blavatsky, que naquele período foi conhecida sob o nome de Pai José. O conde também parece ter tomado o nome de Barão Hompesch, que foi o último dos cavaleiros de são João de Malta, o personagem que dispôs a transferência da ilha de Malta para os ingleses. Esse grande santo e instrutor ainda vive, e seu atual corpo não dá mostras de nenhuma longa idade. Eu próprio o encontrei fisicamente em Roma, em 1901, e mantive longa conversação com ele.

Na Comaçonaria ele é referido como o chefe de todos os verdadeiros maçons do mundo (cuja abreviatura é o C. D. T. O. V. M.). Em algumas de nossas Lojas, seu retrato está colocado ao Oriente, acima da cadeira do V. M., e exatamente abaixo da Estrela da Iniciação; outras o colocam ao norte, em cima de uma cadeira vazia. De seu reconhecimento e aceitação como o Chefe do

Sétimo Raio depende a validade de todos os ritos e graus. Frequentemente escolhe ele discípulos dentre os Irmãos da Ordem Maçônica, e prepara os que se habilitaram nos mistérios menores da Maçonaria para os verdadeiros Mistérios da Grande Loja Branca, dos quais as nossas iniciações maçônicas, por esplêndidas que sejam, são apenas débeis reflexos, pois a Maçonaria tem sido sempre um dos portais através dos quais se pode atingir aquela Loja Branca. Hoje em dia apenas alguns de seus maçons o reconhecem como seu Soberano Grande Mestre, conquanto a possibilidade de tal discipulado ter sido sempre reconhecida nas tradições da Ordem. Diz-se num antigo catecismo da Maçonaria masculina:

P. Donde vindes como maçom?
R. Do Oc...
P. Para onde vos dirigis?
R. Para o Or...
P. O que vos induziu a deixar o Oc... e a dirigir-vos para o Or...?
R. Buscar um Mestre e d'Ele obter instrução.

Felizmente, nossos antepassados compreenderam a importância de transmitir inalterada a obra. Alguns poucos pontos se perderam durante esse vasto período de tempo; alguns outros foram ligeiramente modificados; mas maravilhosamente não passaram de alguns. Os cargos se tornaram mais demorados, e os não oficiais tomam menos parte no trabalho do que costumavam fazer. Antigamente cantavam constantemente curtos versículos de oração ou exortação, e cada um deles se sentia preenchendo uma posição definida, como uma roda necessária no grande mecanismo.

Desse conhecimento surgem diversos pontos. É digno de nota que as cerimônias maçônicas, por tanto tempo tidas antes como em oposição à religião aceita no país, sejam encaradas como uma relíquia da parte mais sagrada de uma antiga religião. Tal qual todo produto desses antigos e elaboradamente perfeitos sistemas, esses ritos estão cheios de significados, ou melhor, de significado, pois no Egito lhes atribuímos uma quádrupla significação. Já que todo pormenor está assim cheio de significado, é evidente que nada devia ser jamais alterado sem o maior cuidado, e nesse caso, somente por aqueles que lhes conhecessem todo o conteúdo, de maneira que não se adulterasse a simbologia do conjunto.

O PONTO DE VISTA EGÍPCIO

É extremamente difícil explicar aos leitores do século XX tudo o que essa obra significava para nós no ensolarado país de Kem; mas procurarei descrever as quatro ordens de interpretação que se ensinavam quando ali vivi.

1. Nossa primeira ideia de seu significado era que nos transmitia e simbolizava em ação o processo pelo qual havia o Grande Arquiteto construído o Universo: que nos movimentos efetuados e no plano da Loja se ocultavam os princípios fundamentais em que edificara o Universo. O movimento vorticoso do incensário, o levantar e o abater das colunas, a cruz, a âncora e o cálice sobre a escada da evolução, e muitas outras coisas, se interpretavam nesse sentido. Os diferentes graus maçônicos iam penetrando mais e mais no conhecimento dos métodos do Grande Arquiteto e dos princípios a que Ele ajusta Sua obra. Porque nós afirmamos que não só Ele construiu no passado, mas continua construindo *agora* e que Seu Universo é uma ativa expressão Sua. Naqueles tempos os livros não influíam no povo tanto como agora, pois se considerava que a comunicação do conhecimento por uma série de apropriadas e sugestivas ações estimulava com maior eficiência a mente do homem e gravava o conhecimento mais fundamente na memória, do que lendo-o num livro. Portan-

to, estamos conservando por invariáveis ações a memória de certos fenômenos e leis da natureza.

2. Por ser isso assim e porque as leis do Universo devem ter universal aplicação, e têm de regê-lo tanto embaixo como em cima, afirmávamos que o Grande Arquiteto esperava de nós uma conduta coerente com a estabelecida lei. O esquadro devia ser empregado materialmente em talhar as pedras e na construção de edifícios, mas simbolicamente na conduta do indivíduo, que devia sujeitar-se às consequências oriundas evidentemente dessas considerações. Consequentemente, exigia-se-lhe a mais estreita probidade e muito alto grau de pureza física, emocional e mental. Requeria-se dele perfeita retidão e justiça, e ao mesmo tempo amável benevolência e cavalheirismo, e em todos os casos, "fazer aos demais aquilo que desejasse para si". Portanto, a Maçonaria é, com efeito, "um sistema de moral velado por alegorias e exposto por símbolos", mas é um sistema que não se baseia num suposto mandamento de "Assim diz o Senhor", mas em definidos e indubitáveis fenômenos e leis da natureza.

3. Os trabalhos são uma preparação para a morte e para o que a segue. Supunha-se que as duas colunas B e J se erguiam na entrada do outro mundo, e que as diversas provas pelas quais passava o neófito simbolizavam as que podiam sobrevir-lhe quando passasse do mundo físico para a etapa imediata de vida. O exame inteligente das cerimônias maçônicas proporciona copiosa informação sobre a vida ultraterrena, e mediante sua prática constante chegam a ser para nós uma realidade os mundos invisíveis. De sorte que, quando real e não figuradamente morre o nosso corpo físico, sentimo-nos por completo em nossa própria casa ao repetirmos, uma vez mais, o que tantas vezes havíamos praticado simbolicamente na Loja. Sobretudo se dá a entender que no mundo do além regem as mesmas leis que no terrestre; que em ambos os lugares estamos igualmente em presença de Deus, e que nada há que temer onde se invoca esse sagrado nome.

4. A quarta interpretação é a mais difícil de explicar. Para isso seria necessário transportar o leitor ao ambiente do Egito Antigo e à atitude mantida então por seus habitantes religiosos. Não sei se será possível semelhante retrospecção em nossos dias, tão desesperada e profundamente diferentes.

A religião que melhor conhecemos na atualidade é sumamente individualista, pois o ideal que ela apresenta ao cristão é o da salvação de sua própria alma. Considera-se de primordial importância esse dever. Temos que imaginar uma religião tal como há de ser, uma religião fervente e ativa em todos os aspectos, mas na qual a ideia de autossalvação estivesse sempre ausente ou fosse inconcebível. Temos que nos imaginar num estado de ânimo em que ninguém temesse nada, senão o mal e suas possíveis consequências na paralisação do progresso; em que os homens esperassem placidamente e com perfeita segurança o seu progresso depois da morte, porque conheciam as condições desse estado; em que seu único desejo fosse, não a sua salvação, mas seu adiantamento na evolução, porque tal adiantamento lhes infundiria maior poder para o cumprimento do trabalho oculto que Deus esperava deles. Assim era o sentimento religioso egípcio.

Não quero sugerir com isso que assim fossem todas as pessoas do Egito Antigo, como tampouco o são os nossos contemporâneos. O que quero significar é que todo aquele país estava saturado de deleitável confiança no atinente às suas ideias religiosas, e que todo aquele a quem por cortês alarde se pudesse chamar de homem religioso, não pensava em sua própria salvação, mas animava-o o desejo de ser útil agente e eficaz colaborador da divina Potestade.

A religião exotérica do Egito Antigo — a religião oficial em que todos tomavam parte, desde o rei até o escravo — foi uma das mais esplêndidas que os homens conheceram. Faustosas procissões de muitos quilômetros de percurso entre tão estupendas colunas que não pareciam ser obra humana; soberbas naves que com uma mescla de irisadas cores navegavam majestosamente pelo tranquilo Nilo; músicas alegres ou lamurientas, mas sempre comovedoras... Como descrever coisas tão absolutamente sem símile em nossos mesquinhos tempos modernos?

O traje comum de todas as classes sociais do Egito Antigo era branco; mas as procissões religiosas eram massas de esplêndida e refulgente cor, em que os sacerdotes levavam majestosas vestimentas de carmesim e magnífico azul que representava o azul do céu, com muitas outras brilhantes cores.

A vida do Egito Antigo, como a do moderno, se concentrava em torno do Nilo, de lento e majestoso curso, e para transitar por ele se empregavam barcos luxuosamente ornamentados, que também serviam para a celebração de festivais religiosos, nos quais os sacerdotes se dispunham, seja sentados, seja em pé, em simbólicas figuras, e todos levavam vestimentas apropriadas ao particular aspecto da divindade que simbolizavam.

Para oferecer solenes sacrifícios aos deuses, erguiam-se altares nas barcas até de trinta metros de altura, maravilhosamente engalanados de flores e primorosas bordaduras. Além disso, representavam-se nas mesmas barcas quadros vivos e cenas cujo significado simbólico se relacionava com a celebração do festival. Dessa sorte se representava o juízo dos mortos, em que Anúbis pesava o coração do defunto, comparando-o com a pluma de Maat. As características de Anúbis e Tot estavam representadas por sacerdotes que levavam as máscaras correspondentes.

Também me recordo de uma horrível representação do desmembramento de Osíris, cujo corpo era feito em pedaços, e conquanto o corpo não fosse, é claro, o de uma pessoa viva, a cena dava por completo a impressão da realidade.

Essas pomposas procissões desciam pelo rio entre multidões de adoradores, que impetravam a bênção dos deuses e despertavam no povo frenético entusiasmo e profunda devoção.

Os antigos egípcios têm sido acusados frequentemente de politeístas, mas em realidade tão infundada lhes é essa acusação como a assacada aos hindus. Todos reconheciam e adoravam a um só Deus, Amon-Rá, o "uno sem segundo", cujo centro de manifestação no plano físico é o Sol; porém O adoravam sob distintos aspectos e por diversos meios. Um dos hinos que lhe entoavam, dizia assim:

> Os deuses Te adoram e Te saúdam, oh! Tu, Única Verdade Enigmática, Coração do Silêncio, Mistério Oculto, o Deus Interno que se assenta no sacrário, Tu, Gerador dos seres, Tu, o Único Ser. Adoramos as almas de Ti emanadas, que de Teu Ser participam e são Tu mesmo. Oh! Tu, que estás oculto e não obstante manifesto, adoramos-Te ao saudar cada alma divina que de Ti surgida vive em nós.

Os "deuses" não eram considerados iguais a Deus, e sim, como chegados à união com Ele em vários níveis, e portanto, como condutos adequados para derramar sobre a humanidade o infinito poder de Deus.

O culto aos deuses pouco se diferenciava do que a igreja romana tributa aos anjos e santos. Assim como os católicos consideram são Miguel e a Virgem Maria como entidades pessoais, e celebram festas em sua honra, assim também no Egito Antigo se adoravam Osíris, Ísis e outros deuses. Em todo o caso, esses augustos nomes se referiam aos aspectos de Amon-Rá, porque a trindade egípcia estava representada por Pai, Mãe e Filho, chamados respectivamente Osíris, Ísís e Hórus, ao invés da trindade cristã de Pai, Filho e Espírito Santo. Mais abaixo desse nível havia então, como agora, grandes seres que encarnavam o ideal e atuavam como representantes e condutores do trino poder e graça de Deus recebidos pelo homem. Além disso, reconheciam os antigos egípcios hierarquias angélicas correspondentes àqueles diversos aspectos espirituais, tal como hoje se reconhecem coros angélicos subordinados a são Miguel ou à Virgem Maria, que são representantes e mediadores de sua hierarquia, segundo o grau de sua evolução. Por exemplo, o ritual de Ísis despertava o seu interesse, e por isso atraía muitos anjos da respectiva hoste, os quais atuavam como transmissores de sua divina bênção naquele maravilhoso aspecto da Verdade Oculta representada por Ísis.

A OBRA OCULTA

Sem dúvida, o homem sinceramente religioso tomava parte em toda pompa exterior que acabo de descrever; porém, muitíssimo mais que essa magnificência, apreciava pertencer a uma Loja dos sagrados Mistérios, que se dedicava com reverente entusiasmo à obra oculta, que era a principal atividade daquela nobre religião. Desse aspecto oculto da religião egípcia, e não de seu esplendor externo, é a Maçonaria uma sobrevivência, e o ritual nela conservado é parte dos antigos Mistérios. Para explicar essa obra oculta, convirá estabelecer uma comparação com o método mais moderno de produzir resultados análogos.

A celebração da Sagrada Eucaristia, chamada comumente missa por nossos Irmãos da Igreja romana, é o meio de que se vale o Cristianismo para difundir o poder ou graça de Deus. Não temos de considerar essa graça como uma expressão poética, nem como algo vago e incolor, senão que estamos tratando com uma energia tão real como a eletricidade, uma força espiritual que se difunde de certa maneira sobre o povo, a qual produz seu efeito peculiar por onde passa, e necessita, como a eletricidade, de mecanismo adequado.

A clarividência permite observar a atuação dessa energia e ver como o serviço eucarístico constrói uma forma mental por cujo meio o sacerdote distribui a energia espiritual com auxílio do anjo invocado para esse fim. O plano está tão admiravelmente disposto, que nem a atitude do sacerdote nem seu conhecimento, nem ainda seu caráter, interferem na real eficácia do sacramento*. Em qualquer caso se transmite um mínimo irredutível de energia espiritual, desde que o sacerdote pratique as cerimônias prescritas**. Se o sacerdote as pratica devotamente, os que recebem o sa-

---

* Vide número 26 dos 39 artigos da Igreja anglicana em *The Book of Common Prayer*.
** Vide *Cânones e Decretos do Concílio de Trento*, por T. Waterworth, Seção II, Cânone XII.

cramento de suas mãos desfrutam do adicional benefício de participar de seu amor e devoção, sem que isso afete em nada o valor do sacramento em si, pois quaisquer que sejam os defeitos do sacerdote, a energia divina se derrama sobre os fiéis.

A antiga religião egípcia tinha a mesma ideia de difundir a energia divina por entre o povo, mas empregava métodos inteiramente diferentes. A magia cristã depende somente do sacerdote e pode mesmo efetuar-se mecanicamente, embora a assistência inteligente dos leigos acrescente muito, em eficácia e quantidade, à energia difundida. O plano egípcio requeria a inteligente e fervorosa cooperação de grande número de pessoas, e portanto, era muito mais difícil realizá-lo integralmente; mas quando se cumpria plenamente, era maior e abarcava mais dilatada área de território. O plano cristão necessita de grande número de igrejas disseminadas por todo o país. O plano egípcio só requeria a ação de umas tantas Grandes Lojas, estabelecidas nas principais cidades para inundar todo o reino com a Luz Oculta, pois a obra das Lojas comuns era considerada subsidiária daquelas, e como estágios preparatórios para o ingresso nas Grandes Lojas.

A doutrina central da religião dos antigos egípcios era que o divino poder residia em todo ser humano, mesmo no mais degradado, e o chamavam "A Luz Oculta". Diziam que por meio dessa luz, existente em todos, era possível comover e ajudar os homens, de sorte que a eficácia da religião consistia em achar e avivar a luz no interior de cada ser humano, por impossível que parecesse. O lema dos faraós era "Busca a Luz", dando com isso a entender que seu dever supremo de rei era buscar a Luz em todos os que o rodeavam, e esforçar-se por lhe dar mais brilhante manifestação. Afirmavam os egípcios que essa chispa divina, existente em todo ser humano, podia avivar-se em chama, transmutando e transferindo aos três mundos inferiores a formidável energia espiritual, vinda dos planos superiores, e infundindo-a depois pelo país, tal como se descreveu acima.

Conhecedores de que essa energia espiritual não é mais que uma das muitas manifestações do múltiplo poder de Deus, a chamavam também Luz Oculta, e desse duplo sentido da frase se deriva às vezes alguma confusão. Sabiam perfeitamente que tão copioso derrame de graça divina só se podia obter mediante um supremo esforço de devoção de sua parte; e na realização desse esforço, aliada ao adequado mecanismo para distribuir a energia uma vez descida, estribava grande parte da obra oculta a que os egípcios mais nobres dedicavam muito tempo e trabalho. Tal era o quarto objetivo a que estava destinado o sacro e secreto ritual de que é reminiscência o da Maçonaria.

A RAÇA EGÍPCIA

A raça egípcia do período a que me refiro era de sangue mestiço, embora com predomínio do ário. Nossas investigações demonstram que pelo ano de 13500 a.C., um grupo de seres humanos pertencentes às classes superiores do vasto império da Índia Meridional, então existente, empreendeu, por ordem de Manu, uma expedição ao Egito pela estrada do Ceilão. Os governantes do Egito naquela época pertenciam à sub-raça chamada tolteca nos livros teosóficos, provavelmente idêntica à sub-raça de Cro-Magnan que habitou a Europa e a África uns 25 mil anos a.C.

Sir Arthur Keith declara* que essa sub-raça era, física e mentalmente, uma das mais formosas que viu o mundo. Broca notou que a massa encefálica contida no crânio de uma mulher dessa sub-raça era maior que a dos atuais homens do tipo médio. A estatura média era de 1,86 m, os ombros sumamente largos, os braços curtos em comparação com as pernas, o nariz delgado e saliente, os ossos faciais altos e o queixo proeminente.

Sucedeu que ao chegarem ao Egito os expedicionários da Índia Meridional, o rei ou faraó tinha uma filha, mas nenhum filho varão, e sua esposa havia morrido de parto. O rei e o sumo sacerdote receberam cordialíssimamente os recém-chegados, e

---

* *Ancient Types of Man.*

o casamento com estrangeiros se tornou uma ansiada honra entre as famílias egípcias, sobretudo por haver o rei aprovado o enlace de sua filha com o chefe dos expedicionários, que era um príncipe da Índia.

Ao fim de umas poucas gerações, toda a nobreza egípcia estava tinta de sangue ário, e assim se formou o tipo, tão frequente nos monumentos, de feições árias mas cor tolteca. Depois de muitos séculos surgiu um governante, que, influenciado por uma princesa estrangeira com a qual havia se casado, aboliu as tradições árias e introduziu certas formas inferiores de culto religioso; mas o clã se retraiu e, casando-se seus membros estritamente entre si mesmos, preservaram os antigos costumes e religião, bem como sua pureza de raça. Cerca de 4 mil anos depois da chegada dos hindus, apareceram no Egito vários profetas, que predisseram um espantoso dilúvio, de modo que todo o clã tomou um navio e atravessou o mar Vermelho em direção às montanhas da Arábia.

No ano 9564 a.C. se cumpriu a profecia. A ilha de Posêidon afundou-se no oceano Atlântico com o dilúvio a que alude o Timeo de Platão, ao mesmo tempo que o solo terrestre emergiu para formar o deserto de Saara, onde anteriormente se havia estendido um mar raso, de sorte que em consequência desse duplo fenômeno geológico caiu sobre o Egito uma enorme onda que alagou quase toda a povoação. Mesmo depois da catástrofe, o país ficou convertido num baldio que já não estava limitado a oeste por um tranquilo mar, senão por um vasto lodaçal salgado, que no transcurso dos séculos se converteu em inóspito deserto. De toda a grandeza do Egito subsistiram unicamente as pirâmides erguidas em solitária desolação, e assim continuaram as coisas durante quinze séculos, antes que o refugiado clã regressasse das montanhas da Arábia, convertido numa grande nação.

Mas já muitíssimo antes, várias tribos semisselvagens se haviam aventurado no país, ferindo suas primeiras batalhas nas margens do famoso rio, por cujas águas deslizaram outrora as opulentas naves de uma potente civilização, e que estava destinado, contudo, a presenciar o ressurgimento do antigo esplendor e a refletir os suntuosos templos de Osíris e Amon-Rá.

A primeira das várias raças que entraram no país foi a de uns negros da África Central; mas antes que os ário-egípcios regressassem da Arábia, a desalojaram várias outras, que se estabeleceram perto de Abido e pouco a pouco chegaram pacificamente a dominar de novo o país.

Passados 2400 anos, o Manu encarnou na pessoa de Menés, submeteu todo o Egito a um mesmo governo e fundou a primeira dinastia e ao mesmo tempo a sua grande cidade de Mênfis. Esse império havia já florescido durante mais de 1500 anos antes do reinado de Ramsés o Grande, que era o mestre de uma das principais Lojas na época em que tive a honra de lhe pertencer.

AS GRANDES LOJAS

Durante a época em que vivi no Egito, o governo do país era digirido pela organização interna dos Mistérios. Dividia-se o território em 42 distritos, e o governador de cada distrito era o mestre da principal Loja nele estabelecida. Havia uma Grande Loja (não se deve confundi-la com as três Grandes Lojas que serão descritas mais adiante), constituída por todos os governadores do distrito, cujo grão-mestre era o rei. Essa Grande Loja se reunia em Mênfis e tinha ritual diferente do das Lojas de graus inferiores. Era a corporação ante a qual o rei anunciava os seus decretos, pois, conquanto o seu poder fosse quase absoluto, sempre se aconselhava com os governadores antes de resolver um assunto grave, e a julgar por seus conselhos, era uma corporação muito prudente. Os assuntos de menor importância estavam a cargo de uma comissão do seio da Grande Loja, presidida pelo rei; mas as decisões de importância eram tomadas pela Grande Loja em plenário. Assim é que naqueles tempos, tanto a política como a religião eram influenciadas pelo espírito dos Mistérios, de maneira que a política era muito menos egoísta.

Havia na ocasião, no Egito, três Grandes Lojas de Amon, cada uma das quais estava estritamente limitada a quarenta membros, todos eles como partes igualmente necessárias do mecanismo. Inclusive os oficiais, cuja função era a recitação do Ofício e a magnetização da Loja, cada membro representava uma qualidade particular. Um era chamado o cavalheiro do amor, outro o cavalheiro da verdade, outro o cavalheiro da perseverança, e assim sucessivamente, de maneira que cada um deles se supunha capaz de ser, em pensamento, palavra e obra, uma perfeita expressão da qualidade por ele representada. A ideia consistia em que as quarenta qualidades assim manifestadas no conjunto da Loja formavam o caráter do homem perfeito, uma espécie de homem celeste, por cujo meio poderia derramar-se a energia divina por todo o país.

Essas três Grandes Lojas funcionavam em três distintos tipos de Maçonaria, dos quais somente um chegou até nós. O mestre da primeira Grande Loja simbolizava a sabedoria, e seus dois vigilantes, a força e a beleza, como nas Lojas de hoje em dia. A predominante energia infundida era a da sabedoria, equivalente ao perfeito amor, qualidade que realmente é a mais necessária no mundo de nosso tempo. O mestre da segunda Grande Loja simbolizava a força, e seus dois vigilantes, a sabedoria e a beleza, de sorte que a força do primeiro aspecto da Trindade era a qualidade predominante da Loja. O mestre da terceira Grande Loja representava a beleza, e seus dois vigilantes, a sabedoria e a força, que assim ficavam subordinadas àquele terceiro aspecto da Luz Oculta.

Como todos os assistentes tinham que executar sua parte na construção da forma, eram absolutamente necessárias a exata cooperação e a perfeita harmonia. De sorte que só os capazes de se esquecerem por completo de si mesmos na magna obra eram os escolhidos dentro do quadro das Lojas para fazer parte de uma das três Grandes Lojas, cujo poder era tal que invadia todo o país com a sua influência. A mais leve mancha no caráter de um dos quarenta membros teria debilitado consideravelmente a forma que servia de instrumento à obra.

Uma reminiscência, talvez, dessa suprema necessidade é a regra atual de que se dois Irmãos estão inimizados, não podem cingir o avental enquanto não houverem ajustado amistosamente suas diferenças. No Egito Antigo havia entre os membros de uma Loja tão intenso sentimento de fraternidade que hoje raras vezes se alcança. Consideravam-se ligados por laços sacratíssimos, não só como peças de um mesmo mecanismo, mas como efetivos operários da obra de Deus.

O ritual executado nas três Grandes Lojas se chamava: *A construção do templo de Amon*, de cuja efetiva fraseologia trataremos mais adiante. Foi em verdade um dos mais formosos e eficazes sacramentos que jamais conheceu o homem. Celebrou-se durante milhares de anos, enquanto o Egito foi uma poderosa nação; mas chegou o tempo em que os egos mais adiantados na evolução se encarnaram em novas nações, onde, como em diferentes classes da escola do mundo, pudessem aprender novas lições. Então ficou abandonada essa parte dos antigos Mistérios, e a civilização egípcia foi se degenerando em formalismos porque era palco das atividades de seres menos evoluídos.

AS LOJAS COMUNS

Espalhadas por todo o país, havia grande número de outras Lojas, mais parecidas com as dos tempos modernos. Sua obra era muito mais variada que a das três Grandes Lojas, e se reuniam com mais frequência, porque lhes estava confiada a obra de preparar seus membros para misteres mais altos e para dar-lhes ampla educação. Seu propósito era o mesmo dos Mistérios em todas as partes, ou seja, oferecer aos adultos um sistema definido de cultura e educação, tal qual se faz em nossos tempos, porque agora predomina a estranha crença de que a educação do homem termina no colégio ou na universidade.

Os Mistérios eram instituições públicas e centros de vida política e religiosa, onde acudiam, aos milhares, pessoas seletas, que desempenhavam bem o seu labor, pois as que ao cabo de alguns anos haviam passado por diversos graus, chegavam a ser o que agora chamamos pessoas cultas. Ao seu conhecimento das coisas deste mundo se acrescentava a vívida compreensão das condições *post mortem*, do lugar do homem no plano do Universo e, portanto, do verdadeiro objetivo da vida e do que era digno de se fazer.

Também nas Lojas comuns todos os membros tomavam parte na obra, e o trabalho dos que ocupavam as colunas era considerado mais árduo que o dos oficiais. Enquanto estes tinham que efetuar com sua exatidão especial ações físicas, aqueles haviam de se valer sempre do poder de seu pensamento, e de se reunir em certos pontos do ritual para emitir correntes mentais de índole mais semelhante à da força de vontade que à da meditação. O objetivo dos esforços conjugados era construir por cima e ao redor da Loja uma magnífica e radiante forma mental de perfeitas proporções, especialmente construída para receber e transmitir de maneira mais efetiva a Força Divina atraída por sua devoção.

Se o pensamento de algum membro era ineficaz, aparecia defeituosa uma parte do edifício mental; mas como o V. M. da Loja era comumente um sacerdote ou sacerdotiza clarividente, podia ver donde se originava o defeito e manter estritamente a Loja no devido nível. Assim, essas Lojas também cooperavam na magna obra de distribuição de energia, ainda que em muito menor grau que as três Grandes Lojas, às quais estavam especialmente confiadas.

Sem um propósito idêntico a este, torna-se incompreensível nosso grande esforço maçônico. Em quase todas as nossas Lojas maçônicas temos um formoso cerimonial de abertura, cheio de profundo significado simbólico, o qual, quando se compreende, denota não ser um mero formalismo, mas uma evocação admiravelmente eficaz que atrai várias entidades em nosso auxílio e prepara os meios de prestar um serviço positivo à humanidade. Contudo, depois da abertura da Loja e de feitos todos os preparativos, a fechamos em seguida, a menos que haja alguma Iniciação ou exaltação, ou alguma conferência para dar aos Irmãos do quadro.

Certamente, tão formosa preparação ritualística devia produzir algum resultado positivo e concreto, uma obra benéfica para a humanidade.

No Egito Antigo se elaborava essa obra, a cuja culminação conduziam todos aqueles preparativos. O nosso verdadeiro propósito deveria ser o mesmo. Nós praticamos determinadas cerimônias e as chamamos trabalho, nome que não se enquadra às cerimônias, por muito significativas que sejam: mas se construirmos uma grande e bela forma que sirva de canal à energia divina para auxílio do mundo, então, sim, trabalharemos seguramente, e extrairemos e acumularemos potentes forças super-humanas, que a bênção final derramará sobre o mundo. Sem isso, todas as preliminares se assemelharão, como dizem as regras da Comaçonaria, "a maciços portais que não conduzem a nenhuma parte".

Não há razão para que em nossos dias deixemos de fazer com o ritual tanto quanto o fizeram os antigos egípcios. Qualquer efeito ou inconveniente com que deparamos, não provém do mundo profano, mas de que os Irmãos não atentam para a gravidade da obra empreendida, ou não conseguem elevar-se ao grau de altruísmo que se necessita para assegurar a assistência regular à Loja em serviço da humanidade. No Egito Antigo ninguém incomodava o Irmão secretário com cartas de desculpas, pois todos os membros se consideravam honradíssimos de pertencer ao quadro, e era para eles o mais valioso benefício e gozo de sua vida, de sorte que sempre assistiam pontualmente às reuniões, exceto quando impedidos por grave enfermidade. Esperemos que a Maçonaria tenha um futuro digno de seu passado, e que não transcorra muito tempo sem que em todos os países do mundo trabalhem Lojas como as daquela remota época.

A recordação da maneira como se trabalhava maçonicamente no Egito Antigo nos pode ser útil sob vários aspectos, porque aqueles maçons praticavam as cerimônias com inteiro conhecimento de seu significado, e portanto, os pontos a que davam maior importância também o podem ter para nós.

A sua mais pujante característica era a profunda reverência. Consideravam o seu templo tanto quanto o mais fervoroso cristão considera a sua igreja paroquial, ainda que a atitude dos primeiros derive do conhecimento, mais do que do sentimento emocional. Sabiam que o templo estava poderosamente magnetizado, e que era preciso o máximo cuidado para conservar o pleno vigor desse magnetismo. Falar dentro do templo sobre coisas profanas teria sido considerado um sacrilégio, pois seguramente acarretaria perturbadoras influências. A mudança de roupas e todas as preliminares eram efetuadas numa antessala e os Irmãos entravam na Loja processionalmente e cantando, tal qual agora o fazem os comaçons.

HISTÓRICO DA MAÇONARIA

Os ensinamentos dos Mistérios egípcios eram muito zelosamente guardados, e só com extrema dificuldade e sob especiais condições se lhes admitia um estrangeiro. Contudo, foram admitidos alguns, como Moisés, de quem diz o relato bíblico: "Foi instruído em toda a sabedoria dos egípcios". Depois transmitiu seu conhecimento à classe sacerdotal dos israelitas, e assim se manteve em forma mais ou menos pura até a época de Davi e Salomão.

Quando Salomão construiu o seu templo, ergueu-o segundo as linhas maçônicas e tornou-o um centro do simbolismo e trabalho maçônicos. Não há dúvida de que ele construiu o templo de seu nome com o objetivo de mostrar e preservar para seu povo certo sistema de medidas, de igual sorte como as dimensões da grande pirâmide envolvem muitos dados geodésicos e astronômicos*. Não obteve êxito nisso, porque se havia perdido grande parte da tradição, ou talvez fosse mais exato dizer que, se bem se houvesse conservado a tradição dos ornamentos, já se desconhecia o seu significado. Até então, os Iniciados nos Mistérios judai-

---

* *Vide* no Cap. 2 o trecho referente às Colunas.

cos haviam dirigido sua atenção para a Casa de Luz do Egito; mas o rei Salomão resolveu que os pensamentos e emoções dos Iniciados se focalizassem no templo que ele acabava de construir. Portanto, em vez de lhes falar da simbólica morte e ressurreição de Osíris no Egito, inventou o relato que constitui a atual tradição maçônica, e hebraizou todo o ritual, substituindo as palavras egípcias por outras hebraicas, embora conservando, em alguns casos, o significado original.

Convém recordar que, ao agir assim, não tinha Salomão outro escopo senão o de fazer que as práticas de seu povo se correspondessem com as das nações circunvizinhas. Havia muitas tradições de Mistérios, e ainda que os israelitas houvessem levado consigo, pelo deserto do Sinai, bastante da tradição egípcia, os sírios e outros povos conservavam a tradição da descida de Tamuz ou Adônis, em vez da do desmembramento de Osíris. O Irmão Ward, em seu último livro sobre esse assunto, parece inclinado a defender a hipótese de que nós, maçons, devemos relativamente pouco ao Egito e muito à Síria. No resumo brevíssimo da história da Maçonaria, não posso estender-me no exame desse ponto; mas confio poder dizer algo mais sobre isso.*

Foi principalmente por intermédio dos judeus que a Maçonaria chegou à Europa, conquanto tivesse havido outras infiltrações. Em uma, Pompílio, o segundo rei de Roma, fundador dos Colégios Romanos, estabeleceu em conexão com eles um sistema dos Mistérios que derivaram sua sucessão maçônica do Egito. Mas suas cerimônias e ensinamentos foram algo modificados pela imigração dos ritos de Attis e Cybele para Roma cerca de duzentos anos a.C., e também por meio dos soldados regressados das campanhas de Vespasiano e Tito. Dos Colégios, essa tradição mista continuou através dos comacinos e outras sociedades secretas, atravessando os perigosos tempos da Idade Média; e quando, numa época melhor, as perseguições se tornaram menos ferozes, ela

---

* Remeto o leitor para o meu segundo volume, *Pequena História da Maçonaria* (Ed. Pensamento).

veio de novo à superfície. Certos fragmentos seus foram reunidos em 1717 para formar a Grande Loja da Inglaterra, e assim chegaram até os dias atuais.

Convém, no entanto, ter em conta que não há nenhuma modalidade de Maçonaria com caráter ortodoxo. Uma tradição paralela, de fonte caldeia, deu origem à Maçonaria que opera nos demais países da Europa; e parece que os Cavaleiros Templários trouxeram outra tradição ao regressarem das cruzadas.

É interessantíssima a história da Maçonaria, mas o caráter secreto dessa sociedade impede comprovar a sua verdadeira origem com documentos válidos, e disso resultam os diversos relatos confusos e contraditórios. Temos investigado e esquadrinhado muito sobre esse assunto, e alguns dos resultados colhidos publicamos no livro recém-citado, *Pequena História da Maçonaria*.

Deixou-se cair no esquecimento muito da antiga sabedoria, e por isso alguns dos verdadeiros segredos ficaram perdidos para a grande corporação dos Irmãos. Mas entre os hierofantes da Grande Fraternidade Branca os verdadeiros segredos foram sempre preservados, e eles sempre compensarão as pesquisas do maçom realmente ardoroso. Nós, pertencentes às últimas sub-raças, podemos dar provas de sermos tão altruístas e capazes de ajudar o próximo como o foram os antigos, pois pode bem ser que sejamos os mesmos egos em novos corpos, mas conservando conosco a antiga atração pela forma de fé e trabalho que outrora conhecemos tão bem. Procuremos reavivar em tão diferentes condições o invencível espírito que nos distinguiu há milhares de anos. Isso implica uma tarefa muito árdua e longa, porque cada oficial maçônico tem de desempenhar perfeitamente suas funções, o que exige muita prática e exercício. Contudo, creio que muitos responderão ao chamado do mestre e se apressarão a unir-se para preparar o caminho aos que têm de servir.

Que cada Loja se torne uma Loja-modelo, totalmente eficiente em seus trabalhos, de sorte que alguém que a visite possa impressionar-se pelo bom trabalho feito e pela força de sua atmosfera magnética, e ser assim induzido a partilhar deste vasto empreendimento. Igualmente nossos membros devem tornar-se capazes de, quando visitarem por sua vez outras Lojas, demonstrar como, do ponto de vista oculto, se devem executar as cerimônias. Acima de tudo, devem levar consigo, por todas as partes, o forte magnetismo de um centro completamente harmonioso, a potente irradiação do amor fraternal.

Para nós ainda, tanto quanto para os antigos egípcios, a Loja deve ser um ambiente santo, consagrado e reservado para a obra maçônica, e nunca utilizado para qualquer objetivo secular. Deve ter uma atmosfera própria, exatamente como a tiveram as catedrais medievais; estando saturadas da influência de séculos de devoção, devem as próprias paredes de nosso Templo irradiar força, amplitude mental e amor fraternal.

2. A Loja

SUA FORMA E EXTENSÃO

Ao falar da Loja maçônica a que se pertence, é costume pensar numa sala ou aposento de um edifício comum do mundo físico. Portanto, quando se menciona sua extensão, acodem à mente as ideias de comprimento, largura e altura. No entanto, é mister pensar-se em muito mais que isso, porque a Loja é uma representação do Universo, segundo explica o ritual dos graus da Comaçonaria universal. Na descrição do p∴ 1 se nos diz que o comprimento da Loja se estende do Oriente ao Ocidente, a largura, do Norte ao Sul, e a altura, do Zênite ao centro da Terra, o que demonstra que é um símbolo do mundo inteiro.

Segundo o dr. Mackey, a forma do recinto da Loja deve ser um paralelogramo de, no mínimo, uma terça parte maior do Oriente ao Ocidente do que do Norte ao Sul. Se possível, há de estar devidamente orientado, isolado de qualquer outro edifício e de teto bem alto, para que, além de saudável, dê a impressão de uma espaçosa sala. O acesso a esse recinto tem de ser angular, porque, como diz Oliver, "uma entrada reta é antimaçônica, e não deve ser tolerada". Precisa ter duas entradas, situadas no Ocidente, uma de cada lado da posição do P. V. A entrada à direita serve para a introdução de membros do quadro e de visitantes, e se chama porta externa ou do T..., porque comunica com o recinto do T... A entrada à esquerda se chama porta interna, ou porta noroeste, e comunica com a sala de preparação. A

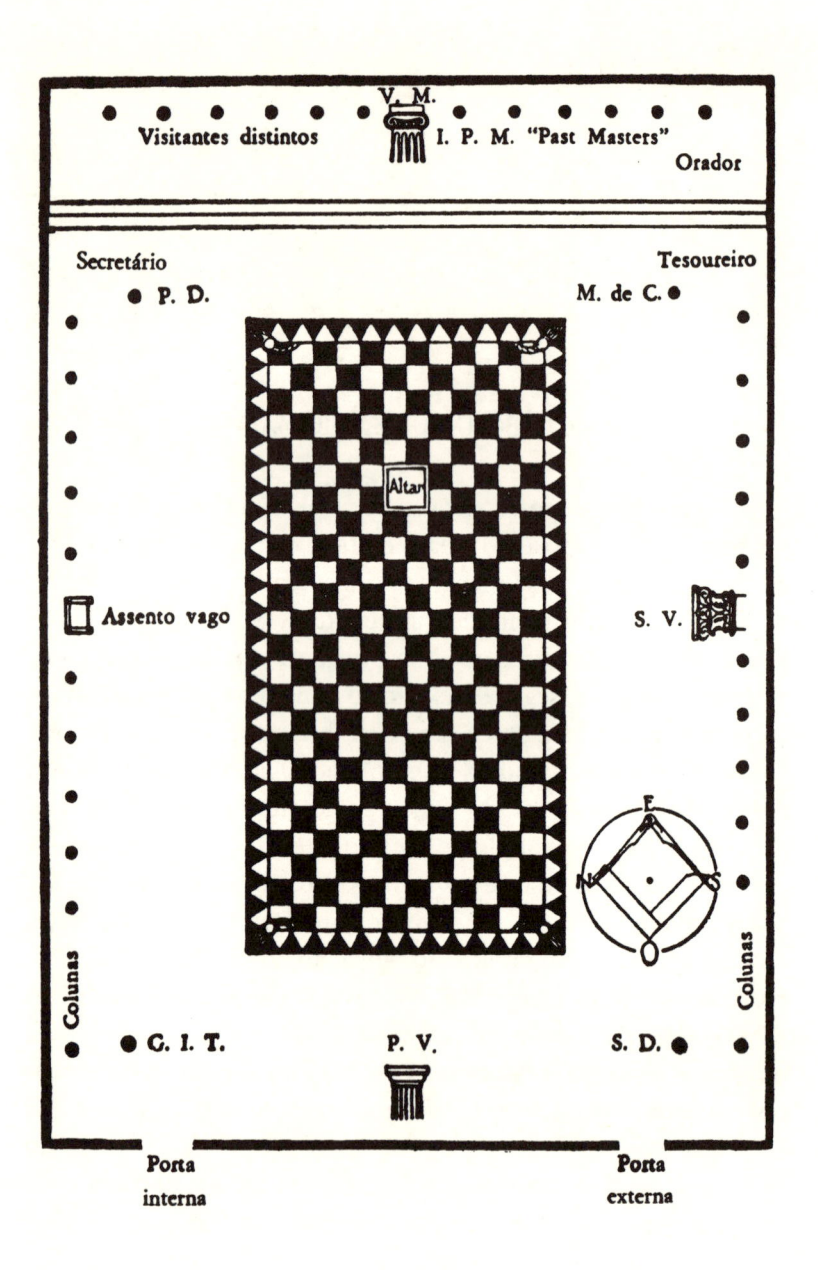

Planta da Loja
Figura V

Figura V mostra a forma da Loja e a colocação dos principais objetos como comumente os dispõem os comaçons.

O pavimento da Loja, tecnicamente falando, é o pavimento mosaico, que descreveremos entre os ornamentos da Loja. Sua forma exata é um duplo quadrado, isto é, um retângulo de comprimento igual ao dobro da largura, de modo que se pode considerar a Loja como um duplo cubo com o pavimento por base. Considerado em conjunto, o recinto da Loja é um templo da humanidade, e como tal, simboliza um homem estendido de costas. Nessa posição, os três grandes sustentáculos correspondem a importantes centros do corpo humano. A coluna do V. M. ocupa o lugar do cérebro; a do P. V. corresponde aos órgãos geradores, símbolos de fortaleza e virilidade, assim como o plexo solar, o grande centro ganglionar do sistema simpático; e a do S. V. corresponde ao coração, considerado antigamente como a sede dos afetos.

ORIENTAÇÃO

O ritual expõe três razões por que são nossas Lojas instaladas do Oriente para o Ocidente. Em primeiro lugar, o Sol se ergue no Oriente, e na Maçonaria o Sol é tido como o símbolo da Divindade. Em segundo lugar, todas as nações ocidentais reconhecem no Oriente o manancial de sua sabedoria. Em terceiro lugar, os maçons seguem o precedente do templo do rei Salomão, que estava colocado do Oriente para o Ocidente, em imitação do tabernáculo que os israelitas levaram enquanto peregrinaram pelo deserto, e ao armá-lo, faziam-no sempre do Oriente para o Ocidente. Sem dúvida não basta dizer que os primitivos maçons orientavam as suas Lojas tão só porque assim deviam estar todas as igrejas e capelas; antes, a regra eclesiástica *spectare ad orientem* era igualmente regra dos maçons.

A origem egípcia da Maçonaria ficou algum tempo obscurecida pela influência hebraica. Quando Moisés comunicou aos israelitas a sabedoria egípcia, muito cedo tingiram-na com seu colorido peculiar, pois eram muito hábeis em assimilar tudo rapidamente e estampar suas características definidas em tudo quanto assimilavam. Assim é que os egípcios chamavam "Casa de Luz", ou comumente "A Luz", à grande pirâmide de Gizeh; mas os israelitas a referiam ao templo do rei Salomão.

Todavia, a verdadeira razão para orientar cuidadosamente a Loja é a magnética. Entre o Equador e os polos da Terra há um fluxo constante de força em ambas as direções, e outro fluxo corrente em sentido perpendicular, que se move ao redor da Terra e na mesma direção. Ambas as correntes são utilizadas nos trabalhos da Loja, como explicaremos ao tratar das cerimônias. A maioria das pessoas não reconhece a existência dessas forças, que não são da mesma espécie das que atuam num ímã de ferro ou aço, ainda que haja pessoas tão sumamente sensíveis que não podem dormir tranquilas se se deitam em posição cruzada com essas forças, e algumas dormem muito melhor com a cabeça para o norte e outras para o sul. Os hindus creem que só um asceta deve dormir com a cabeça para o norte. O profano deve deitar-se com a cabeça para o sul.

A ABÓBADA CELESTE

Diz o ritual que o teto de uma Loja maçônica é uma abóbada celeste de diversas cores, que muito bem pode simbolizar o céu estrelado, que é o toldo do verdadeiro templo da humanidade ao considerarmos a Loja em seu significado universal. Mas a referência às diversas cores denota outro significado, porque a abóbada celeste é azul e não de várias cores, exceto ao sol nascente e poente. A verdadeira abóbada celeste é a aura do homem que consideramos deitado de costas; é a forma mental vivamente tingida, elaborada durante os trabalhos da Loja. Esse mesmo simbolismo se observa na capa multicor de José, o filho de Jacó, segundo o V. C. S.; na esplendente vestimenta do Iniciado segundo diz o hino gnóstico; e também no *augoeides** dos filósofos gregos, ou o corpo glorioso de que a alma humana se reveste no sutil mundo invisível.

O Irmão Wilmshurst, em sua obra *O Significado da Maçonaria*, também interpreta a abóbada celeste como a aura humana, o que é seguramente mais razoável do que supor, como o dr. Mackey, que, por haverem os primitivos Irmãos colocado esse símbolo nas altas montanhas e nos fundos vales, deve referir-se à abóbada celeste.

O ALTAR

O altar deve ser colocado no centro do pavimento, perto do V. M., embora isso difira nas diferentes obediências. Nos trabalhos da Grande Loja da Inglaterra não costuma haver altar, ou ao menos, só se põe um tamborete junto ao pedestal do V. M.; de modo que, quando o candidato presta o J..., ele se ajoelha diante do pedestal. Em algumas Lojas o altar está situado um pouco ao oriente do centro do pavimento e em outras, no meio.

No altar, ou perto dele, ou pendente sobre ele, no centro do quadrado oriental, há nas Lojas comaçônicas uma luzinha acesa, num tubo de cristal de cor de rubi, que simboliza o reflexo da Divindade na matéria e corresponde exatamente à lâmpada que nas igrejas católicas arde perpetuamente diante do sacrário onde está guardada a hóstia.

Mackey diz, sobre o altar, em sua obra *Léxico da Maçonaria*:

> É o lugar onde se ofereciam sacrifícios a Deus. Depois da ereção do Tabernáculo, os altares foram de duas classes: dos sacrifícios e do incenso.
>
> O altar maçônico pode ser considerado como a representação de ambas essas formas. Desse altar se eleva constantemente ao

---

* Entre os neoplatônicos, *augoeides*, o "Eu luminoso", era o corpo causal, o princípio mental superior do homem, o pensador que "subsiste através das reencarnações". (N. do T.)

Grande Eu Sou o grato incenso do Amor, Consolo e Verdade Fraternais, enquanto sobre ele ficam as indômitas paixões e os apetites mundanos dos Irmãos, como um adequado sacrifício ao gênio de nossa Ordem. A forma apropriada de um altar maçônico é um cubo de três pés de aresta com quatro corpos, um em cada ângulo, tendo espalhados sobre ele a Santa Bíblia, o Esquadro e o Compasso, e ao redor, em forma triangular e posição conveniente, as três luzes menores.

A *Figura* VI, extraída da mesma fonte, ilustra a descrição anterior. As estrelas representam as três velas acesas, e o ponto negro, o vácuo do norte onde não há luz. Nas Lojas comaçônicas seguimos o costume inglês de colocar as três velas junto aos assentos dos principais dignitários, que ainda subsistem nas mesmas posições relativas. Nisso, como em outros assuntos, não há ortodoxia na Maçonaria.

O símbolo gravado ou pintado no lado oriental do altar é um círculo limitado ao norte e ao sul por duas linhas. No seu centro há de haver um ponto, ou seja, o ponto dentro de um círculo em

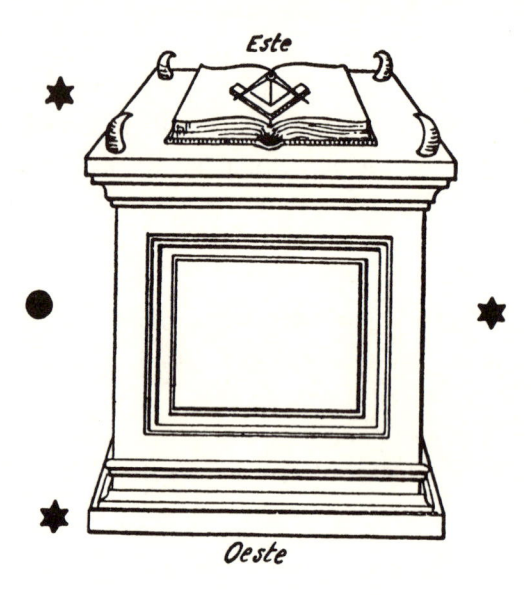

Figura VI

cujo redor nenhum M. M. pode errar. O círculo, tal como aparece no p...l, abarca todo o tamanho do altar, de modo que toca ou quase toca o V. C. S. Esse símbolo se explica no sentido de que, como o círculo está limitado pelo V. C. S. e por duas linhas representativas de Moisés e Salomão, não errará quem se mantiver dentro do círculo e obedecer aos preceitos do V. C. tão integralmente como Moisés e Salomão os obedeceram.

Contudo, no Egito Antigo, muito antes da época dos israelitas, esse símbolo já tinha diversos significados. Era, sobretudo, o símbolo do deus solar Rá; em segundo lugar, significava para os egípcios o movimento da Terra ao redor do Sol. Entre eles, essa era uma porção do conhecimento secreto reservado aos Mistérios. Havia também uma tradição ainda mais antiga, segundo a qual o círculo simbolizava o equador e o seu ponto central, a estrela polar, que não é sempre a mesma por causa da precessão dos equinócios, de grande interesse para os egípcios. A inclinação do principal passadiço da grande pirâmide era determinada pela posição da estrela polar correspondente àquele período. Esse símbolo significava também o olho que tudo vê, pois facilmente sugeria essa ideia o ponto central do círculo.

Outra interpretação do símbolo era particularmente formosa, e todos os Irmãos a consideram merecedora de recordação, onde quer que a vejam. As três colunas representativas da sabedoria, força e beleza se erguiam em torno do trono de Deus, representado no altar, que por sua vez era símbolo do amor. Dessa maneira, o círculo simbolizava o amor de Deus, e as duas linhas que o limitavam são o dever e o destino, ou expressando a mesma ideia em termos orientais, o *Dharma* e o *Karma*. Dizia-se que um M. M. não podia errar enquanto permanecesse dentro do círculo do divino amor, e circunscrevesse suas ações aos limites assinalados pelo dever e o destino.

O mesmo símbolo também significava a primeira manifestação da Divindade. Afirmavam os egípcios que havia três sucessivas manifestações ou aspectos: o primeiro aspecto estava muito longe da compreensão humana; o segundo e o terceiro eram sucessivamente inferiores. O conceito que os egípcios tinham desses três aspectos ou manifestações era análogo ao que têm os cristãos das Três Pessoas da Santíssima Trindade e os hinduístas da Trimurti. Todas as religiões filosóficas reconheceram a trina manifestação da Divindade.

Em *O Livro de Dzyan* o mesmo emblema, mas sem as duas linhas, simboliza o primeiro aspecto do Logos, e no misticismo cristão, representa Cristo no seio do Pai.

Também se considera o círculo como reflexo da Estrela Flamígera que devia estar no centro do teto da Loja. Nesse sentido equivalia à perpétua luz de lâmpada rubi, e simbolizava a luz de Deus que "sempre brilha em nosso âmago" e "ilumina mesmo em nossas trevas".

Alguns eruditos da Maçonaria descobrem o mesmo símbolo em vários templos druídicos e escandinavos, que geralmente estavam constituídos por um círculo de pedras com outra maior no centro.

PEDESTAIS E COLUNAS

Diz o ritual maçônico:

Nossas Lojas são sustentadas por três grandes colunas: sabedoria, força e beleza. A sabedoria para idear, a força para suster e a beleza para adornar. A sabedoria nos guia em todas as nossas empresas, a força nos sustém em todas as nossas dificuldades e a beleza adorna o homem interno. O Universo é o templo da Divindade a quem servimos. A sabedoria, a força e a beleza estão ao redor de Seu trono, como colunas de Suas obras, porque Sua sabedoria é infinita, Sua força onipotente e Sua beleza resplandece na simetria e ordem de toda a criação. Deus estendeu os céus como uma abóbada e estabeleceu a terra como Seu pedestal. Coroa Seu Templo com um diadema de estrelas, e de Suas mãos fluem todo poder e glória. O

Sol e a Lua são mensageiros de Sua vontade, e toda a Sua lei é harmonia. As três grandes colunas que sustentam uma Loja maçônica são emblemas desses atributos divinos.

Raramente se erguem numa Loja colunas de tamanho inteiro; ao invés disso, o P. V. e o S. V. têm miniaturas de coluna em seus pedestais, e os três principais dignitários costumam ter junto deles outras de tamanho maior, que servem de candelabros a suas respectivas luzes.

Na bibliografia maçônica se aduzem várias razões a favor dos três pedestais e de sua disposição. Alguns autores dizem que são três, porque o rei Salomão teve dois importantes auxiliares na construção do templo; mas a verdade é que os pilares no p...l e as pequenas colunas próximas dos pedestais dos três principais dignitários simbolizam os três aspectos da manifestação da vida divina, a que várias religiões chamam Santíssima Trindade.

Como já dissemos, no primitivo Egito havia três tipos de Grandes Lojas com métodos algo diferentes de trabalho, conforme o V. M. representasse a sabedoria, a força ou a beleza. Atualmente só temos um dos referidos tipos de Loja: aquele em que o pedestal do V. M. simboliza a sabedoria, e o trabalho é do Cristo, na Segunda Pessoa da Trindade. No já desusado rito de Swedenborg, o pedestal do V. M. representava a força.

No processo de evolução de nosso Universo, primeiramente a Terceira Pessoa da Trindade empregou Sua parte de divino poder em preparar a matéria. Depois, a Segunda Pessoa infundiu Sua energia e iniciou-se então a evolução consciente da vida. Tudo isso está simbolizado na abertura da Loja. Primeiro se levanta a pequena coluna do S. V., que simboliza a Terceira Pessoa e a primeira onda de divina atividade; mas no momento em que o V. M. declara abertos os trabalhos, o S. V. abate a sua pequena coluna e o P. V. levanta a sua. Significa que pela autoridade da Primeira Pessoa, do Pai, Governador do mundo, simbolizado no V. M., a Segunda Pessoa, representada no P. V., toma a seu cargo os trabalhos; e a evolução dos poderes da consciência é a ordem do dia na Loja aberta.

As três colunas, as pequenas colunas, os candelabros e os castiçais têm todos o mesmo significado. A pequena coluna do pedestal de cada um dos três principais dignitários da Loja está talhada numa peculiar ordem arquitetônica que denota sua qualidade. O candelabro e às vezes o castiçal estão também talhados da mesma maneira que a pequena coluna. As pequenas colunas e os candelabros costumam ser agora de madeira pintada; mas em realidade deveriam ser de três diferentes espécies de pedra: a do V. M. de pedra arenita; a do P. V. de granito e a do S. V. de mármore. Essas três espécies de pedra são exemplares dos três tipos de rocha: a arenita é sedimentária; o granito é ígneo, e o mármore é metafórico. Caso se usem colunas de madeira, têm de ser pintadas de modo a imitar respectivamente as referidas três espécies de pedra.

ORDENS ARQUITETÔNICAS

Ao observar uma coluna, temos de considerar duas partes principais: a coluna propriamente dita e sobre ela o entablamento que a ajuda a suster o teto. Cada uma dessas partes se divide por sua vez em três. As partes do entablamento são a arquitrave, que se sobressai do capitel; o friso, que é uma peça reta com adorno, e a cornija, situada em cima do friso. Todas essas peças variam segundo as diferentes ordens de arquitetura.

Na antiga Grécia as três ordens de arquitetura eram a jônica, a dórica e a coríntia, que hoje se designam respectivamente ao V. M., ao P. V. e ao S. V. Posteriormente se acrescentaram outras duas ordens de origem italiana: a toscana e a composta, que não se usam na Maçonaria. A *Figura* VII mostra as três colunas.

A dórica é a mais simples das três colunas gregas. O fuste tem vinte estrias superficiais e sua altura é oito vezes o seu diâmetro. Carece de base, e o capitel é maciço e inteiramente liso. O entablamento, que não se costuma reproduzir nas pequenas colunas dos oficiais, tem o friso caracterizado por tríglifos que representam os

| Dórica | Jônica | Coríntia |

As três colunas
Figura VII

extremos das vigas, e por métopas que simulam caibros. A cornija ostenta modilhões. Considera-se essa coluna traçada segundo o modelo de um homem de perfeita musculatura, pois denota fortaleza e nobre simplicidade.

A coluna jônica tem 24 estrias, e sua altura é nove vezes o seu diâmetro. O capitel está adornado com duas volutas e a cornija com dentículos. Parece modelada com a graça de uma formosa mulher, cujo penteado recorde as volutas.

A coluna coríntia é a mais formosa. Tem as mesmas estrias que a jônica, mas sua altura é dez vezes o seu diâmetro, o que lhe dá seu esbelto e muito gracioso aspecto. O capitel está adornado com duas filas de folhas de acanto e oito volutas que sustentam o ábaco.

Conta-se a seguinte história sobre a origem da coluna coríntia: o poeta e arquiteto grego Calímaco viu num cemitério que sobre a sepultura de um menino havia crescido uma planta de acanto, tão formosa e agradável, que, surpreendido, o poeta a esculpiu em pedra, que se tornou a forma original dos acantos vistos agora no capitel de todas as colunas coríntias. A ama de leite da criança havia colocado sobre a sepultura uma caixa redonda cheia de brinquedos, para recreio da alma infantil, porque naquele tempo predominava a ideia de que as almas dos defuntos costumavam visitar seus túmulos e podiam desfrutar dos objetos ou da contraparte dos objetos colocados sobre elas, e assim os possuíam na outra vida. Em cima da caixa a ama de leite pôs uma telha plana para resguardá-la da chuva; e sucedeu que como a caixa estava por coincidência sobre uma raiz de acanto, ao medrar a planta, toparam as folhas com a telha e se retorceram ao seu redor com formosíssimo efeito. O acanto é planta silvestre na Sicília, no sul da Itália e na Grécia; e por toda a parte é de aspecto encantador.

A coluna toscana é de todas a mais simples. A base, o fuste e o capitel são lisos, carecem de estrias, e sua altura mede tão só sete diâmetros. Pelo contrário, a coluna da ordem composta está profusamente ornamentada e visa combinar a beleza das colunas jônica e coríntia. Tem o mesmo número de estrias e as mesmas

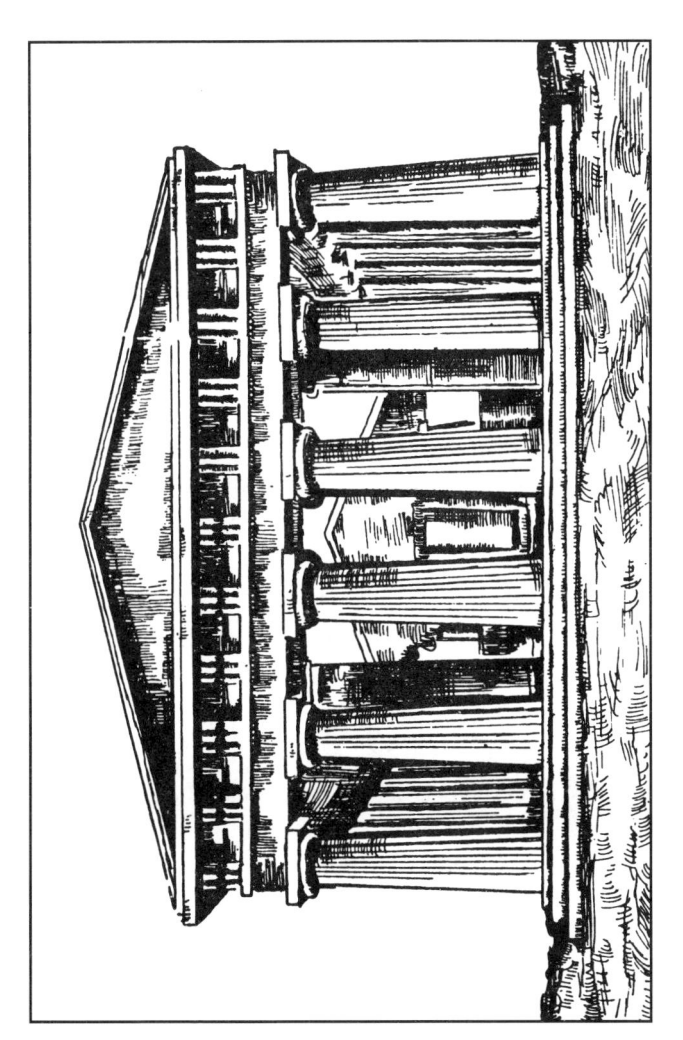

Ruínas de um templo grego
Figura VIII

proporções que esta última, cujos adornos de acanto combinam com as volutas jônicas.

As três colunas fazem parte do clássico estilo arquitetônico da Grécia, cujo teto é sempre horizontal ou ligeiramente inclinado, sem arcos, com várias colunas dispostas em filas e com uma grande reentrância no frontispício, como mostra a *Figura* VIII.

Na arquitetura religiosa da Europa predomina o estilo gótico. Os grêmios franco-maçônicos da Idade Média percorriam em grupos toda a Europa para construir igrejas. Geralmente falando, todos os grandes edifícios góticos são da mesma época, quando os franco-maçons que tinham os três graus construíram as famosas catedrais da Europa. Eram artífices de silharia, mas também possuíam seus segredos práticos, e somente eles podiam levar a cabo essa espécie de obra.

O estilo gótico era inteiramente novo, totalmente diferente do clássico, e sobejam as provas que atribuem sua invenção aos franco-maçons. Assim, por exemplo, a grandiosa catedral de Colônia, que tendo estado cinco séculos em construção, ainda não foi concluída, foi traçada por um artífice que se assinava com um sinal conhecido unicamente dos M. M.; e também há documentos comprobatórios de que os franco-maçons construíram a primeira parte da referida catedral. Esse edifício tem a forma peculiar do arco ogival, construído pela interseção de dois arcos ascendentes, que caracterizam o estilo gótico, diferente dos edifícios normando e romano, cujos arcos são de meio ponto, e do bizantino e árabe com arcos dentados e cúpulas redondas.

O SIGNIFICADO DAS TRÊS COLUNAS

Ao Irmão Ernest Wood devo as sugestões a seguir. São uma interpretação das três colunas segundo os princípios condensados em seu livro *Os Sete Raios*, que recomendo ao estudo cuidadoso dos Irmãos.

Para compreender plenamente o significado das colunas presididas pelos três principais dignitários, devemos recordar-nos do ensinamento oculto da divina Trindade do Pai, Filho e Espírito Santo, ou de Shiva, Vishnu e Brahma. Em sua unidade são os três o Deus Universal, em que existem todos os seres e todas as coisas, porque nada é senão Aquilo. Mas em suas separadas manifestações ou aspectos, o Espírito Santo é o fazedor ou o construtor do mundo externo, e o Filho é a Vida em todos os seres, "a luz que ilumina todo homem que vem a este mundo". Todo o objeto material existente no mundo é parte de Deus Espírito Santo, e cada vida ou consciência é parte da consciência do Deus Filho ou manifesto Logos Solar. Atrás de ambos está invisível e inimaginável a inefável glória e felicidade do Pai.

O Espírito Santo e o Filho são por sua vez trinos. A sabedoria, a força e a beleza são os três atributos do Deus Espírito Santo, e constituem os três sustentáculos do mundo objetivo, porque assinalam as suas três divisões, que são:

1ª O visível mundo de objetos materiais, fundado na beleza, pois Deus aparece nas coisas como beleza.

2ª A invisível energia de que está cheio o mundo, com a qual se construíram todas as coisas visíveis, e é a força de Deus Espírito Santo.

3ª A mente universal, o mundo das ideias, o reservatório dos arquétipos, que assinala as possibilidades das formas materiais e suas relações, segundo aparecem nas que os cientistas chamam leis naturais, isto é, a sabedoria do Divino Arquiteto, os Seus planos estabelecidos.

Tais são as três partes de todo o mundo objetivo, as que constituem o edifício da Loja em que a vida cumpre sua parte. As três colunas jônica, dórica e coríntia simbolizam as três divisões do mundo, o campo da consciência, como o chama o *Bhagavad-Gita*.

Todos os seres viventes que povoam este mundo mostram em diversos graus a luz da vida e consciência divinas. Todos são partes de Deus o Filho, o Cristo, o magno sacrifício, a divina vida crucificada na matéria.

Também o Cristo é trino, segundo se vê nas três modalidades de consciência que aparecem no homem, como: vontade espiritual, amor intuicional e superior inteligência, que são a raiz de toda vontade, amor e pensamento humanos. Já que os oficiais são a vida da Loja, representam eles as citadas três modalidades de consciência, chamadas em sânscrito Iccha, Jnana e Kriya.
O V. M. representa a divina vontade de Cristo, que dirige a obra de aperfeiçoamento do homem; o P. V. representa o divino amor de Cristo, e o S. V., o divino pensamento. Esses oficiais são conhecidos por suas joias, que respectivamente simbolizam a vontade, o amor e o pensamento; não pelas colunas que presidem.
Assim como a energia material é a força nas coisas, assim o amor é força na consciência. É o que em terminologia sânscrita se chama *buddhi*, a sabedoria ou direto conhecimento da vida, a energia da consciência. É a faculdade que permite ao homem relacionar-se com a vida que o rodeia, enquanto o seu pensamento é a faculdade que o relaciona com as coisas objetivas. Assim é que quando, ao abrir os trabalhos da Loja, o S. V. abate a sua pequena coluna e o P. V. levanta a sua, isso simboliza que vamos interessar-nos na vida pelo trabalho relativo à consciência do homem e não a respeito dos objetivos materiais, como seria o caso se construíssemos um edifício material e não o templo do homem, o seu caráter interno, a sua alma imortal. O Grande Arquiteto edifica então "um templo nos céus, não feito pelas mãos". Assim, as três colunas representam as três qualidades da loja material, mas os três principais dignitários simbolizam as três qualidades da consciência ou vida.
Explicaremos agora o simbolismo dos oficiais subalternos. Como vimos, todo homem é uma trina consciência espiritual; porém quando o observamos neste mundo, não vemos o verdadeiro homem, mas o corpo em que vive, sua casa material, ou empregando um símile moderno, seu automóvel, em que vai por toda parte a cumprir os misteres da vida, a ver o que necessita ver e a trabalhar onde convém trabalhar. O citado corpo, adestrado para determinada profissão, educado na especial cultura de uma nacionalidade, com suas maneiras e hábitos de sentimento, pensamento e ação, constitui a per-

sonalidade do verdadeiro homem, a máscara por cujo meio deixa ouvir sua voz no mundo das aparências externas. Essa personalidade é quaternária e consta do corpo físico, do corpo etéreo ou contraparte física, do corpo emocional e do corpo mental. Os dois últimos constituem seu arquivo privado e museu de emoções e pensamentos pessoais. O P. D. representa o corpo mental; o S. D. simboliza o corpo emocional; o C. I. T. o duplo etéreo, e o C. E. T. o corpo físico*.

Segundo essa interpretação, as colunas representam os três aspectos do mundo exterior, o mundo da humanidade; mas os três principais dignitários, que as presidem de seus pedestais, simbolizam os três aspectos da divina consciência, o mundo da intuição, de acordo com o seguinte diagrama:

Deus, o Pai	**Deus, o Filho**	**Deus, o Espírito Santo**
A Estrela Flamígera		
	Principais oficiais	
	V. M. (Vontade espiritual)	
O Fogo Sagrado	P. V. (Amor intuicional)	
	S. V. (Inteligência ativa)	
	Oficiais subalternos	*Colunas da Loja*
	P. D. (Mente inferior)	Sabedoria (Lei natural)
O Reflexo	S. D. (Desejo e emoção)	Força (Energia natural)
	C. I. T. (Duplo etéreo)	Beleza (Deus na matéria)
	C. E. T. (Corpo físico)	

* Para um estudo mais completo desses princípios, deste ponto de vista, consulte a obra do professor Wood: *Os Sete Raios* (Ed. Pensamento).

AS COLUNAS DO PÓRTICO

A respeito do templo de Salomão, diz o ritual inglês:

No tocante a este magnífico edifício, nada há tão notável nem que mais particularmente atraia a atenção, que as duas grandes colunas erguidas no pórtico.

Segue o ritual explicando que essas duas colunas estavam na entrada do templo para que os filhos de Israel, idos e vindos da oração, recordassem a coluna de fogo que os iluminou ao fugirem da escravidão do Egito, e a coluna de nuvem que obscureceu Faraó e seu exército, que os perseguiam.

Contudo, muito além remonta o seu significado original. Diz-se que no princípio essas duas colunas representavam as estrelas polares norte e sul, e se chamavam Hórus e Set, nomes depois mudados para os de Tat ou Ta-at e Tattu, que significavam respectivamente "em força" e "estabelecer", sendo ambas consideradas como o emblema da estabilidade. Segundo expus no capítulo 1, Tattu é a entrada para a região onde a alma mortal se funde com o imortal espírito, e em consequência se estabelece para sempre. Parece estranho que tantos autores falem das estrelas polares norte e sul, sendo que ao polo sul não corresponde estrela alguma, pois o polo sul da esfera celeste está situado num setor sumamente deserto do firmamento e a estrela mais próxima é a do pé da Cruz Astral, que dista 27° do polo.

No antigo simbolismo havia em princípio, no alto de ambas as colunas, quatro travessões, como indica a *Figura* IX, que simbolizavam o Céu e a Terra.

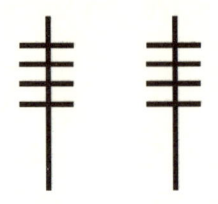

Figura IX

A *Figura* X explica como se originaram os quatro quadrantes ou o quadrado, ou antes, os dois esquadros.

O símbolo A mostra os dois olhos do norte e do sul ligados por uma linha. O símbolo B indica a linha de Shu, que assinala a divisão equinocial e forma os dois triângulos de Set e Hórus. E o

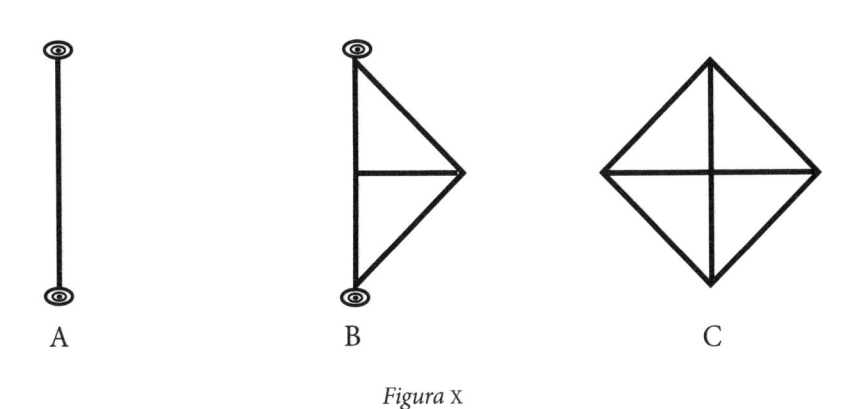

Figura X

símbolo C completa o quadrado dos quatro quadrantes. Assim se diz que Tattu é o lugar perpetuamente estabelecido ou um Céu com seus quatro quadrantes, como Tat representa a Terra com os seus quatro quadrantes.

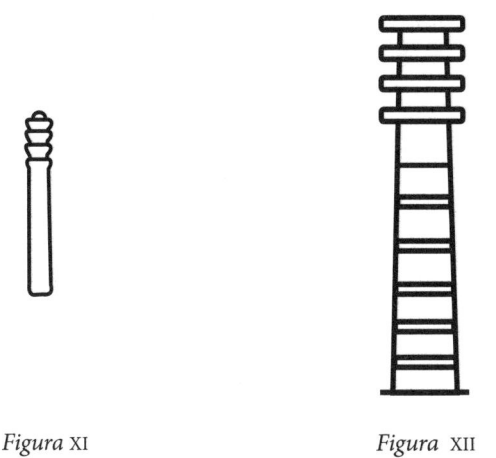

Figura XI   *Figura* XII

Nos hieróglifos a disposição aparece como na *Figura* XI, enquanto no *Papiro de Ani* se representa como na *Figura* XII.

O dr. Mackey fez um estudo especial dessas duas colunas na forma que posteriormente lhes deram os judeus. Diz que são recordações das repetidas promessas de auxílio que Deus deu ao Seu povo de Israel, pois Jachin se deriva de *Jah* equivalente a "jeová", e de *achin* "estabelecer", e significa: "Deus estabelecerá Sua casa em Israel", enquanto que Boaz se compõe de b que significa "em" e de oaz, "fortaleza", dando a entender que "será estabelecida em fortaleza". Opina o mesmo autor que as colunas devem estar dentro do pórtico (mas em realidade não o estão), exatamente na entrada do templo, e uma em cada lado da porta. Já veremos quão perfeitamente corresponde o significado que aqui se lhes dá, com o dos nomes egípcios das mesmas colunas.

Nas Escrituras cristãs deparamos várias descrições dessas colunas*, descritas também pelo historiador Flavius Josephus (séc. I d.C.) e pelo dr. Mackey em seu *Lexicon of Freemasonry*.

Contudo, essas descrições diferem em vários pontos, e são tão confusos os pormenores que os tratadistas só estão de acordo no que diz respeito às características principais, pelo que me pareceu muito melhor dar-me ao trabalho de fazer uma investigação clarividente, cujos resultados são mostrados nas *Figuras* XIII e XV. A primeira é um desenho em escala, que indica as exatas dimensões da coluna, jamais vista por olho humano por causa de seu tamanho. A segunda figura é um desenho ampliado do capitel, para que se vejam os pormenores de sua complicada elaboração. A *Figura* XIV mostra uma planta térrea reduzida do templo, para indicar a situação das colunas em relação ao pórtico, e vemos que não estavam dentro, senão imediatamente fora dele. Essa planta foi traçada em escala, de conformidade com as dimensões bíblicas, mas deve-se notar que ela não inclui as demais portas existentes além do pórtico, nem as curiosas capelinhas laterais

---

* *Vide* as seguintes passagens: I *Reis* 7:15; II *Reis* 25:17; II *Crônicas* 3:15 e 4:12; *Jeremias* 52:21; *Ezequiel* 40:59.

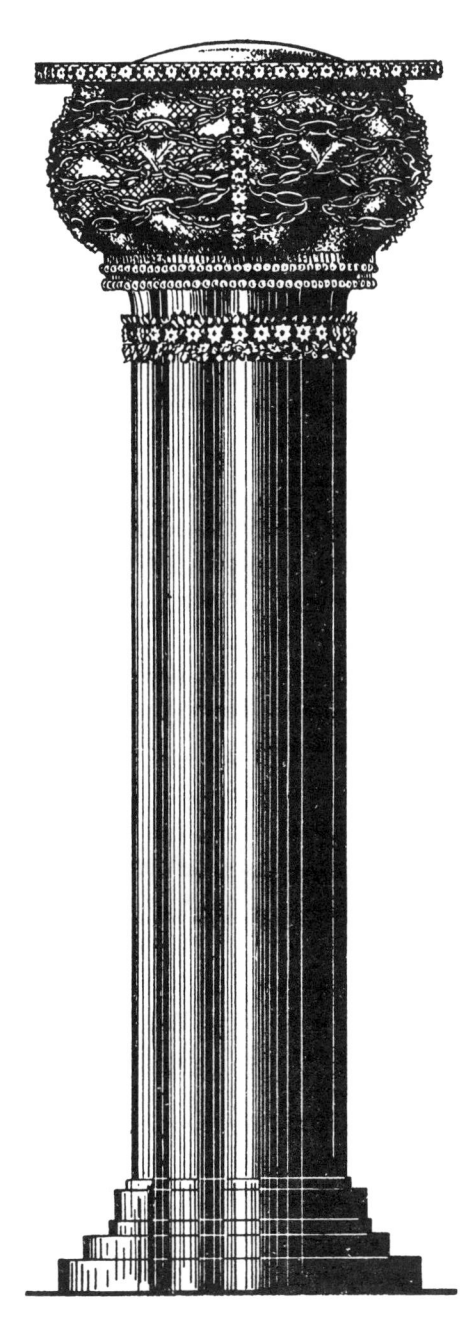

Uma coluna do pórtico

Figura XIII

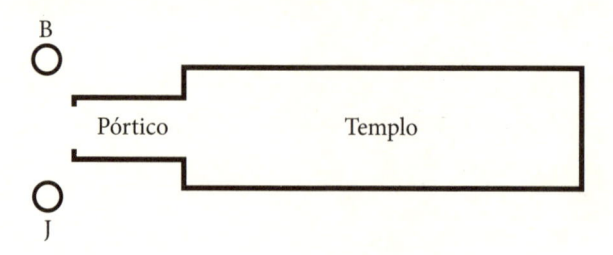

Figura XIV

que o rei Salomão acrescentou, nem tampouco os átrios que rodeavam o templo.

Diz a Bíblia que essas colunas eram de latão, mas o seu aspecto aproxima-se muito mais do metal que hoje chamamos bronze. Todas as descrições menos uma estão acordes em atribuir dezoito cúbicos à altura das colunas e cinco à do capitel, mas como este recobre meio cúbito do extremo superior do fuste, a altura total fica em 22 $^1/_2$ cúbicos. Como um cúbito equivale a 457,2 milímetros, resulta que a altura total da coluna era de 10,287 m. A circunferência era de doze cúbicos, ou seja, 5,486 m, o que dá um diâmetro de 1,746 m.

As colunas eram ocas e a espessura de suas paredes media uns 75 centímetros, ainda que às vezes se diga que era de 100 centímetros. Na parte posterior de cada coluna, de modo que se pudesse ver da frente, havia três portinhas, uma sobre a outra, de sorte que o fuste da coluna estava dividido interiormente em caixas onde se guardavam os arquivos, os livros da Lei e outros documentos.

Os capitéis, que pareciam capelos no alto das colunas, eram a parte mais interessante dessas notáveis peças de fundição metálica, de cujos adornos dará melhor ideia o gravado correspondente na *Figura* XV.

O capitel tinha a forma de urna, com um disco superposto através do qual continuava a curva ascendente da urna e projetava em cima do disco os segmentos de uma esfera, que não se via quando se olhava para a coluna de sua base. Mais exato seria dizer que sua forma não era precisamente esférica, mas, antes, um esferoide achatado. A mesma configuração tinha a primitiva coluna de pedra que ocupava análogo lugar no templo egípcio, cuja simbologia foi copiada pelo artífice tírio empregado na construção do templo de Salomão. Essa forma foi adotada intencionalmente para dar ideia da verdadeira figura da Terra, que os antigos egípcios conheciam perfeitamente. Como veremos mais adiante, eles também conheciam as exatas dimensões da Terra, ainda que no esferoide do capitel esteja exageradamente assinalada a depressão polar, pois de outro modo a diferença não seria bem visível. Sabe-se que essas colunas simbolizavam deliberadamente as respectivas esferas celeste e terrestre, e em algumas modernas tentativas de reprodução aparecem coroadas com esses dois globos. Contudo, nas colunas primitivas não havia tais globos, porque os capitéis arredondados os representavam suficientemente.

A figura indica que a superfície do capitel por baixo do disco está coberta com uma rede cujos extremos inferiores se enlaçam com uma espécie de orla, da qual pendem numerosas esferinhas. A Bíblia nos diz inequivocamente que essas esferinhas representavam romãs, das quais havia duzentas em cada coluna. Sobre a rede há uma curiosa ornamentação de cadenetas pendentes em festões, dispostas em sete fileiras, uma sobre outra. Cada presilha consta de sete elos, dos quais o central é o maior e mais pesado, e os demais vão diminuindo de peso e tamanho segundo se aproximam do extremo da presilha. A borda do disco está rodeada por uma linha de lírios, da qual pendem quatro grinaldas das mesmas flores, mas não no ar, e sim encostadas ao capitel, em cada um de seus pontos cardiais. Entre essas grinaldas se entrecruzam duas folhas de palmeira no elo central de cada cadeia.

De todo independente desse motivo ornamental há outra primorosa grinalda de flores, que encobre ou dissimula a linha de união do capitel com o fuste. Consta essa grinalda de três fileiras de lírios, e delas, a do meio, cobre exatamente a borda

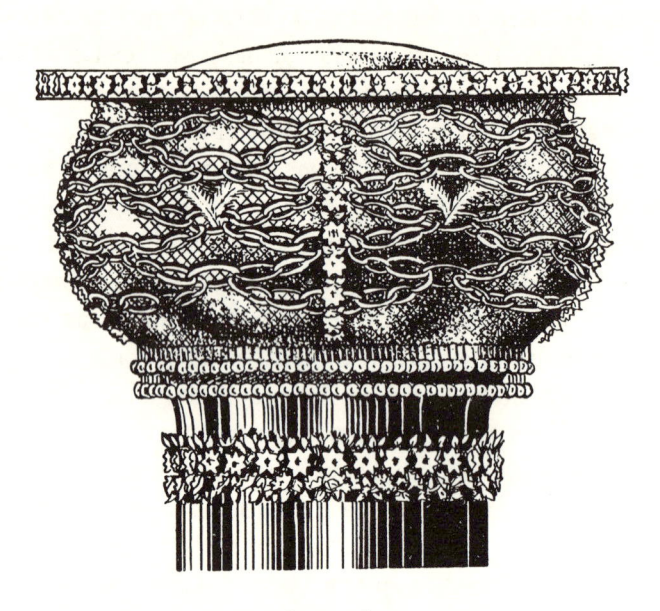

O capitel
Figura XV

do capitel e está composta de lírios completamente abertos, de face para o ar e com folhas entre eles, enquanto a fileira de cima é de casulos ainda muito pretos, que caem entre os abertos lírios da fila do meio e produzem efeito semelhante ao das pontas de uma coroa. Os lírios da fileira inferior pendem graciosamente da fileira central, com talos curvos e as corolas em várias direções.

Diz-se-nos que tudo isso foi obra de H. A., filho de uma viúva de Naftali, o qual o relato bíblico classifica de habilíssimo artífice em obras de bronze, enviado a Jerusalém por H. R. de T., com o encargo especial de fazer estes e outros trabalhos metalúrgicos para o rei Salomão. Sem dúvida foi esse homem um verdadeiro artista, porque aplicou muito escrupuloso cuidado e inconcebível soma de esforços para realizá-los tal qual estava projetado. Tanto quanto conseguiram descobrir os investigadores, a obra desse artífice se fundava numa tradição relativa às colunas de pedra egípcia, tradição essa transmitida desde a época de Moisés. Não parece que ele tivesse clara ideia do significado daquela estranha ornamentação, embora Moisés conhecesse perfeitamente o seu simbolismo.

Convém notar que toda essa ornamentação não estava disposta em baixo-relevo, como parece natural numa obra fundida, senão que, ao contrário, se destacava audzmente da superfície da coluna, com a qual muitas flores só estavam unidas por delgada haste de considerável comprimento. Para se ter uma ideia da paciência e cuidado do artífice, tem que se considerar que primeiro esculpia em madeira e em tamanho natural a tripla grinalda de lírios, que depois rodeavam os 554 cm de circunferência da base do capitel, e após, construía os moldes sobre essa escultura de madeira. Sem alterar a ideia geral da tripla grinalda de flores, estava disposta de maneira muito natural, de modo que as flores não eram reprodução de um modelo único, como hoje em dia vemos nos desenhos dos papéis pintados que decoram as habitações; mas cada flor tinha suas naturais variações a respeito das demais, porém mantendo com solícito cuidado, dentro dessa natural variedade, a unidade do conjunto.

Muitas experiências fazia esse antigo artífice antes de ficar satisfeito, e para alcançar seu objetivo adotava vários métodos engenhosos. Estava ansioso por fundir numa só peça o capitel com os seus ornamentos, o que lhe era extremamente difícil com os primitivos meios de que dispunha. Seus lírios podem ser considerados algo convencionais, pois não correspondem exatamente a nenhuma das variedades botânicas que conheço, e assemelham-se mais com o loto que com o lírio comum, ainda que as folhas não fossem de modo algum do loto.

Para o vulgo que ia adorar no templo, toda aquela complicada ornamentação era simplesmente decorativa; mas para os Iniciados estava cheia de significado esotérico. Em primeiro lugar, as duas colunas exemplificavam o axioma oculto: "Tal como é em cima, assim é embaixo", porque, não obstante serem absolutamente iguais em todos os pormenores, eram ambas consideradas como sendo, respectivamente, a representação dos mundos terrestre e celeste. No Tat, a coluna da esquerda, os elos das cadeias simbolizavam o que em orientalismo chamamos ramos raciais, e à medida que desciam, os elos eram maiores e mais grossos, para simbolizar uma descida mais profunda na matéria até chegar ao quarto elo, onde a força vital começa a ascender interiorizando--se, e suas formas se tornam menos materiais.

Cada lanço da cadeia de sete elos simbolizava uma sub-raça, e os sete lanços que rodeavam a coluna, formando um festão, correspondiam a uma das grandes raças-raízes, como a Lemuriana, a Atlântica ou a Ariana. O conjunto dos sete festões pendentes um debaixo do outro significava o período mundial durante o qual a onda de vida ocupa nosso planeta.

A primorosa rede colocada debaixo do sistema de cadeias era para os antigos sacerdotes um símbolo de outro aspecto do admirável mistério da evolução. Quando o Espírito Santo movente sobre a face das águas vivificou a matéria primordial, iniciou-se a atividade do Segundo Aspecto do Logos, cuja divina vida se difundiu em inumeráveis correntes pelo campo disposto para elas. Estas se entrelaçam e combinam de mil modos para produzir a errática multiplicidade da vida que vemos em nosso redor, e de cuja interação resultam os diferentes frutos da evolução, simbolizados nas fileiras de romãs pendentes da borda da rede, pois a romã contém multidão de grãos que significam a prodigiosa fecundidade da natureza e a copiosa variedade de seus tipos.

Na coluna Tat os lírios representavam a flor da humanidade, e dispostos em linha ao redor da borda do disco, eram símbolo da Grande Fraternidade Branca, as joias na coroa do gênero humano, cuja evolução velam e dirigem. As quatro grinaldas pendentes simbolizam os quatro Kumaras residentes em Shamballa, e que são o rei espiritual e seus três discípulos auxiliares, os únicos representantes na Terra dos Senhores da Chama que, faz milhões de anos, vieram de Vênus para apressar a evolução da humanidade. As palmas cruzadas entre eles significavam os quatro Devarajas, os principais agentes executores dos decretos dos Filhos da Ígnea Névoa.

As três grinaldas de lírios dispostas para dissimular a junção do capitel com o fuste representavam os Iniciados das três etapas dos Mistérios egípcios. Os casulos da fileira superior, com a ponta para cima, simbolizavam os Iniciados nos Mistérios de Ísis, cheios de elevadas aspirações, de modo que realçavam o tipo médio da mentalidade humana. Os lírios da fileira central, de face para fora, eram os Iniciados de Serápis, que em sua conduta denotavam o esplendor, a dignidade e o poderio da humanidade tal como devia ser. A terceira fileira de lírios cadentes representava os Iniciados nos Mistérios de Osíris, que desciam ao mundo para entregar-se ao auxílio e iluminação da humanidade.

Essas três categorias de Iniciados parecem corresponder em termos gerais às outras divisões ou graus da vida oculta, que descrevi extensamente em *Os Mestres e a Senda*. Primeiro estão os que seguem a senda probatória e aspiram a entrar na Senda propriamente dita, e para isso fazem quanto podem para purificar-se, aperfeiçoar o seu caráter e servir a humanidade com amor altruísta, sob a direção dos mestres. Depois vêm os Iniciados na Grande Fraternidade Branca, que já entraram na verdadeira Senda e se têm dedicado por completo ao serviço da humanidade. Neles, o casulo da vida humana se desdobrou em flor e a sua consciência se alçou até o nível búdico, considerado como a verdadeira expressão do ser humano. Em terceiro lugar estão os *arhats*, que receberam a quarta Iniciação e já não estão obrigados a reencarnar, conquanto possam renascer voluntariamente na terra com o único propósito de ajudar a humanidade.

Na coluna Tattu, que é a da direita, retomamos o processo da evolução no ponto em que ficou na da esquerda. Cada elo significa um período mundial, e portanto inclui os sete festões da coluna Tat. Valendo-se uma vez mais da terminologia teosófica, diremos que o fragmento de sete elos da coluna Tattu denota o que chamamos uma Ronda; o festão completo de sete fragmentos significa uma Cadeia Planetária, e os sete festões equivalem a um Sistema Planetário. O par de colunas corresponde exatamente ao plano de evolução, e o diagrama publicado na sexta seção da obra

A Vida Interna, e tudo quanto se expõe nessa seção foram ensinados aos neófitos pelos sacerdotes egípcios, por meio de seu habilidoso sistema da ornamentação dos capitéis. Não seria cabível repetir aqui o referido em *A Vida Interna*, mas podem consultar essa obra os que desejarem ulterior informação sobre tão interessante assunto. Por haver diversas edições desse livro, estou, infelizmente, impossibilitado de citar a página exata para referência, mas o diagrama será facilmente encontrado.

A grinalda de flores que na coluna Tattu rodeia a borda do disco parece simbolizar as hostes de Dhyan-Chohans, incluindo talvez os Logos Planetários. As quatro cadeias de lírios que fluem da coroa tinham para os egípcios um significado relativo à Tetraktys, ou talvez fossem reflexo ou expressão desse mistério, enquanto a tripla grinalda de lírios em torno da borda inferior do capitel significava a ação dos três Aspectos do Logos na matéria. Os casulos denotavam a ação do Espírito Santo, o braço do Senhor estendido em atividade para impelir constantemente a progressiva elevação interna do espírito humano. A fileira do meio mostrava a fortaleza do Pai em contínua expansão, como o fulgor do Sol além das nuvens e névoas da Terra. A fileira inferior denotava a ação do Segundo Aspecto, de Deus Filho, descido à encarnação para soerguer internamente a humanidade.

As palmas cruzadas indicam na coluna Tattu os Lípikas ou Senhores do Karma, que atuam por meio dos quatro reis dos elementos simbolizados pelas palmas da coluna Tat. Não estão enlaçadas com o resto da ornamentação porque representam forças não restringidas ao nosso esquema planetário, nem sequer ao nosso Sistema Solar, pois administram uma lei a que, em todo o universo, obedecem anjos e homens.

O segmento superior do esferoide, em cima do disco, ficava completamente liso e sem adornos, para indicar que além de tudo quanto podia ser expresso em símbolos, havia ainda algo mais, não manifestado e portanto inexprimível.

Outra razão de estarem as colunas colocadas na entrada do

templo era que entre elas havia de passar aquele que, procedente do mundo profano da vida comum, entrava no mundo superior da Loja, e sob esse aspecto simbolizavam o vencimento, em sua natureza inferior, da turbulência das emoções pessoais e da versatilidade da mente concreta. Primeiro, sua fortaleza para travar a batalha da vida oferecida pelas emoções, e depois disso, a coluna de nossa natureza pessoal, a coluna de Set, tinha que ser vencida pelo poder da mente, a coluna de Hórus, e unir-se a ela para acrescentar à fortaleza a estabilidade necessária para prosseguir em busca de coisas mais elevadas. Somente então estava o homem estabelecido na fortaleza, tendo o poder para executar e a sabedoria para dirigir.

Também representam as colunas, uma vez mais, as duas leis capitais do progresso, a do Karma e a do Dharma. A primeira rege o ambiente ou mundo material; a segunda rege o mundo interior. Mediante a harmônica atuação dessas leis, o homem consegue a fortaleza e a estabilidade requeridas pela Senda oculta, e atinge o círculo dentro do qual nenhum M. M. pode errar.

As colunas eram também usadas nos ensinamentos dos sacerdotes para ilustrar a grande doutrina dos pares de opostos: espírito e matéria, bem e mal, luz e trevas, prazer e dor etc.

É interessante notar que os escritores cabalistas consideravam essas colunas como símbolos da involução, a descida da Vida Divina aos mundos inferiores, ainda que não estivessem familiarizados com todos os pormenores. O Irmão A. E. Waite cita, a esse propósito, um trabalho intitulado *As Portas da Luz*, do qual extraí a passagem seguinte:

> Quem conhece os mistérios das duas colunas, a de Jachin e a de Boaz, compreenderá de que maneira os Neshamoth, ou Mentes, descem com os Ruachoth, ou espíritos, e os Nephasoth, ou almas, através de El-chai e Adonai pelo influxo das citadas duas colunas.

E esta:

Por essas duas colunas e por El-chai (o Deus vivo) descem as mentes, espíritos e almas, como por suas passagens ou canais.*

Também formam as colunas o portal dos Mistérios pelos quais ascendem as almas à sua divina fonte; e unicamente quem por entre elas passe poderá chegar ao santuário da verdadeira divindade do homem, ao divino esplendor que, quando surge no íntimo do coração, estabelece ali a sua morada em fortaleza e estabilidade.

No rito francês se colocam duas colunas no interior da Loja, uma em cada lado da porta, no Ocidente, e os P. V. e S. V. se sentam junto delas em mesas triangulares. Essa disposição deriva do sistema caldeu.

Diversos autores têm insistido em dar significado fálico às colunas. E só posso dizer que no transcurso de uma prolongada investigação clarividente não encontrei pegada nem vestígio de semelhante significado.

---

* *New Encyclopaedia*, II, 280.

3. Os acessórios da Loja

OS ORNAMENTOS

Diz o ritual comaçônico:

Os acessórios internos de uma Loja compreendem os ornamentos, os utensílios e as joias. Os ornamentos são o pavimento de mosaico, símbolo do espírito e da matéria; a estrela flamígera, que nos recorda de contínuo a presença de Deus em Seu universo; e a borda dentada, ou Muralha Protetora.

O PAVIMENTO DE MOSAICO

Os três ornamentos pertencem todos ao centro da Loja. O pavimento de mosaico é o formoso assoalho composto de quadrículos, alternadamente brancos e pretos, que simbolizam, segundo diz o ritual da Ordem, a diversidade de seres, tanto animados como inanimados, que decoram e ornamentam a criação. Contudo, os alternados quadrículos não só simbolizam a mistura de seres animados e inanimados no mundo, mas ainda o enlace do espírito e da matéria, ou vida e forma, por toda a parte. Os dois triângulos entrelaçados simbolizam também essa mesma grande verdade da natureza.

Em toda natureza não há vida sem matéria nem matéria sem

vida. Até há poucos anos, muitos cientistas imaginavam que o lado vital da criação só se estendia até o reino vegetal; mas hoje em dia se reconhece a impossibilidade de se traçar uma linha de separação e dizer que "acima dessa linha estão os seres vivos e conscientes, em vários graus, e abaixo, somente matéria morta".

As investigações efetuadas pelo professor Sir Jagadish Chandra Bose, de Calcutá, exposta em sua obra *Response in the Living and Non-Living* [Sensibilidade dos Seres Animados e Inanimados], que lhe granjearam grande honra e respeito científicos, demonstram que não há semelhante linha divisória, mas que existe algum grau de vida no mais insignificante grão de areia. A dra. Annie Besant, em sua conhecida obra *Estudo sobre a Consciência*, resume muito compreensivelmente algumas conclusões do professor Bose, como segue:

> O professor Bose demonstrou concludentemente que a chamada "matéria inorgânica" é sensível ao estímulo e que a ele respondem os metais, da mesma maneira que os vegetais, animais e — tanto quanto alcança a experiência — o homem. Dispôs aparatos apropriados para medir a intensidade do estímulo aplicado e para demonstrar, em diagramas traçados sobre um cilindro giratório, a resposta do corpo que recebia o estímulo. Comparou depois os diagramas obtidos do estanho e outros metais com os obtidos do músculo, e viu que o diagrama do estanho era idêntico ao do músculo, e que os demais metais davam diagramas de natureza análoga, mas variados no período de recuperação da normalidade.
> O tétano, tanto parcial como total, aos repetidos choques, foi provocado com os mesmos resultados no mineral e no músculo. Os metais demonstraram fadiga, e o estanho menos que os demais. Os reativos químicos e as drogas produziram nos metais efeitos de excitação, depressão e morte, análogos já aos conhecidos nos animais.
> Um veneno matará um metal, reduzindo-o a um estado de imobilidade em que não é possível obter resposta alguma; mas ministrando-lhe a tempo um antídoto, reaviva-se o metal.

Um estimulante intensificará a resposta, e as grandes e pequenas doses de uma droga, que respectivamente matam ou estimulam os animais, produzem o mesmo efeito nos metais. O professor Bose pergunta: "Em presença desses fenômenos, como podemos traçar uma linha de demarcação e dizer que aqui termina o processo psíquico e começa o fisiológico? Não existe tal barreira".

As experiências psíquicas e a clarividência treinada acrescentam seu testemunho a essa conclusão e afirmam sem sombra de dúvida que a mesma vida essencial palpita no tigre, no carvalho e no mineral.

Diz *A Doutrina Secreta*:

Cada dia que passa mais se demonstra a identidade entre o animal e o homem físico, entre a planta e o homem, entre o réptil e a sua furna, a rocha e o homem.
Pois que há identidade entre os componentes físicos e químicos de todos os seres, a ciência química pode muito bem concluir que não existe diferença alguma entre a matéria de que se compõe o boi e a que forma o homem. Mas a Doutrina Oculta é muito mais explícita. Diz ela: não só a composição química é a mesma, senão que as mesmas *Vidas Invisíveis* e infinitesimais formam os átomos dos corpos da montanha e da margarida, do homem e da formiga, do elefante e da árvore que o abriga do sol. Toda partícula, chamem-na orgânica ou inorgânica, *é uma* Vida.*

Assim, pois, ao observarem o nosso enxadrezado pavimento, os que compreenderem o seu significado se recordarão constantemente da ideia da onipresente vida.

No Egito Antigo se respeitava com o máximo cuidado a santidade do pavimento de mosaico; ninguém o pisava, a não ser o candidato, os oficiais quando lhes era necessário, o P. M. I. no

---

* *A Doutrina Secreta*, vol. I, 293 (Ed. Pensamento).

desempenho de seus deveres, o P. D. ao acender a luz no fogo sagrado, e o turiferário quando incensava o altar.

A grandíssima importância que se dá ao ato de esquadrar a Loja é outro aspecto da mesma ideia. As correntes de energia fluem ao longo e através do pavimento, em linhas semelhantes à trama e urdidura de uma tela, e também rodeiam as beiradas do pavimento, pelo que, quem precisar atravessá-lo ou margeá-lo, terá de mover-se no sentido da corrente e não contra ela. Daqui a imperiosa necessidade de caminhar sempre na mesma direção e sentido.

Hoje em dia parece não se tomar cuidado com o pavimento. Recordo-me do caso de haver-se colocado no meio do mesmo a mesa com o livro de presença que todos nós devemos assinar. Quando vivi no Egito, o pavimento ocupava quase todo o solo da Loja, mas hoje em dia não passa, às vezes, de um reduzido cercado no centro dela.

A BORDA DENTADA

Todo o perímetro do pavimento de mosaico tem uma borda dentada. Diz-se que na antiga Maçonaria estava formado por fios entremeados, mas hoje em dia é uma borda semelhante a um arranjo de dente de cão. Diz-se-nos que no começo do século XVIII se marcavam no solo com giz os símbolos da Ordem, e esse diagrama era circundado por uma corda pesada, ornamentada de borlas, e era por isso chamada "borla dentada", posteriormente corrompido em "borda marchetada". Os franceses a chamam "la houppe dentelée", e a descrevem como "uma corda com lindos nós, que rodeia o painel".

Segundo o ritual masculino, a borda dentada simboliza a formosa franja que ao redor do sol formam os planetas em suas diversas revoluções. O ritual comaçônico o erige em símbolo da muralha protetora da humanidade, constituída pelos adeptos ou homens que em séculos e milênios passados atingiram a meta da perfeição humana. Estão ao redor da humanidade nos mundos espirituais, segundo diz uma escritura budista, para salvar a linhagem humana de ulterior e mais profunda miséria e aflição.

Há também uma ampla interpretação para as quatro orlas que aparecem nos ângulos da franja. Na Maçonaria masculina simbolizam temperança, fortaleza, prudência e justiça, e sempre têm um significado moral. Mas também representam as quatro grandes ordens dos *devas* relacionados com os elementos terra, água, ar e fogo, e seus quatro governantes, os quatro Devarajas, agentes da lei cármica, que computam e ajustam os negócios humanos sem que haja injustiça nos seres viventes do universo de Deus, assim como não há desconcerto nas relações das diferentes substâncias e corpos materiais. Na Iniciação de candidatos nas Lojas comaçônicas se invocam esses quatro governantes dos elementos, com consequências muito benéficas e positivas, ainda que sejam poucos os membros da Loja que o percebam.

A ESTRELA FLAMÍGERA

A Estrela Flamígera é de seis pontas; faz-se de cristal e coloca-se no centro do teto, iluminada interiormente por luz artificial. Debaixo dela, no solo, precisa haver outra estrela móvel. A Estrela Flamígera é o símbolo da Divindade, e para maior prova disso, no meio dela está gravada a letra G., que significa Deus. Na antiga modalidade de Maçonaria judaica gravavam a palavra Y H V H, que significa *Jehovah*.

Nas Lojas comaçônicas a forma usual dessa figura é a serpente recurvada que morde sua própria cauda e é símbolo da eternidade. Essa foi a figura original, mas com o tempo se alterou a cabeça da serpente, de maneira a formar a letra G. O Fogo Sagrado debaixo da Estrela é um reflexo dela e em algumas Lojas, como na de Adyar, na Índia, pende do teto por meio de uma roldana, de modo que se pode abaixar até o nível necessário para acender as velas. A Estrela Flamígera também simboliza o Sol, o dispensador de inumeráveis benefícios ao gênero humano e ao mundo em geral; mas como o Sol é símbolo de Deus, não há diferença entre ambas as interpretações. Em muitas Lojas a Estrela Flamígera é de cinco pontas, e primitivamente tinham pontas ou raios ondulantes, como era usual nas Obediências da Inglaterra e Estados Unidos.

A verdade espiritual expressa na Estrela Flamígera e em seu reflexo no Fogo Sagrado indica que o reflexo de Deus está sempre entre nós, Sua imagem e semelhança. Há no homem um reflexo de Deus, e mais ainda que um reflexo. A imagem de Deus no homem é uma expressão ou continuação do mesmo Deus, porque Deus é a luz que transporta a imagem, e enquanto o homem for capaz de receber e refletir essa luz, será parte consubstancial dela e com Deus se identificará. Diz Emerson, formosamente, em seu ensaio acerca da super-alma: *"Não há na alma limite ou vale onde Deus, a causa, cesse, e o homem, o efeito, comece"*.

Na Loja Maçônica se veem muitas diferentes classes de estrela, e convém considerar o especial significado de cada uma delas, porque nada há na Loja por mero adorno e sem seu significado peculiar; pelo contrário, a coisa mais simples tem finalidade e profundo simbolismo. Vimos que a Estrela de seis pontas é um emblema da unidade de espírito e matéria, de Deus manifestado em Seu universo. A Estrela de cinco pontas está colocada no Oriente, na parede, acima da cabeça do V. M., e é chamada a Estrela do Oriente ou Estrela da Iniciação. É o símbolo do homem perfeito, de Deus manifesto no homem, e não no conjunto do universo. O homem é um ser quíntuplo: físico, emocional, mental, intuicional e espiritual; e quando todos os elementos de sua natureza estão perfeitamente evoluídos, no tocante ao estado humano de existência, converte-se em homem perfeito, em adepto, dono de si mesmo e de todos os cinco planos ou mundos em que tem seu ser. Um homem assim obedeceu à exortação que diz: "Sede perfeitos como perfeito é o vosso Pai celestial".

No p...l está a estrela de sete pontas em cima da escada que se ergue para os céus. Simboliza:

1. As sete principais direções em que lentamente se move toda a vida para sua completa união com o Divino;
2. Os sete caminhos em que o homem pode conseguir a perfeição;
3. Os sete raios ou emanações com que Deus encheu o Universo com a luz de Sua vida;
4. A ideia cristã dos sete espíritos que estão ante o trono do Senhor;
5. Os sete poderes peculiares do adepto, por haver evoluído sua natureza até a perfeição humana, nos sete raios ou linhas de atividade da vida divina.

OS UTENSÍLIOS

Os utensílios da Loja são também três, e consistem no V. C. S., o esquadro e o compasso, sem os quais a Loja não pode atuar legalmente. A Loja é descrita como justa, perfeita e regular. É justa porque tem aberto o V. C. S.; é perfeita porque contém sete ou mais M. M.; é regular porque possui carta ou diploma do Supremo Conselho, da Grande Loja ou de outra corporação suprema que conserve uma ininterrupta linha de autoridade maçônica.

Compreende-se desde logo que o V. C. S. não inclui tão só a Bíblia dos cristãos, senão também as Escrituras sagradas de outras religiões, porque a várias delas podem pertencer os membros de uma Loja. Entre os assistentes das reuniões de uma Loja de Bombaim havia cristãos, hinduístas, budistas, parsistas, judeus, siques, muçulmanos e jainistas. A Loja costumava pôr no altar os livros sagrados das religiões professadas pelos habituais assistentes das reuniões.

O Rev. J. T. Lawrence, famoso autor de muitos textos maçônicos, refere que iniciou judeus, maometanos, hinduístas e parsistas, e pelo menos um budista. Ele escreve:

Por decreto da Grande Loja não é absolutamente necessário ter-se a Bíblia na Loja. Foi-nos dito que o Volume da Sagrada Lei é o que contém a sagrada lei referente ao indivíduo. Portanto, pode ser o Alcorão, o Zenda-Avesta, os Sastras, o Rig-Veda, como qualquer outro livro sagrado*.

Na Grande Loja da Maçonaria escocesa da Índia figuram entre os oficiais um portador do Alcorão, outro do Zenda-Avesta e outros análogos**. A Maçonaria tem sido sempre de critério muito tolerante e liberal. A Grande Loja da Inglaterra declinou de definir ou delimitar a crença em Deus, deixando que cada candidato tenha suas particulares opiniões sobre esse ponto. Na instrução referente a Deus e à religião no Livro das Constituições de 1815, se diz:

> Seja qual for a religião ou o modo de adorar que o indivíduo professe, não deve por isso ser excluído da Ordem, contanto que creia no glorioso Arquiteto dos céus e da terra, e pratique os sagrados deveres de moralidade.

Assim vemos que os ideais da Maçonaria são muito elevados, seu critério sumamente tolerante, e indiscutivelmente enorme o seu poder para o bem do mundo.

Na Comaçonaria emprega-se a palavra "ciência" para descrever todas essas escrituras, porque buscamos a sabedoria. Muitas outras Lojas empregam a palavra "lei"; mas também nesse caso se diz que o Volume da Sagrada Lei serve para iluminar nossas mentes.

Assim nós temos três utensílios: o V. C. S. para iluminar a mente, o esquadro para regular nossas ações, e o compasso para manter nos devidos limites nossas relações com todos os homens e especialmente com nossos Irmãos maçons. Contudo, ao mesmo tempo todos esses objetos têm significados mais amplos.

---

* *Sidelights on Freemasonry*, p. 47.
** *Id.*, p. 50.

Entre os egípcios o compasso era um triângulo, e o esquadro um quadrado geométrico, ou seja, a figura comum de quatro lados iguais e quatro ângulos retos. Hoje em dia usamos o utensílio que os pedreiros chamam esquadro, com o qual comprovam a adjacência dos dois lados de uma pedra plana, e se ambos formam ângulo reto. Na Maçonaria, quando se pergunta ao candidato:

— Que é um esquadro?

Ele responde:

— É um ângulo de noventa graus, ou a quarta parte de um círculo.

Evidentemente não é essa uma definição correta do esquadro, senão tão só a do ângulo de um esquadro.

O esquadro colocado sobre o V. C. S. tem uma gênese muito diferente e uma razão de ser distinta da atribuída ao esquadro usado pelo V. M. Originariamente foi um quadrado geométrico; mas perdeu sua forma primitiva e está agora representado por um só ângulo do quadrado.* É considerado idêntico ao utensílio do mesmo nome usado pelos pedreiros e carpinteiros, o qual é usado pelo V. M. como símbolo de seu ofício, mas as duas ideias são em realidade completamente distintas.

No Egito o triângulo simbolizava a tríade de vontade espiritual, amor intuicional e inteligência superior no homem, enquanto o quadrado representava o quaternário inferior, isto é, o corpo físico com sua parte densa e parte etérea, o corpo astral e o corpo mental. Assim, o triângulo significava a individualidade ou alma; o quadrado, a personalidade, e ambos, o homem setenário.

Também se consideravam os três utensílios destinados a auxiliar o homem em seu caminho. O V. C. S. lhe representava o valor das tradições; o triângulo lhe falava da importância da inspiração e o quadrado lhe representava a ideia da grande utilidade dos fatos, e

---

* Em inglês, *square* tem o duplo significado de "quadrado" e "esquadro". (N. do T.)

também, atrás dessa ideia, a do valor do senso comum. A tradição era transmitida pelos antepassados; a inspiração provinha do Eu Superior, e os fatos deviam ser estudados e aplicados com senso comum.

AS JOIAS MÓVEIS

As três joias móveis são o esquadro, o nível e o prumo. São usadas, pendentes de seus colares, pelos três oficiais principais, e são então chamadas joias do seu cargo. São móveis porque são transferidas pelo V. M. e V. V. aos seus sucessores no dia em que estes assumem seus cargos. No Egito Antigo também se usava o colar, mas aproximava-se muito mais da forma circular, à maneira de gravata, em vez de cair pontiagudamente sobre o peito, como agora se usa.

O esquadro é usualmente considerado representante da moralidade; o nível, da igualdade, e o prumo, da retidão ou justiça. Ter-se-á em vista que neste caso o termo "esquadro" se aplica exclusivamente ao utensílio e não à figura geométrica. Em sua *Masonic Encyclopaedia* Kenning menciona que o esquadro fora visto frequentemente nas igrejas como emblema dos antigos operários construtores, e que num esquadro de metal primitivo encontrado perto de Limerick, na Irlanda, estavam escritas as seguintes palavras:

Esforçar-me-ei por viver com amor e solicitude
Sobre o nível, por meio do esquadro.

Isso parece demonstrar que já naquela época se conheciam nossas interpretações especulativas.

Também existe uma inscrição persa que, traduzida, reza:

Oh! Esquadra-te para seres utilizada; uma pedra
Adaptável ao muro não fica abandonada no caminho.

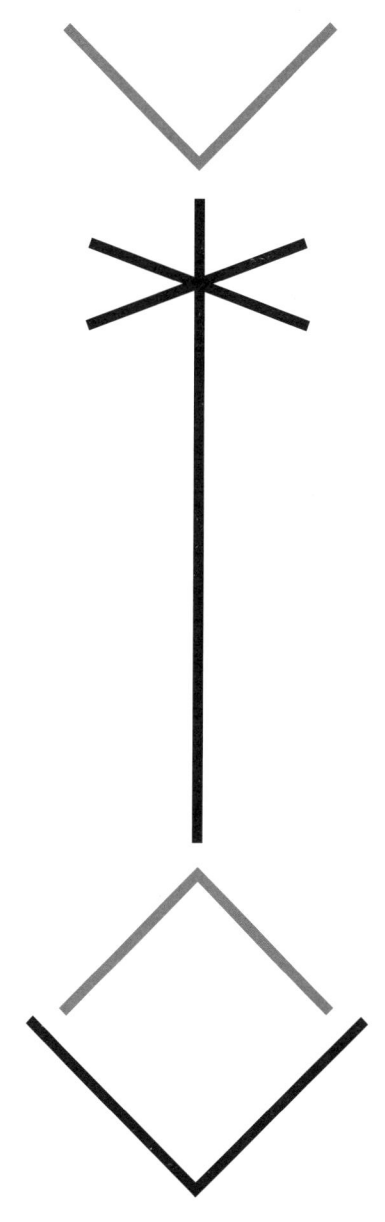

A flecha do Deus Rá

Figura XVI

A joia do V. M. é o esquadro, que simboliza a terceira onda de vida divina, procedente do Primeiro Logos ou Primeira Pessoa da Trindade, e portanto, tem o mesmo significado que o malhete, seu instrumento de governo. É profundíssimo o simbolismo do malhete, e para explicá-lo convém chamar a atenção para ele, que provavelmente é o mais antigo símbolo do mundo (*Figura* XVIII).

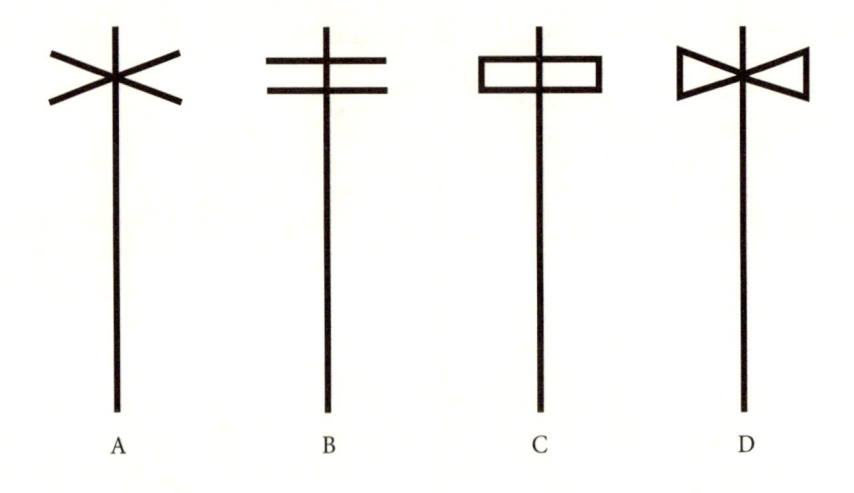

A   B   C   D

Figura XVII

Essa longa linha com dois braços cruzados sobre ela tem sido durante incontáveis milhares de anos o signo especial do Ser Supremo. A raça pigmeia é provavelmente a mais primitiva existente na época atual, e mesmo essa o conserva como símbolo principal. As pessoas mais idosas se recordarão da excitação produzida quando o explorador Stanley foi ao centro da África em busca do dr. Livingstone, e regressou ao nosso meio com a história dos pigmeus que vivem ali na floresta. Essa notícia corroborou a que, um quarto de século antes, trouxera o explorador francês Du Chaillu, e que não foi geralmente aceita até o aparecimento das provas do dr. Stanley.

A raça pigmeia é um resto dos antigos lemurianos, e os representa mais puramente do que qualquer outro povo. Em seu tempo, os lemurianos foram de estatura gigantesca, mas diminuíram de tamanho ao acentuar-se sua decadência. Os hotentotes da África Meridional são também remanescentes da raça lemuriana, mas com mistura de outro sangue, e o mesmo se pode dizer dos chamados aborígines da Austrália, conquanto tenham estes algo de sangue ariano.

Houve época em que os pigmeus ocupavam uma área mais dilatada do que atualmente, e alguns deles foram as primeiras pessoas que entraram no Egito quando começaram a secar os lodaçais ocasionados pela grande inundação, consequente da submersão da ilha de Posêidon, 9564 anos a.c. Pouco mais tarde foram expulsos pelos negros nilóticos, mas esta raça, um pouco mais adiantada, foi finalmente despojada (e segundo creio, até certo ponto absorvida) pelos verdadeiros egípcios quando estes retornaram ao seu país.

Como já disse no Capítulo 1, os sábios egípcios haviam vaticinado uma grande inundação, pelo que o setor ário do povo egípcio saiu do país para se refugiar nas montanhas da Arábia. Quando voltaram ao Egito, muito tempo depois de passada a inundação, encontraram-no ocupado pelos negros nilóticos, com os quais se cruzaram em alguma extensão, e é assim que se explicam os vestígios de sangue negro encontrados nos antigos egípcios.

Os negros nilóticos usaram também o mesmo símbolo, ainda que um tanto alterado, pois em vez de ter os dois braços cruzados como o indica a *Figura* XVII (A), colocaram-nos um sobre o outro no pau vertical, segundo o mostra a *Figura* XVII (B), do que deriva a dupla cruz ainda usada pela igreja grega, que a recebeu por meio da igreja copta. Mas ao mesmo tempo esse símbolo sofreu outra alteração. Se traçamos linhas unindo os dois extremos dos braços da *Figura* XVII (B), resultará a *Figura* XVII (C); e se por meio de duas linhas paralelas unimos os extremos dos braços cruzados da *Figura* XVII (A), resultará a *Figura* XVII (D). Representam a acha de armas de duplo corte, que apareceu quando inventaram o cabo e foi a insígnia do caudilho ou rei em muitas partes do mundo. Entre os caldeus, por exemplo, foi o distintivo de Ramu, nome com que designavam o supremo Deus, um de cujos títulos era o Deus da Acha. O mesmo símbolo foi usado pelos astecas, o que demonstra suas relações com o Egito. Representavam seu caudilho com o símbolo da acha, que era a insígnia de Deus, porque consideravam o caudilho como representante de Deus. Ainda há tribos no centro da África entre as quais a acha tem choça própria, como a teria um grande cacique.

Muito recentemente se efetuaram em Creta amplas investigações arqueológicas, e entre os objetos descobertos se encontrava o símbolo de dupla acha, que também era representação da Deidade*. Nos recintos externos, ou átrios dos grandes templos de Knossos, havia muitas estátuas, mas no Santo dos Santos, ou Lugar Santíssimo, apenas havia a dupla acha como símbolo do Supremo, a que se chamava Labrys. Daí a origem da palavra "labirinto", porque o primeiro labirinto foi construído com o fim de se colocar em seu centro o citado símbolo sagrado, e o caminho até ele foi completamente entrelaçado para dar a entender quão difícil é a senda que conduz ao Supremo. As lendas de Teseu, Minotauro e Ariadne são muito posteriores. Até se efetuarem as recentes descobertas, desconhecia-se a origem da palavra grega "labirinto".

Figura XVIII

---

* Devidamente autorizados, reproduzimos a *Figura* XVIII de uma ilustração da obra *The Palace of Minos in Knossos*, de Sir Arthur Evans.

Do lábaro ou acha se deriva o malhete do V. M., que o empunha porque à sua humilde maneira é ele o representante da Deidade. O malhete é insígnia de governo, e o V. M. o empunha hoje em dia do mesmo modo que o empunhou o primeiro faraó. Está um tanto modificada a sua forma, que costuma ser a de uma marreta. O vocábulo inglês "gavel" (malhete) proveio da palavra "gable" (espigão), nome que pertence mais a um objeto desta última forma do que ao antigo duplo machado ou acha.

No Egito a dupla acha era também a insígnia de Arouris, o primeiro nome dado ao nascente Hórus, a quem se chamava Chefe do Martelo, porque se costumava desenhar essa insígnia em forma de martelo. Ainda se conserva um dos antigos malhetes egípcios, e também pode haver outros que não tenham sido identificados. Um destes possui o C. D. T. V. M., que o usa em Sua própria Loja e foi usado no Egito por Ramsés, o Grande. É um formoso instrumento de jade verde com incrustações de ouro. O C. D. T. V. M. também possui um manto que Ramsés usou quando atuava como Mestre de sua Loja; não sei de que material estava confeccionado, mas parece-me algum tanto com capas de penas que se usavam no Havaí.

O esquadro do M. I. é igualmente um instrumento de governo, segundo indica seu uso como trono de Osíris na sala do Juízo, mencionada no capítulo 1*. Dali Osíris governa ou julga as almas humanas que diante dele comparecem, e decide se são bastante perfeitas para passar adiante. Disso provém nossa moderna ideia de atuar sobre o esquadro, isto é, com perfeita justiça em relação ao próximo.

Nesse caso tem a figura de um esquadro de pedreiro, ou seja, um ângulo de noventa graus, empregado para comprovar os lados de uma pedra, de modo que formem ângulo reto, e que, portanto, seja perpendicular, forte e segura a parede construída com elas. Agora se verá claramente a diferença entre as duas espécies de quadrados. Entende-se por quadrilátero quando dizemos que o

---

* *Figura* IV (B).

compasso domina o esquadro, mas por ângulo reto se entende quando nos referimos aos utensílios por meio do qual o Mestre mede e decide. Embora o V. M. tenha esse símbolo do esquadro, ele é em realidade o Filho governando e julgando em nome do Pai, que permanece no fundo, pois nossas Lojas são do tipo do Cristo ou Deus solar.

Os egípcios tinham um símbolo de significado muito profundo, a Flecha de Rá, que inclui o esquadro do V. M. e o malhete de seu cargo (*Figura* XVI). Nessa figura estão separadas as diferentes partes, mas às vezes se unem e então parecem uma flecha, e por isso se lhe chama a Flecha de Rá, o Deus Sol, também denominado Hórus do Duplo Horizonte, Filho de Osíris e de Ísis, e não obstante, uma reencarnação de Osíris, o Deus evolucionante.

A parte inferior do desenho se refere à Sua descida à matéria, pois o esquadro invertido significa descida, e o ângulo para baixo simboliza a caverna de matéria a que desceu. O esquadro superior significa que ascendeu ou ressuscitou. A dupla acha no centro simboliza o Deus Altíssimo; e assim o glifo completo é uma espécie de credo simbólico que para aqueles que o desenhavam afirmava sua fé na descida da Deidade à matéria e em Sua final ascensão triunfante sobre ela. "Ele desceu, Ele ascendeu". Se o interpretarmos segundo a simbologia cristã, poderíamos chamá-lo o emblema do Cristo crucificado e triunfante; mas é também um distintivo de todo o método de evolução.

Esse desenho aparece em muitos lugares. Vê-se no Museu do Louvre de Paris, gravado num entalhe caldeu de jaspe verde. Igualmente se encontra nas paredes de algumas antiquíssimas igrejas de Devonshire e Cornwall na Inglaterra, nas quais deve ter sido gravado pelos errantes maçons que as construíram, pois os cristãos ortodoxos não poderiam conhecê-lo.

Enquanto consideramos os símbolos do V. M., podemos notar também os três níveis que aparecem em seu avental, ao invés das três rosetas. Não são verdadeiros níveis, mas figuras formadas por uma linha perpendicular sobre outra horizontal, como um T invertido (L). Isso tem o mesmo significado da pequena coluna do P. V., que fica levantada enquanto a do S. V. fica abatida quando funciona a Loja, e indica que a vida de Cristo, o Segundo Logos, se acha em fluxo contínuo. Não é que a vida do Terceiro Logos, representada pela linha horizontal ou pela pequena coluna do S. V., tenha cessado de fluir (pois continua fluindo enquanto existir um mundo exterior), senão que o Segundo Aspecto da Divindade também efunde Sua vida e determina a evolução das formas. Assim, esse tríplice emblema se refere às duas efusões de vida e denota que o V. M. preside as três representações.

A cruz em forma de T, chamada o Tau, tem outro significado muito importante, pois a linha vertical significa o elemento masculino, e a horizontal, a linha feminina, na Deidade, mostrando assim que Deus se manifesta como Mãe e como Pai, como se nos diz nas *Estâncias de Dzyzan**. Voltarei a esse ponto mais tarde quando escrever sobre o S. A. R. No Egito Antigo substituía a cruz em grande extensão e, unido ao círculo ou à forma oval, tornava-se o *Ankh*, o símbolo da vida perdurável.

A joia do P. M. I. se parece com a do V. M., em que contém o esquadro, mas tem certas adições importantes. Primitivamente, na Inglaterra, foi um esquadro sobre um quadrante, mas hoje é o postulado número 47 do primeiro livro de Euclides, gravado sobre uma lâmina de prata suspensa dentro de um quadrado**.

Nos Estados Unidos consta de um compasso com abertura de sessenta graus sobre a quarta parte de um círculo, com um sol no centro. O postulado 47 é muito conhecido, e o aplicam praticamente os construtores ao levantarem paredes que formem ângulo reto uma com a outra, em outras construções. Dão-lhe a figura de um triângulo retângulo cujos catetos estão na proporção de 3:4 e a hipotenusa na de 5. Diz Plutarco que os sacerdotes egípcios empregavam sempre um triângulo dessas proporções e consideravam como símbolo na Trindade universal, em que Osíris e Ísis

---

* *A Doutrina Secreta*, vol. I, p. 94 e *passim* (Ed. Pensamento).
** Esse postulado é o bem conhecido teorema de Pitágoras.

eram os catetos, e Hórus, o seu produto, a hipotenusa*. Para se ajuizar quão corrente foi o emprego dessa medida no Egito, extrairemos as seguintes passagens da obra de M. Jomard, intitulada *Exposition du Systême Metrique dês Anciens Egyptiens*, tal como aparece no *Lexicon* do dr. Mackey:

> Se inscrevermos num círculo um triângulo retângulo cujo cateto perpendicular ou altura meça 300 unidades, o cateto horizontal ou base meça 400 e a hipotenusa 500, teremos que a proporcionalidade dos lados será de 3, 4, 5. Traçando agora, do vértice do ângulo reto, uma perpendicular à hipotenusa e prolongando esta perpendicular até que toque a circunferência do círculo, resultará uma corda que mede 480 unidades, e as duas partes em que ficou dividida a hipotenusa medirão respectivamente 180 e 320 unidades. Do ponto de interseção da corda com a hipotenusa, tracemos uma perpendicular ao cateto menor. Essa perpendicular medirá 144 unidades e dividirá esse cateto em duas partes desiguais, das quais a mais curta medirá 108 unidades. Assim teremos uma série de medidas equivalentes a 500, 480, 400, 320, 180, 144 e 108 unidades, sem a mínima fração. Supondo que a medida de 500 unidades seja o cúbito, teremos a base da grande pirâmide de Mênfis. As 400 unidades da base do triângulo são a exata longitude do estádio egípcio. As 320 unidades nos dão o número exato de cúbicos de que constava o estádio hebreu e babilônico. O estádio de Ptolomeu está representado pelos 480 cúbicos ou longitude da perpendicular traçada desde o vértice do ângulo reto à circunferência do círculo através da hipotenusa. O estádio de Cleomedes está representado por 360 cúbicos, duplo de 180, ou longitude da parte mais curta da hipotenusa. O estádio de Arquimedes equivale a 288, duplo de 144; e o estádio egípcio, o menor de todos, mede

---

* Como se sabe, o quadrado da hipotenusa é igual à soma dos quadrados dos catetos. Assim, no triângulo referido teríamos: $3^2 + 4^2 = 5^2$, ou seja, 9 + 16 = 25. (N. do T.)

216 cúbicos, ou duplo de 108. Dessa sorte, derivam do referido triângulo todas as medidas lineares que usaram os egípcios (*vide Figura* XIX).

O mundo moderno deve a Pitágoras a demonstração geral do teorema de que o quadrado da hipotenusa é igual à soma dos quadrados dos catetos. Circunstância notável é que assim como o P. M. I. é, numa Loja, o vigia para que tudo esteja bem disposto e em ordem, julgando tudo segundo o seu critério, assim também comprovam os arquitetos a regularidade de uma construção valendo-se do triângulo retângulo de proporção 3, 4, 5. Também declara o P. M. I. que "Sua Luz está sempre conosco", ao expor sua definitiva autoridade sobre a presença de Deus e ao abrir o V. C. S.

A joia do P. V. é o nível, emblema da igualdade e harmonia que está obrigado a manter entre os Irmãos da Loja; mas segundo temos visto, o nível é também símbolo da Segunda Pessoa da Trindade, do universal princípio do Cristo, a evolucionante energia vital. As suas ideias não são, todavia, contraditórias, porque todos os homens são Irmãos em Cristo, pois que todas as vidas são partes da única Vida em que temos o nosso ser. Na Loja deve existir a perfeita igualdade reinante à vista de Deus, que a todos trata igualmente, com o mesmo juízo e as mesmas leis. Outra interpretação do citado símbolo é que unicamente podem ser fortes e permanecer firmes os edifícios construídos com um bom nível.

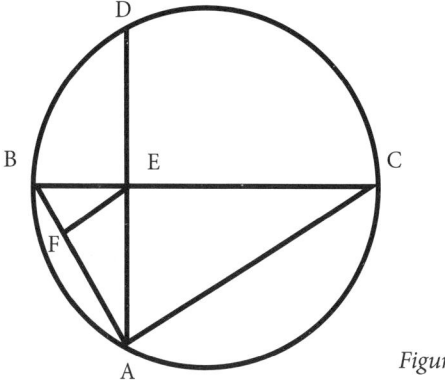

Figura XIX

O prumo é a joia do S. V. É tomado como emblema da retidão que há de presidir a conduta dos Irmãos fora da Loja, pois tal conduta determina uma vida cheia de graça e beleza.

Os demais oficiais também ostentam as joias de seus respectivos cargos. A do orador é um livro; a do secretário duas penas entrelaçadas; a do tesoureiro duas chaves cruzadas; a do M. C. dois bastõezinhos também cruzados, cujo significado é evidente. Na Comaçonaria o P. D. e o S. D. têm cada um, por joia, uma pomba, que denota sua qualidade de mensageiros, mas em algumas outras Lojas se usam como joias o esquadro e o compasso com um sol no centro, para o P. D., e uma lua para o S. D. O esquadro e o compasso indicam as suas qualidades de circunspecção e justiça, porque devem zelar pela segurança da Loja e introduzir os visitantes.

A joia do organista é uma lira; a do esmoleiro, uma bolsa; a do G. I. T. duas espadas cruzadas, e a do G. E. T. uma só espada. A joia dos mordomos é uma cornucópia. Recebem ordens do S. V., provêm as refeições necessárias, arrecadam contribuições e subscrições, e tornam-se úteis no que for geralmente necessário. Diz-se que o corpo da abundância deve lembrar-lhes que é seu dever velar que as mesas estejam propriamente sortidas e que a cada Irmão seja dada a provisão conveniente.

AS JOIAS IMÓVEIS

O p...l e as pedras bruta e lavrada se chamam joias imóveis, por estarem sempre à vista na Loja de modo que reflitam a divina natureza e sirvam em todo o tempo para a moral dos maçons. Contudo, em alguns livros maçônicos, especialmente nos publicados nos Estados Unidos, se chamam joias imóveis o esquadro, o nível e o prumo, porque sempre estão no mesmo lugar na Loja, e entre as joias móveis se incluem o p...l e as pedras bruta e lavrada, porque se podem transladar de um lugar para outro.

Segundo a descrição que do p...l fazem vários rituais, ele serve para o V. M. estabelecer seus planos. É, todavia, evidente que não é precisamente adequado para tal propósito, porque já está de todo ocupado com o plano ou desenho de uma Loja ideal. Seu objetivo é simplesmente que o V. M., com a assistência dos demais Irmãos reunidos, ponha a Loja, aqui embaixo, o mais intimamente possível em harmonia com a Loja ideal. Significa, em verdade, que, assim como o G∴ A∴ D∴ U∴ estabeleceu Seus planos na alta esfera, assim devemos nós estabelecer os nossos tão em harmonia com os Seus quanto possamos e em imitação deles.

Dito de outra maneira, o p...l significa o plano no pensamento do Logos, chamado pelos gregos o "Mundo Inteligível". Dizem eles que do mundo inteligível provêm todas as coisas que conhecemos, que tudo está projetado de antemão, e que o mundo existia no divino pensamento antes de aparecer em manifestação material.

Nas Lojas de há dois séculos o p...l era traçado no solo com um giz para cada reunião, em lugar de tê-lo estampado, e era considerado como parte dos conhecimentos próprios do V. M. que ele soubesse traçá-lo habilmente, sem copiá-lo de nenhum modelo.

No diagrama do p...l vemos o altar e em cima deste o V. C. S. Daquele se ergue uma escada até a estrela de sete pontas, que representa a mônada humana, em quem os sete tipos de vida ou consciência têm que alcançar todos a perfeição dentro dos limites da possibilidade humana. Essa estrela representa também o Logos, a suprema consciência de nosso sistema solar, a consciência de Deus, que já é perfeita num grau totalmente inacessível à compreensão humana.

A escada tem muitos degraus, os quais indicam as virtudes por cuja prática temos de ascender até a perfeição simbolizada pela estrela. No Egito esses degraus representavam as iniciações que conduziam ao cume, mas compreende-se que estas são duas maneiras de expressar definitivamente a mesma ideia. Se consideramos os degraus como símbolos das iniciações, representam etapas definidas; mas se os consideramos como virtudes, representam as qualidades requeridas para cada uma das iniciações. Em ambos os casos se conhece a ideia de graus que paulatinamente conduzem à perfeição. Também podem ser considerados de outra maneira, tal qual os interpreta o Irmão Wilmshurst em seu admirável tratado:

> É um símbolo do Universo e de seus planos semelhantes a degraus, que partindo das profundidades alcançam as alturas. Diz-se algures que a casa do Pai tem muitas moradas, muitos níveis e lugares de descanso para as Suas criaturas dentro de suas diferentes condições de graus de progresso. Esses níveis, planos e subplanos estão simbolizados pelos degraus da escada. Os três principais, em nosso atual estado de evolução, são o plano físico, o emocional e o mental, ou o da inteligência abstrata que se enlaça com os planos superiores do espírito. Esses três planos do mundo se reproduzem no homem. O primeiro corresponde à sua matéria física ou corpo sensório; o segundo, à sua natureza emocional ou de desejo, que resulta da interação entre seus sentidos físicos e a sua mente ultrafísica; o terceiro corresponde à sua mentalidade, que está ainda mais afastada de sua natureza física e forma o laço entre esta e o seu ser espiritual...
> Assim é que o universo e o homem estão constituídos à maneira de uma escada, numa ordenada série de degraus. A substância única, universal, que constitui as diferentes partes do Universo, "desce" do estado de extrema sutileza por sucessivas etapas de densificação até chegar à mais grosseira materialidade, e depois "ascende" por análoga gradação de planos ao seu ponto de origem, mas enriquecida das experiências acumuladas durante o processo.
> Foi esse processo cósmico o objeto da visão ou sonho de Jacob... O que ele sonhou ou contemplou com visão suprassensível pode igualmente ser hoje percebido por quem tenha abertos os olhos internos. Todo verdadeiro Iniciado obteve uma ampliação de sua consciência e de suas faculdades, que o capacitam para contemplar os mundos sutis revelados aos patriarcas hebreus, e tão facilmente como o profano pode ver, com seus olhos corporais, os fenômenos do mundo material. O Iniciado é capaz de ver como sobem e descem os anjos de Deus,

isto é, pode contemplar diretamente a grande escada do Universo e observar o intrincado, mas ordenado, mecanismo da involução, diferenciação, evolução, e ressintetização, que constitui o processo da vida. Pode presenciar a descida das essências ou almas humanas através de planos de crescente densidade e decrescente medida vibratória, revestindo-se, conforme descem, de véus de matéria peculiar a cada plano até que por fim alcançam o nível de sua completa materialização, onde se trava a acérrima luta pela supremacia entre o homem interno e o externo, entre o espírito e a carne, entre o verdadeiro ser e o ser ilusório envolto em seus véus materiais. A batalha tem que ser travada no tabuleiro de xadrez de nossa atual existência, entre os opostos brancos e negros quadros do bem e do mal, da luz e das trevas, da prosperidade e adversidade. Igualmente pode o Iniciado observar o ascendente retorno daqueles que venceram na luta, conseguiram sua regeneração, eliminaram ou transmutaram os bens terrenos adquiridos durante a sua descida, e chegaram à sua fonte puros e não contaminados das misérias deste imperfeito mundo.*

Na escada há três emblemas: uma cruz, uma âncora e um cálice com uma mão estendida, em atitude de alcançá-lo. A explicação do p...l dada no ritual se refere a elas como as três virtudes principais: fé, esperança e caridade. A rigor, o símbolo típico da caridade é um coração, e assim aparece em alguns p...s em vez do cálice, que, não obstante, é um símbolo muito mais antigo e em verdade de maior significado para nós.

O Irmão Wilmshurst também nos dá outra interpretação da cruz da escada, considerando-a uma representação de todos os aspirantes que por ela sobem.

Diz assim:

À medida que sobe, cada qual leva sua cruz, seu corpo cruciforme, e as vestes materiais cujas tendências estão sempre cru-

---

* *The Masonic Initiation*, pp. 64-66.

zadas com os desejos do espírito e lhe contrariam a ascensão. Todos devem subir assim carregados, mas cada um tem de subir sozinho. Contudo, como as tradições secretas ensinam, e os braços da cruz significam, tem que se estender uma mão para alcançar os protetores invisíveis de cima e a outra para ajudar os Irmãos débeis a subirem debaixo. Porque, assim como os degraus e os lados da escada constituem uma unidade, apesar de estarem separados, assim toda a vida e todas as vidas são fundamentalmente uma só e ninguém vive para si apenas.*

Esses três símbolos também se referem às três ondas ou efusões da vida divina, que correspondem ao desenvolvimento do ego humano. Primeiramente ele tem que perceber o mundo das coisas materiais, depois o da consciência ou vida, e finalmente deve elevar-se até o conhecimento de seu verdadeiro ser.

Desde a época dos egípcios, têm se modificado a cruz e a âncora, mas não o cálice. A cruz tinha, no princípio, a mesma forma e braços iguais que a grega de hoje, e sempre foi o sinal da primeira efusão de vida divina procedente do terceiro Aspecto do Logos, ou Terceira Pessoa da Trindade, chamada pelos cristãos o Espírito Santo, e também o Doador de Vida, que flutua sobre as águas do espaço.

Outro ponto da simbologia é que a cruz contém dentro de si o esquadro, o nível e o prumo combinados. E na *Epístola aos Efésios* escrita por santo Inácio (que, segundo a tradição, foi a criancinha que certa vez Cristo pegou e pôs entre Seus discípulos como um tipo daqueles que herdariam o reino do Céu), encontramos esta notável passagem maçônica:

> Vós sois pedras de um Templo, preparadas de antemão para uma edificação de Deus, o Pai. Sois erguidos às alturas pelo instrumento de trabalho de Jesus Cristo, que é a cruz, usando como corda o Espírito Santo e como guindaste a vossa fé, sendo o amor o caminho que conduz a Deus.

* *The Masonic Initiation*, p. 69.

Às vezes a rosa vem estampada nessa cruz de braços iguais, e temos então a Rosa-Cruz, o grande emblema dos rosacrucianos, que aparece extensamente no Grau Dezoito da Maçonaria. Outra forma é a cruz de Malta com os braços que vão se alargando, o que simboliza o constante incremento do fluxo divino. Além disso, quando a cruz está em ativa rotação e de suas extremidades brotam chamas que formam ângulo reto com os braços, temos a forma chamada suástica.

Hoje em dia a cruz que se coloca sobre a escada tem usualmente a forma latina, que simboliza a onda ou efusão de vida procedente do segundo Aspecto do Logos ou Segunda Pessoa da Trindade, e é ordinariamente considerada a cruz de Cristo, ainda que milhares de anos antes de Cristo encarnar-se na Palestina, já fossem usadas como símbolo cruzes de várias formas. A primeira efusão de vida, simbolizada pela cruz grega, prepara o mundo para receber a vida e põe em atividade os elementos materiais, mas sem combiná-los para construir formas. Em virtude da primeira efusão, poderemos ter oxigênio, mas não água. A segunda efusão de vida combina os elementos para construir formas de sempre crescente complexidade, de organizada estrutura e função.

O símbolo da segunda efusão é a âncora, que no Egito foi originariamente um pêndulo, que oscilava sobre uma escala recurvada até coincidir com o arco descrito pelo movimento do pêndulo. Não é difícil imaginar a transmutação em âncora desse dispositivo, sobretudo para pessoas que consideravam a cruz e a âncora como símbolos da fé e da esperança. Tal modificação pode bem ter sido realizada sem propósito deliberado, e quando se determinou que a terceira virtude fosse a caridade, o cálice se transmutou, às vezes, em coração. O cálice também pode simbolizar a caridade, isto é, o copo de vida do qual flui a caridade; mas muitas pessoas acharão ser o coração um emblema mais fácil dessa virtude.

Os que estudaram a filosofia grega ou os sistemas gnósticos, saberão que o *krater* ou cálice desempenha ali um papel importante. Era o vaso em que se vertia o vinho da vida divina. O pensamento cristão remete ao Santo Graal cheio do precioso sangue de Cristo, ou seja, o cálice usado na instituição da Sagrada Eucaristia e no qual se supõe que José de Arimateia recolheu o sangue de Cristo quando na cruz.

Todavia, tudo isso é alegoria. O verdadeiro significado é que o cálice representa o corpo causal ao receber a terceira efusão de vida procedente do Primeiro Aspecto do Logos, no momento da individualização em que converte o animal em ser humano, não ainda perfeito, mas capaz de perfeição.

Assim, os três símbolos representam as três dádivas da vida divina ou as três grandes emanações do Logos. Nos tempos dos antigos egípcios não se conhecia ainda a palavra grega Logos e davam à Divindade os nomes de Osíris e Hórus, ainda que o ensinamento fosse o mesmo, porque em todas essas coisas não há mais que uma só verdade fundamental.

Portanto, o p...l denota que o homem que inteligentemente compreende o plano da evolução da vida no mundo pode colaborar deliberadamente no divino plano até que, já por completo evoluído como homem, alcance a setenária estrela e lhe seja possível passar a condições ainda mais elevadas, que no p...l estão indicadas pelas nuvens, o Sol, a Lua e as estrelas. Com efeito, a verdadeira filosofia discerne o plano traçado pelo G. A. no Painel do Tempo para a construção do Universo.

As joias restantes, as pedras bruta e lavrada, aparecem no p...l perto dos pilares que representam respectivamente as colunas do S. V. e P. V. A pedra lavrada está no geral suspensa por uma roldana ou moitão sustentados pelo luís*, um instrumento que consiste de peças de aço em forma de cunha embutidas na pedra para erguê-la. Esse instrumento foi assim denominado pelo arquiteto que o inventou em honra ao rei francês Luís XIV. Ao que é filho ou filha de um maçom se chama um luís, porque se supõe que eles sustentem seus pais envelhecidos, e é geralmente admitido que os filhos de um maçom possam ser iniciados na Maçonaria somente aos dezoito anos de idade. Embora

---

* *Vide* a *Figura* XX.

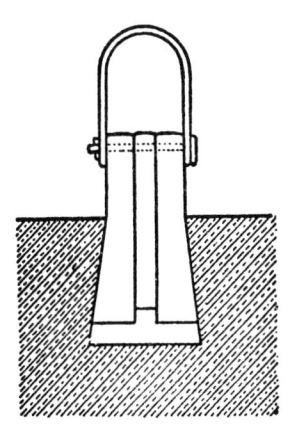

Figura XX

afirmem alguns que isso só se pode fazer por dispensação especial, o costume o converteu em direito.

A pedra bruta indica a destreinada mente do candidato. Supõe-se estar ele num estado de trevas e ignorância, porém, gradualmente, em virtude de seu trabalho e conhecimento maçônicos, sua mente será polida, e então sua exatidão poderá ser comprovada pelo esquadro, o prumo e o nível. A pedra lavrada representa a condição a ser alcançada pelo C...-ro.

À luz da evolução e da reencarnação podemos considerar a pedra bruta como símbolo da alma jovem, que no transcurso de muitos esforços e experiências, vida após vida, deve polir a sua natureza e eduzir suas faculdades. Os três primeiros graus maçônicos representam três estágios desse processo. Ao A. incumbe educar-se moralmente e dominar o corpo físico, de modo que seus impulsos não barrem o caminho de seu rápido progresso ou evolução. No Egito, o A. costumava permanecer sete anos no Primeiro Grau, porque tinha que se preparar completamente para a iluminação, que só poderia receber quem tivesse já subjugadas as emoções e estivesse suficientemente purificado para refletir o Eu Superior e servi-lo. Feito isso, era preciso aperfeiçoar a pedra lavrada, até que estivesse em condições de ser empregada como uma pedra viva no templo do G∴ A∴ D∴ U∴, e fosse capaz de formar parte do homem celeste do futuro.

4. Cerimônias preliminares

O RITUAL COMAÇÔNICO INGLÊS

Ao comentar as cerimônias da Maçonaria, tomarei por base de minhas pesquisas as da Comaçonaria (como é praticada na Jurisdição Inglesa), porque foram dispostas em geral tendo em vista os seus efeitos nos planos diferentes do físico. As cerimônias ali descritas foram organizadas com auxílio dos melhores rituais existentes e após se haverem consultado Irmãos muito experimentados. Abarcam os pontos mais salientes de todos os rituais, com várias características peculiares de nossos trabalhos. Foi considerado eminentemente oportuno reviver o antigo costume egípcio de proporcionar aos Irmãos das colunas uma participação mais ampla nos trabalhos da Loja, havendo-se, assim, inserto, para seu uso, alguns versículos do V. C. S. e certos hinos maçônicos bem conhecidos.

Com extrema liberalidade e a mais ampla tolerância, o Supremo Conselho da Comaçonaria Universal permitiu que aqueles que lhe tributam sua obediência escolham uma das diversas variantes do Ritual. Algumas Lojas preferem a forma mais simples, que é praticamente idêntica à usada pela Ordem masculina; outras acham mais inspirador e auxiliador uma cerimônia levemente mais esmerada, porque expressa mais plenamente o trabalho nos planos internos, que para elas constitui o principal objetivo da cerimônia. É esta última que vou tentar expor; mas devo deixar perfeitamente claro que a interpretação que lhe dou é apenas a minha opinião pessoal, e que o Supremo Conselho a que tenho a honra de servir, não deve de maneira alguma ser considerado endossante dessa minha opinião por permitir o uso do Ritual.

Não se há de supor que por isso seja ineficaz o breve Ritual maçônico da Ordem masculina. Tudo quanto afirmamos é que as cerimônias se cumprem mais expedita e acabadamente quando se compreende toda a sua verdadeira intenção e significado.

A PROCISSÃO

Por todos os pontos da superfície da Terra passam poderosas correntes magnéticas entre os polos e o equador, e outras perpendicularmente as cruzam ao redor da Terra. A procissão comaçônica de entrada na Loja pode utilizar essas correntes, formando no espaço que circundamos um remanso magnético muito especial, como um vórtice definido.

Enquanto os Irmãos marcham cantando ao redor do assoalho, devem pensar na letra do hino e cântico introdutório, e cuidar que a procissão vá em boa ordem; mas ao mesmo tempo têm que dirigir deliberadamente seus pensamentos à magnetização do mosaico e do espaço acima dele.

No Egito Antigo era dever do V. M. dirigir as correntes e formar nelas o remoinho com o fim de magnetizar intensamente o assoalho que ele rodeava. Por esse motivo os oficiais e os visitantes distintos dão volta completa na Loja, e repassam mesmo duas vezes algumas partes do assoalho; não vão diretamente aos seus lugares, como o fazem os A...s, os C...s e os M...s, mas prosseguem como para completar a perambulação, tal qual o indica o *Ritual da Comaçonaria Universal*, da 5ª edição inglesa.

Entre nós incumbe também ao V. M. a magnetização do duplo quadrado, mas todos os Irmãos têm de ajudá-lo nessa obra. O objetivo é saturar aquele espaço da mais alta influência possível e levantar ao seu redor uma muralha para que a referida influência se conserve ali. A função desempenhada pela forma mental é bem análoga à de um condensador. Em mecânica de nada serve gerar grande quantidade de vapor d'água se não se mantém a necessária pressão; e analogamente, ao magnetizar-se a Loja, tem de se acumular condensadamente a energia, para que não se dissipe pela vizinhança.

Como dissemos no Capítulo 3, uma vez assim isolado e preparado o assoalho, ninguém deverá atravessá-lo, exceto os candidatos ali levados para serem iniciados e que são propositalmente submetidos à influência do seu magnetismo; o Turiferário, quando incensa o altar, e o P. M. I. ao descer do estrado para cumprir o dever de abrir o V. C. S., ou de alterar a posição do e... e do c... ao mudarmos de um grau para outro. Faz-se outra exceção quando o P. D., durante a cerimônia do acender das velas, se aproxima do altar para receber do P. M. I. o fogo sagrado. O P. M. I. acende um círio no fogo sagrado e com ele ilumina a vela que permanece num castiçal de cobre ornamental, que o P. D., como Lúcifer, leva ao V. M. e aos V...s.

Agora se precipitam e entrecruzam, no solo, correntes ou linhas de força magnética semelhantes à urdidura e trama de um tecido, que serve de base à grande forma mental cuja construção é um dos objetivos de nossas reuniões maçônicas. Em vista da enorme valia da forma mental construída sobre o solo da Loja, é importantíssimo que ninguém perturbe nem confunda as correntes, por andar em sentido contrário das mesmas, ou por penetrar na Loja com pensamentos sobre assuntos comuns, como cuidados, tristezas e conflitos da vida diária mundana. Vamos à Loja realizar uma obra definitiva a serviço da humanidade, e a ela devemos dedicar toda a nossa atenção enquanto estivermos na reunião.

O canto dos hinos introdutórios tem por objetivo harmonizar as mentes. A letra dos hinos trata dos cimentos sobre os quais é construído todo edifício, e nos diz que o G∴ A∴ D∴ U∴ é o cimento e estrutura de todas as coisas, porque nada há que d'Ele não faça parte. Cada membro, enquanto circunda na procissão, tem de se entregar com todo o seu pensamento e todas as suas forças à magna obra que vai começar. A letra que cantamos tem um forte sabor maçônico, porque é a versão rimada do Salmo 100 que sempre se tem cantado na abertura da Loja Canongate Kilwinning desde a sua fundação em 1677. Na tradução desse salmo há uma palavra para a qual desejo chamar a atenção, de passagem. Em seu primeiro versículo diz "Servi-O com júbilo"; algum incompetente hinólogo mudou a palavra "júbilo" por "temor", o que é inteiramente inexato e totalmente indefensável. A Bíblia nos convida a louvar alegremente o Senhor e a comparecer ante Sua presença com um cântico, e temos de conservar na versão o verdadeiro espírito e significado. O outro cântico, que diz "alegrei-me quando me disseram: Entraremos na casa do Senhor", é extraído do V. C. S. e condensado para formar uma bela a adequada invocação.

Todo esse consagrado pensamento forma a base do esplêndido edifício que a Loja vai construir, um verdadeiro templo no qual o terreno não passa de um símbolo externo; é um templo de matéria sutil em que se pode realizar obra real e perfeita, e distribuir enormes caudais de influência espiritual. Esse templo é também uma imagem do vórtice que o G∴ A∴ D∴ U∴ formou quando se dispôs a construir o Seu sistema solar. Começou por limitar-se a Si mesmo e assinalar os limites de Seu sistema, dentro dos quais estabeleceu um vasto vórtice etéreo, cujos vestígios vemos hoje nos revolventes e condensados planetas da embrionária nebulosa, que foi se esfriando e plasmando em matéria física cada vez mais densa.

À frente da procissão das Lojas comaçônicas vai o Turiferário fazendo oscilar o incensário, que espalha o perfume das gomas aromáticas compostas especialmente para esse fim. Atrás dele segue o C. E. T. com sua espada, e após este, o M. C. Esses três oficiais desempenham a particular função de purificar a Loja, dirigidos pelo M. C., considerado o cérebro de tal função, enquanto o C. E. T. com sua espada é o braço que expulsa toda emoção e pensamento inconvenientes.

Atrás dessa cunha purificadora, vão os Irmãos na ordem inversa das categorias. No fim da procissão vêm os oficiais e os de grau superior, e finalmente o V. M., que tem de completar a obra de todos os que o precedem, aproveitando a devoção por eles propiciada para construir as paredes da cela magnética do melhor modo possível, com o material conveniente. A forma mental que construímos é a de um antigo templo grego com as suas colunas externas, e em seu interior, o interno sacrário chamado *cela*, que estava fechada e escura, tendo por única abertura a sua entrada. Na Loja, os Irmãos se colocam no exterior e ao redor da cela, como colunas de um antigo templo, como o mostra a *Figura* VIII.

O AVENTAL

Todo maçom deve usar na reunião a insígnia chamada avental, e é somente quando o usa que está, na linguagem maçônica, "convenientemente vestido". Pode ostentar também as condecorações e joias distintivas de seu cargo ou do grau a que pertence, mas sem avental não pode entrar na Loja. Só se excetua o candidato à Iniciação, que, como ainda não é maçom, não pode usar tal insígnia. Há

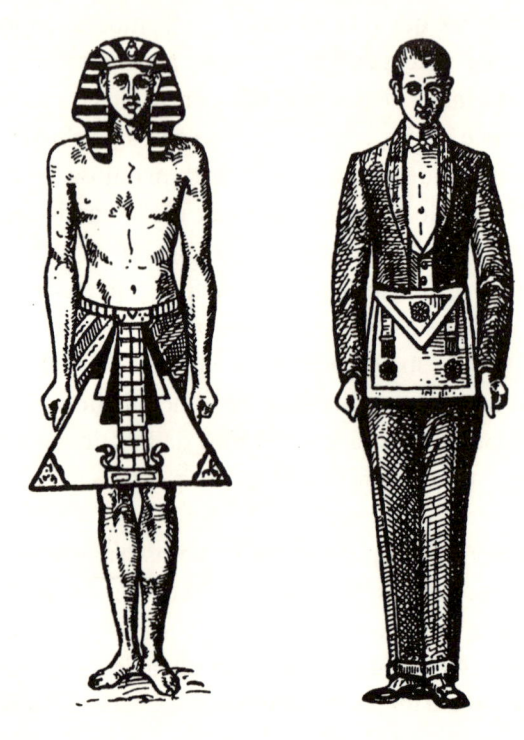

Figura XXI

certos graus superiores em que não se usa o avental, mas é porque foi substituído por outra insígnia e se ultrapassou a sua necessidade. Em algumas Lojas os Irmãos põem e tiram os seus aventais no templo, mas isso nunca deveria ser permitido. A necessidade de que os maçons estejam convenientemente vestidos envolve uma interessante sugestão dos antigos Mistérios, e também explica porque é o avental a prenda essencial da vestimenta maçônica, com as citadas exceções. O nosso avental moderno se desviou um tanto da forma que teve no Egito Antigo, e sem dúvida se modificou quando as perseguições eclesiásticas obrigaram a união dos maçons especulativos com os práticos. O antigo avental egípcio, segundo o indicam a *Figura* II e *Figura* XXI, era triangular, com a cúspide para cima, e seus adornos diferiam, em vários aspectos, dos que agora se usam. Mas a mudança mais importante consiste em que hoje predomina a ideia de que o avental em si é tudo, e que a faixa cingida ao redor do corpo só serve para melhor segurá-lo. Antigamente, o cinto do avental era a sua característica mais importante e algo mais que um símbolo, pois estava intensamente magnetizado e disposto de modo que encerrasse em si um disco de matéria etérea, para separar a parte sutil do corpo físico da parte densa, e isolar inteiramente desta última as formidáveis forças atualizadas pelo cerimonial maçônico.

Diz o Irmão Wilmshurst em sua obra *The Meaning of Masonry*, p. 21:

> A Maçonaria é um sistema sacramental que, como todo sacramento, tem um aspecto externo e visível, consistente de seu cerimonial, de suas doutrinas e símbolos, que se podem ver e ouvir, e um aspecto interno, mental e espiritual, oculto sob as cerimônias, doutrinas e símbolos, que só aproveita ao maçom capaz de se valer da imaginação espiritual e de descobrir a realidade existente atrás do véu do símbolo externo.

Recorda-nos este autor que o Ap. leva o avental com a ponta levantada, de sorte que forma uma figura de cinco pontas, símbolo do homem quíntuplo. O triângulo formado pela ponta — diz ele — está sobre o quadrado, e significa que naquela etapa a alma adeja sobre o corpo, mas dificilmente se pode dizer que opera através dele. No grau seguinte a ponta está caída, mostrando que a alma está dentro do corpo e atua através dele.

Ele também nos diz que a pele de cordeiro é acima de tudo o símbolo da pureza, porém que igualmente significa a brancura da alma não evoluída, ou em Teosofia o chamado corpo causal. Como alguns de nós sabem, no decurso da evolução se mostra nesse corpo causal uma grande quantidade de gloriosos coloridos à proporção que nele se despertam novas vibrações*.

Continua explicando o Irmão Wilmshurst que a cor azul pálida das rosetas do avental do C. e o forro e debruns azuis com borlas de prata do avental do M. indicam que nessa etapa o azul do céu começa a tingir a brancura, e que, por formosa que seja a inocência, deve ser substituída até certo ponto pelo conhecimento, e quando se alcança os graus superiores, é mais viva e formosa a coloração. Acrescenta o referido autor que de cima para baixo fluem duas linhas de força ou influência espiritual, que em seu extremo inferior divergem em sete linhas significativas das sete cores do espectro solar, cujo verdadeiro simbolismo é o das sete modalidades de vida.

Segundo a *Enciclopaedia*** de Mackey, o avental é o mesmo nos três graus da Maçonaria Azul, sendo feito de pele branca de cordeiro, debruada de azul.

A Comaçonaria segue o costume dominante na Grande Loja da Inglaterra, com a diferença de que o debrum e as rosetas são de azul mais intenso, com estreito rebordo carmesim, e as bordas são douradas em vez de prateadas, e suas sete linhas simbolizam os sete raios de vida e os sete graus de matéria. A *Figura* XXI mostra a forma dos aventais dos M.M. usados no Egito Antigo e em nossos dias.

---

* Sobre esse particular *vide* minha obra O Homem Visível e Invisível (Ed. Pensamento), ilustrada com gravuras coloridas.
** No artigo *Apron*.

A CERIMÔNIA DA INCENSAÇÃO

Uma vez colocado cada qual em seu lugar, começa a cerimônia da incensação. O Turiferário se adianta até o pedestal do V. M., que deita sobre as brasas do incensário um pouco de incenso previamente magnetizado, ou melhor ainda, ele magnetiza o incenso no momento em que este derrete, porque então é mais suscetível de receber o seu fluido magnético. Como algumas Lojas desconhecem essa cerimônia, transcrevo-a aqui do Ritual comaçônico inglês:

Durante a cerimônia se executará uma apropriada composição musical permanecendo os Irmãos de pé. Depois de estarem todos em seus lugares, o Turiferário se adianta até o pedestal do V. M. que deita nas brasas um pouco de incenso previamente consagrado.
O Turiferário dá um passo atrás e saúda o V. M., que retribui a saudação. Depois o Turiferário incensa o V. M. com três triplos balanceios (*** *** ***) do incensário, com a corrente curta e o incensário oscilando ao nível dos olhos, baixando-o um pouco em cada terceira oscilação. Em seguida, o Turiferário sustém firmemente o incensário pelas correntes com a mão direita, e o balanceia majestosamente em todo o seu comprimento (se o espaço o permitir) em forma de V, três longos e solenes lances à direita e depois três à esquerda do pedestal do V. M. Depois, com o braço estendido, o Turiferário faz o incensário traçar sete círculos, um sobre outro, e portanto, cada um de diâmetro menor que o precedente, de modo que ao traçar o sétimo círculo, fique o braço levantado em toda a sua altura. Volta o Turiferário a saudar o V. M. e se dirige diretamente ao altar, que ele circunda começando pelo Oriente, balançando o incensário em corrente curta e com movimento circular. Regressa depois o Turiferário ao pedestal do V. M., inclina-se, e esquadrando a Loja, dirige-se ao pedestal do S. V. e ali repete a cerimônia, exceto que o S. V.

recebe cinco oscilações do incensário, sendo um triplo e dois simples (*** * *). Faz-se uma pausa entre os simples, bem como entre os triplos. Depois passa para o pedestal do P. V., e o incensa da mesma maneira, exceto que o P. V. recebe sete oscilações, sendo duas triplas e uma simples (*** *** *). Logo se dirige ao S. D., saúda-o e uma vez retribuída a saudação, incensa-o com três simples oscilações (* * *), e repetem ambos a saudação. Em seguida o Turiferário esquadra a Loja e se dirige ao P. D. e o incensa com quatro oscilações sendo uma tripla e uma simples (*** *). Depois incensa os visitantes distintos, segundo sua categoria, começando pelos de maior dignidade, com nove balanceios aos 33, sete aos 30, cinco aos 18 e aos P. Ms. visitantes, dividindo os balanceios segundo ficou dito. Saúda, ao passar por diante, ao V. M. e incensa os P. Ms., dando sete balanceios ao P. M. I. Então regressa o Turiferário diretamente ao seu primitivo posto diante do pedestal do V. P., a quem saúda, e volta-se de frente para os Irmãos, saúda-os a todos coletivamente, e sem mover-se de seu lugar, incensa-os sucessivamente, começando pelos da sua esquerda e terminando pelos da sua direita. Isso se efetua por meio de um número de curtos balanceios dirigidos para baixo, na coluna S, e para cima na coluna N, em rápida sucessão. Os Irmãos permanecem de pé com as mãos de palmas juntas diante do peito, e saúdam quando a vista do Turiferário se encontra com a sua. Esse cerimonial deve ser levado a cabo cuidadosamente, e cada Irmão tem de saudar um pouco depois de seu predecessor. Todos os oficiais têm de adotar a citada posição das mãos enquanto são incensados. Depois que o Turiferário esquadra a Loja, passa ao lugar do C. I. T., ao qual incensa com dois simples balanceios (* *); e passa-lhe o incensário. O C. I. T. incensa o T. com um simples balanceio (*) e lhe entrega o incensário. Toda a cerimônia há de ser efetuada com tanta vivacidade quanto a permita a dignidade, e sem inúteis demoras. Enquanto o Turiferário incensa os diferentes pedestais, devem os Irmãos focalizar seu pensamento nos três princípios que simbolizam, a saber: o V. M. a sabedoria; o P. V. a força, e o S. V. a beleza. Tem de se fazer a mesma concentração de pensamento enquanto se acendem as velas de cada pedestal. Quando se acende o altar, o pensamento tem de estar concentrado na Unidade da Fraternidade.

A incensação dos pedestais produz em frente de cada um deles um cone, ou forma semelhante a uma colmeia intensamente magnetizada, onde o candidato permanece quando se aproxima de um dos pedestais. É com esse intento que se forma o cone magnético, que pode alargar-se se vários candidatos se juntarem, porém que se torna algo tênue se o seu número é grande.

A incensação dos oficiais tem por objetivo prepará-los para a obra que vão efetuar. A diversidade de número de oscilações não só serve para honrar a pessoa, como também para fortalecê-la em seu trabalho, estabelecendo uma linha de enlace com as forças dos planos internos. Quanto maior é o grau do maçom, tanto mais tem de dar em proporção ao que recebeu. O V. M. tem de dar mais que qualquer outro, enquanto os Irmãos das colunas recebem mais do que dão, ainda que cada qual, no momento em que o Turiferário se volta para ele, tenha de dar quanto lhe seja possível.

O uso do incenso é inteiramente científico. Todos os estudantes de ocultismo sabem que, como dissemos no capítulo anterior, não há matéria morta, mas todos os seres e todas as coisas da natureza possuem e irradiam suas vibrações ou combinações de vibrações. Cada elemento químico tem, portanto, suas influências peculiares, que são úteis em determinado sentido e inúteis e mesmo nocivas em outros sentidos. Assim é possível, por exemplo, que quando misturadas diferentes gomas para serem queimadas como incenso, elas estimulem intensamente as emoções puras e nobres; mas também se podem fazer outras misturas cujas vibrações levantarão sentimentos indesejáveis. Algumas pessoas são céticas nesse ponto, porque a humanidade está passando atualmente por uma etapa de evolução em que o desenvolvimento se contrai à mente concreta, a qual mostra furiosa intolerância a respeito do que não tenha sido estudado de modo especial. Bem sabemos quão difícil foi até época recente o reconhecimento de fenômenos metafísicos, tais como os da telepatia e clarividência, e tudo quanto escapasse à observação da Ciência mais materialista.

Chegou o tempo em que as pessoas começam a perceber que a vida está cheia de influências invisíveis, cujo valor podem apreciar os indivíduos sensitivos. O efeito do incenso é um exemplo dessa classe de fenômenos, como também o é o resultado do uso de talismã e de certas pedras preciosas que vibram cada qual com sua própria tônica e têm seu valor peculiar. Tudo isso não é ordinariamente de tanta importância que tenhamos de empregar muito tempo em sua consideração; mas cada coisa produz seu efeito, e portanto, as pessoas sensatas não devem desdenhar este assunto.

O incenso usado na Loja tende a purificar a parte da natureza do homem chamada corpo astral, pois está confeccionado com gomas que irradiam vibrações intensamente purificadoras. Seu efeito é análogo ao da aspersão de um desinfetante que, ao esparzir-se pelo ar, destrói os germes patogênicos, ainda que o incenso atue em níveis superiores de matéria mais sutil. Também produz o efeito de atrair os moradores do mundo ultraterreno, cuja presença favorece nossos trabalhos, e de expulsar as entidades que pudessem estorvá-los.

Dois dos mais importantes componentes do incenso útil ao nosso trabalho são o benjoim e o olíbano. O benjoim é um potente purificador e tende a dissolver os grosseiros e sensuais pensamentos e emoções. O olíbano, sem produzir o mesmo efeito, estabelece um ambiente sossegado e devocional, e estimula no corpo astral as emoções que capacitam as pessoas a responder às influências superiores. Também é muito útil a essência de rosas, que completa a eficácia do efeito produzido.

Se o incenso é inteligentemente magnetizado, seu poder é enormemente aumentado. Assim, por exemplo, ao focalizar-se deliberadamente no olíbano a força de vontade, com o propósito de sossego e devoção, pode centuplicar-se a sua influência. Por essa razão, o celebrante abençoa o incenso nas igrejas, e nas Lojas o V. M. tem de magnetizá-lo com a qualidade que considere mais necessária aos trabalhos do dia. A aspersão de água benta nas igrejas é outro meio de produzir o mesmo resultado; mas o incenso tem a vantagem de se difundir pelo ar e, onde quer que haja uma simples partícula, leva em si a purificação e bênção.

Convém que em todas as ocasiões, e especialmente na Loja, não mantenham os Irmãos em suas mentes senão definidas e fortes vibrações de emoção e pensamento, para maior eficácia dos trabalhos; mas, em vez disso, às vezes mantêm quarenta ou cinquenta miúdos vórtices de atividade mental e emocional, girando todos simultaneamente e cada um deles representando uma leve ansiedade, preocupação ou desejo. Em tal estado de ânimo é difícil a boa obra e quase impossível adiantar na evolução da consciência. Se o Irmão se esforça em colocar-se em melhores condições mental e emocional, o incenso lhe oferecerá uma fortalecedora corrente vibratória que o ajudará a desenredar a maranha e alcançar calma e estabilidade.

Há aqueles que demonstram preconceito contra o uso do incenso, por o suporem exclusivo das cerimônias da Igreja romana e de algumas anglicanas, porque unicamente nelas os ocidentais o têm visto em uso. Mas aqueles que têm viajado pelo Oriente e têm estudado outras religiões, sabem que todas as religiões do mundo usam o incenso sob uma ou outra forma. Arde nos templos hinduístas, parsistas, jainistas e xintoístas da China e Japão. Era usado na Grécia, Roma, Pérsia e nas cerimônias de Mitra. Todos esses povos, inclusive os católicos romanos, se valeram e se valem do incenso, cujos benéficos efeitos conhecem. Por que não o havemos de usar nós?

Durante algum tempo, logo depois da Reforma, a Inglaterra foi invadida por uma onda de puritanismo que conduziu ao assassinato do rei Carlos I, à Comunidade e ao regime de Cromwell. Certo que sobreveio logo a reacionária restauração da monarquia na pessoa de Carlos II; mas o puritanismo estava profundamente arraigado, e ainda restam na Inglaterra vestígios que se manifestam por toda a parte, sob forma de estranhos e absurdos preconceitos.

Esse sentimento tem penetrado algumas vezes nas Lojas inglesas e se fizeram esforços para que a Grande Loja restringisse a definição do Grande Arquiteto, de modo que não fosse possível semelhança alguma da Maçonaria com as religiões não protestantes. Mas a Grande Loja se negou deliberadamente a toda restrição, e preceitua o uso do incenso na cerimônia da consagração de uma Loja*, e nesse ato se incensam o Consagrante e os Vigilantes, ainda que não se determine o número de oscilações. Também se usa o incenso na consagração de um Capítulo do Santo Real Arco, sob a Obediência do Supremo Grande Capítulo da Inglaterra, e no cerimonial de vários graus superiores. Assim é que seu emprego na Comaçonaria não é uma novidade, mas está plenamente de acordo com os costumes maçônicos.

O número de oscilações com que se incensam os Irmãos que não desempenham cargo na Loja denota sua categoria na Ordem, pois a Comaçonaria confere os graus do Antigo e Aceito Rito Escocês. Assim, cada Irmão recebe a influência de que necessita para fortalecer-se na obra correspondente ao seu grau. Cada Irmão tem de inclinar respeitosamente a cabeça ao receber o incenso, como prova de que dedica toda a sua força ao G∴ A∴ D∴ U∴.

O ACENDIMENTO DAS VELAS

O P. D. é o Lúcifer, que leva a luz a seus companheiros. O P. M. I. lhe dá a luz tomada do Fogo Sagrado e ele a leva ao V. M., que lhe ateia fogo num fio de cera, com o qual acende a vela grande do castiçal à sua direita, e depois apaga o fio com os apaga-luzes, sem jamais soprá-la, para não contaminar o Fogo Sagrado com o hálito, que é impuro. Pela mesma razão os parsistas, cha-

---

* Vide *The Chaplains' and Organist's Work*, pelo Rev. J. T. Lawrence.

mados às vezes adoradores do fogo, por considerarem esse elemento o maior símbolo e expressão da Divindade, jamais o poluem com detritos.

Diz o V. M.: "Que a luz da sabedoria ilumine nossos trabalhos (neste ponto acende a sua vela). Sua sabedoria é infinita". Em seguida, o P. D. leva a luz aos P. V. e S. V., que acendem suas velas e falam adequadamente da força e beleza do G∴ A∴ D∴U∴.

Essa cerimônia nos recorda de novo os três aspectos do G∴ A∴ D∴U∴, os quais são aqui simbolizados como saindo do seu estado incondicionado para o condicionado, na ordem de sabedoria, força e beleza, durante a preparação da abertura da Loja para o início dos trabalhos da construção do templo. Ao começarem os trabalhos, segundo veremos no capítulo seguinte, inverte-se o processo; mas ainda não temos mais que a preparação, ou seja, a manifestação da sabedoria para projetar, a força para executar e a beleza para adornar.

Compreende-se muito pouco o significado do fogo nas cerimônias eclesiásticas ou maçônicas. Acender uma vela com intento religioso equivale a uma oração, e sempre atrai do alto um fluxo de energia. Assim é que os três principais dignitários da Loja, ao pronunciarem aquelas frases quando acendem suas velas, não só expressam simbolicamente que representam cada qual um aspecto da Divindade, como também que, com efeito, estão criando condições de um enlace definido com os referidos aspectos, o qual é feito em resposta às suas impetrações. As luzes elétricas, que algumas Lojas usam em substituição às velas, não produzem o mesmo efeito, pois dão luz, mas não fogo, e portanto, o seu resultado é deficiente. Contudo, a luz elétrica é admissível para a Estrela Flamígera e a Estrela de Iniciação, cujo efeito e simbolismo se contraem à luz.

Aqui se realça a importância do que eu disse antes acerca do auxílio que os Irmãos devem prestar aos oficiais. Quando o V. M. diz: "Que Sua sabedoria ilumine nossos trabalhos", os Irmãos devem coadjuvar o esforço de atrair a divina sabedoria para que, por meio do V. M., se derrame sobre todos. Da mesma maneira, quando o P. V. diz: "Que a luz de Sua força nos assista em nossa obra", todos devem pensar intensamente na força divina e emitir o anelo de que flua por meio dele. Outro esforço análogo se tem de fazer quando o S. V. diz: "Que a luz da beleza se manifeste em nossa obra", e o P. M. I. declara: "Sua luz mora perpetuamente entre nós".

Não devemos associar a esses pensamentos a antiga e, no meu entender, falsa ideia da oração, segundo a qual necessitamos suplicar a atenção do G∴ A∴ D∴U∴. Sabemos que Ele emite continuamente Sua energia, e a nós compete abrir o canal. Seu símbolo no mundo físico é o Sol, que incessantemente derrama luz e calor sem que ninguém lhe rogue que brilhe. Portanto, ao pronunciarem aquelas palavras o V. M. e os V.V. só estão procurando nos tornar, e à Loja, canais para o Seu serviço.

Em todo esse processo é importante a atitude mental dos Irmãos, mas principalmente durante o incensamento do altar, pois então hão de pensar no amor divino com redobrada intensidade. Ao V. M. incumbe dirigir em conjunto os trabalhos, e a cada oficial, desempenhar satisfatoriamente suas funções; mas o feliz êxito do plano depende da compenetração e altruísmo de cada Irmão presente. Sem essa condição a obra não poderá ter vida. É de recear que em muitas Lojas Maçônicas, embora seus trabalhos estejam intensamente coloridos pelo grande ideal da caridade, haja total fracasso na irradiação da influência espiritual. Executam exata e formosamente o ritual, mas não percebem a importância do pensamento nele concentrado e a compreensão de todo o seu alcance e significado. A bênção do Grande Arquiteto não se impetra tanto em virtude da mera fórmula de palavras e gestos quanto pelo espírito que anima os trabalhos da Loja.

5. A abertura da loja

A AJUDA DOS IRMÃOS

Terminada a cerimônia de acender as velas, os Irmãos se sentam, e o V. M. lhes solicita que dediquem uns momentos de veemente aspiração ao G∴ A∴ D∴ U∴, para que a obra a realizar-se naquela reunião seja bem e plenamente feita, e que nenhum membro se esqueça de que a realiza em Seu nome e para Sua glória.

Depois o V. M. dá um simples g... de m... e convida os Irmãos a ajudá-lo a abrir a Loja. Alguém perguntará por que necessita o V. M. da assistência dos Irmãos para um ato tão simples como declarar a Loja aberta, mas a verdade é que não é tão simples como parece. A abertura de uma Loja maçônica é em si uma interessantíssima e belíssima cerimônia, e o êxito dos trabalhos durante a reunião depende de que seja bem e plenamente feita. A obra diante de nós não é tarefa ligeira, porque não é nada menos que um combinado esforço para cumprir o dever que incumbe a todos de difundir a Luz pelo mundo, e de chegar a ser colaboradores do G∴ A∴ D∴ U∴ em Seu magno plano de evolução da humanidade.

O G∴ A∴ D∴U∴ verte Sua energia espiritual sobre o mundo, como o Sol derrama a sua luz; mas da mesma maneira que há no mundo muitos lugares obscuros onde não chega a luz do sol, assim há também muitas almas ainda incapazes de assimilar a energia espiritual. Assim como por meio de refletores é possível iluminar com luz solar uma cova, assim também pode o homem refletir a luz espiritual sobre as obscurecidas almas de modo a capacitá-

-las para percebê-la e assimilá-la. Toda luz existente no mundo não é mais que uma transmutação da luz do Sol. Ao queimar a hulha e produzir o gás, ou ao arder o óleo numa lamparina, sua energia não passa de energia solar transmutada.

O G∴ A∴ D∴ U∴ expande o Seu poder em todos os níveis, porém, geralmente nos planos superiores. Mas a maior parte dos homens não está ainda bastante evoluída para receber diretamente dos planos superiores a influência do divino poder. Contudo, se aqueles que são algo conscientes nesses planos se abrem à recepção da força divina e atenuam suas vibrações para que passe pelos corpos sutis, poderão efundi-la sobre o mundo em forma assimilável. Tal é uma parte da obra que efetuam aqueles que desejam cooperar com Ele.

Na obra *Os Mestres e a Senda* expliquei como aquele que se aproxima de um Mestre de Sabedoria com o propósito de que Ele o aceite por discípulo, para trabalhar sob Sua direção em benefício da humanidade, é primeiro colocado em maravilhosa e íntima associação com tal Mestre, de sorte a tornar-se um perfeito canal para a distribuição de forças espirituais. Precisamente o mesmo, ainda que em escala muito menor, faz todo ser humano que deseje o bem do seu próximo. Estando, como está, mais evoluído que o comum das pessoas, é capaz de receber e aproveitar pelo menos parte dessas forças, e as transmite com boa vontade e generosos sentimentos aos menos evoluídos.

As cerimônias de todas as grandes religiões propendem a produzir em maior escala tais resultados por meio de uma ação comum. Na obra *Ciências dos Sacramentos* expliquei o mecanismo dessa ação comum quanto à igreja cristã, e as cerimônias maçônicas têm análogo objetivo, embora se valendo, para isso, de métodos diferentes.

No Cristianismo invocamos grandes anjos cujo desenvolvimento espiritual é superior ao nosso, e nos colocamos em suas mãos em considerável extensão, suprindo-os de material do amor, devoção e aspiração que o serviço recolhe de nós e habilitando-os a construir a forma mental e fazer a distribuição da energia.

Na Franco-Maçonaria também invocamos a ajuda angélica, mas estão no mesmo nível nosso o desenvolvimento e inteligência dos anjos que atraímos para mais perto de nós, e cada um deles traz consigo certo número de subordinados, que seguem suas indicações. Ao nosso redor existe uma vasta evolução invisível, que se pode considerar paralela à nossa*. E assim como nossa linha de progresso passa através dos reinos vegetal, animal e humano, e depois nos conduz para os desenvolvimentos superiores do Adepto, assim também essa evolução paralela percorre os vários reinos elementais, o reino dos espíritos da natureza e depois o reino dos Devas ou anjos. Há muitos graus de inteligência e santidade neste grande reino angélico; e se ela se estende a alturas muito acima das atingíveis presentemente pelos seres humanos, também conta com membros que não estarão em grau superior ao nosso**.

No entanto, estes são os membros mais inferiores do reino angélico e ainda mais abaixo deles estão os mais elevados espíritos

---

* *Vide* a Figura "A Evolução da Vida", em *O Lado Oculto das Coisas*, p. 62, de C. W. Leadbeater (Ed. Pensamento).

** No decurso da involução, a Segunda Onda de Vida Divina desce do Segundo Logos para a matéria já vivificada pelo Terceiro Logos. Lenta e gradativamente se difunde esta irresistível vida pelos diversos planos, empregando em cada um deles um período de tempo equivalente a toda uma encarnação de uma cadeia planetária, a qual corresponde a um período que, se calculado pelas nossas medidas cronométricas, abarcaria muitos milhões de anos. A Segunda Onda de Vida, considerada em conjunto, é chamada a essência monádica quando só anima a matéria atômica dos diversos planos por onde desce. Ao animar a matéria do plano mental superior, chama-se Primeiro Reino Elemental; ao animar a do plano mental inferior, recebe o nome de Segundo Reino Elemental; e ao animar a do plano astral, constitui o Terceiro Reino Elemental. Mesmo quando essa essência monádica chega a nós, no início dos Reinos Elementais, já não é uma mônada, mas muitíssimas; não é uma grande corrente vital, porém numerosas correntes paralelas, cada qual possuindo características próprias. A essência monádica anima a matéria dos subplanos abaixo dela em cada plano, e forma assim os Reinos Elementais. É a mesma vida que anima as formas do reino mineral, onde se inicia a evolução ou ascensão pelos reinos vegetal e animal até que, ao receber a onda de vida do Primeiro Logos, se forma o reino humano. *Vide O Homem Visível e Invisível*, Cap. VI, de C. W. Leadbeater e Annie Besant (Ed. Pensamento).

da natureza, da mesma sorte que os membros superiores do reino animal estão imediatamente abaixo do mais ínfimo ser humano, ainda que em alguns casos os reinos se ultrapassem, pois o animal mais inteligente pode avantajar-se em alguns requisitos ao mais degradado ser humano.

No serviço da Igreja invocamos os arcanjos, seres muito superiores aos homens, embora tenham também sua corte de assistentes pertencentes a um nível muito inferior. Na Maçonaria invocamos antes entidades que estão em nosso nível ou algo superior, e essas trazem consigo auxiliares do reino dos espíritos da natureza e mesmo dos elementais.

Em ambos os casos a obra é iniciada por quem está para isso especialmente designado: na Igreja é o sacerdote e na Maçonaria o V. M. No entanto, o auxílio dos Irmãos presentes é sempre de muita importância e significado. Nos círculos eclesiásticos se costuma falar de sacerdócio secular. Há coisas que só o sacerdote pode fazer; mas este necessita da ajuda e cooperação dos seculares a fim de que sua obra tenha o máximo grau de eficiência. Exatamente o mesmo sucede com o V. M. de uma Loja maçônica. Também tem seu labor a fazer, e a menos que esteja presente algum outro P. M., é ele o único que pode executá-lo, mas fa-lo-á melhor e mais facilmente se os Irmãos o compreenderem e nele cooperarem.

Recordo-me muito bem que quando me elegeram V. M. de minha Loja Mater, tive de fazer toda magnetização, abrir a procissão e marchar ao redor da Loja para formar o fluxo de forças, construir a preliminar forma mental e enchê-la de uma poderosa corrente magnética. Depois expliquei esse assunto a alguns dos membros mais antigos da Loja, ensinando-lhes como podiam ajudar a obra, e quando se habituaram a isso, notei que eu não precisava mais me esforçar tanto.

Entretanto, recordemo-nos de que o C. D. T. V. M. não necessita de uma aquiescência rotineira, mas de uma cordial cooperação, e de que os membros pensem vivamente no que estão fazendo. Se ouvimos muitas vezes uma mesma coisa, acabará por ser-nos tão familiar, que só lhe prestamos meia atenção. Este não é o meio de obter os melhores resultados, pois devemos fixar intensamente a atenção no que dizemos e fazemos. Tão só os oficiais dão as respostas na abertura da Loja, mas todo membro deve saber de memória essas respostas. Ao ir para o templo, vamos com um propósito definido, não para receber, mas para dar; o que pudermos dar em força e auxílio espirituais dependerá mais da intenção com que fixarmos o pensamento no que fazemos e da compreensão com que o façamos. Isso exige, sem dúvida, considerável esforço mental, mas vale a pena fazê-lo.

Quando o V. M. solicita o auxílio dos Irmãos, dá também a entender, com isso, que devem preparar-se para cooperar no trabalho, e as perguntas seguintes que ele dirige completam esse importante preliminar.

A COBERTURA DA LOJA

Estando de pé todos os Irmãos, o V. M. começa por formular ao S. V. (chamando-o por seu nome e por seu cargo) a característica pergunta que é a chave de toda reunião maçônica:

— Qual é o primeiro dever de todo maçom?

E recebe a tradicional resposta:

— Vigiar que a Loja esteja coberta.

Continua o V. M.:

— Ordenai o cumprimento desse dever.

O S. V. transmite a ordem ao C. I. T., que vai certificar-se de que o C. E. T. está em seu posto; este informa dizendo que está; e o informe é transmitido ao V. M.

Que simbolismo há nisso? O primeiro requisito quando empreendemos um importante labor é concentrar-nos e cuidar que ninguém nos interrompa. Assim a fortaleza de Mansoul (adotando a pitoresca terminologia de John Bunyan) requer uma espessa muralha que a circunde e cujas portas temos de guardar muito bem. Portanto, o espírito chama a inteligência que o enlaça com os mundos inferiores; a inteligência recorre ao duplo etéreo, que por sua vez ordena ao corpo físico que veja como estão as coisas no mundo exterior, e recebe a satisfatória resposta de que todas as defesas estão em boa ordem, de modo que o espírito se certifica do importante ponto para que a Loja possa trabalhar em completa segurança.

Cada um de nós tem que cobrir sua própria Loja em vários níveis, e deve fazê-lo com muito cuidado e sabedoria. Durante milhares de anos de evolução, todo homem tem aprendido a construir para si um envoltório, para, dentro dele, chegar a ser um poderoso centro capaz de irradiar energia espiritual sobre o seu próximo. Inevitavelmente, nas primeiras etapas deste desenvolvimento o homem é egoísta e só pensa em seus interesses particulares; e embora ponha a coberto a sua Loja, impede a entrada de muita coisa que há de nobre e formosa. Pouco a pouco aprende que se lhe tem conferido o poder para empregá-lo no serviço ao próximo, e que se bem que tem de pôr, como sempre, a coberto a sua Loja, para manter o vigoroso centro de consciência, com tão penoso esforço estabelecido (pois sem esse centro não seria útil na obra do mundo), deve ao mesmo tempo vigiar incessantemente para que a energia gerada naquele centro se empregue tão só no auxílio da humanidade e no cumprimento dos desígnios do G∴ A∴ D∴ U∴. O homem não perde sua individualidade e iniciativa, mas aprende a usá-la devidamente.

O homem tem de aprender a cobrir a Loja de seu corpo mental, mas há de fazê-lo com discrição e sumo cuidado. Amiúde achamos o mundo físico incomodamente populoso, sobretudo se somos forçados a viver ou trabalhar numa grande cidade. Mas recordemo-nos de que também os mundos astral e mental estão muito mais povoados que o físico, embora não da mesma maneira. Esses mundos sutis têm maior extensão que o físico. Neles os corpos se interpenetram, de sorte que a densidade da população não é a da mesma índole; porém ali nos é preciso resguardar-nos ainda mais rigorosamente que no físico.

Não só existem no plano mental muitos milhões de habitantes, como também ele está cheio de centros de pensamentos sobre todas as espécies de assunto, estabelecidos em sua maioria por homens semelhantes a nós. Nós, os estudiosos, esforçamo-nos intensamente por avantajar-nos à mentalidade do homem comum; e portanto, grande parte dos pensamentos rebeldes que tão continuamente pesam sobre nós está em nível inferior ao nosso, e temos de precaver-nos sem cessar contra a sua influência. Há tal acúmulo de pensamentos sobre coisas completamente destituídas de importância, que se não os excluímos rigorosamente, nos veremos incapacitados para concentrar-nos no elevado assunto sobre o qual verdadeiramente desejamos pensar. Portanto, a esse respeito temos de cobrir a Loja do corpo mental com o máximo cuidado das pessoas e coisas para as quais abrimos suas portas.

Também outros pontos requerem sumo cuidado no mundo mental. Por exemplo, há os que levam sobre si a maldição de um temperamento pendenciador e à menor provocação, ou mesmo sem ela, abrem as portas de sua fortaleza mental e se lançam furiosamente à peleja, sem perceberem que com isso deixam indefesa a fortaleza, de modo que podem facilmente invadi-la as hostis forças mentais que vagueiam pelos contornos. Enquanto malgastam sua energia em disputar sobre insignificâncias, deprime-se a tônica de seu corpo mental pelas influências que nele penetram. Essa classe de pessoas há de aprender a cobrir o seu corpo mental, de modo que unicamente possam entrar nele os pensamentos aprovados pelo ego.

Também se tem de cobrir a Loja do corpo astral, porque é mais difícil resistir ao impulso das emoções que à pressão dos pensamentos. Mal dirigida está no mundo a maioria das emoções, o que é provocado pelo egoísmo em qualquer de suas proteicas modalidades de inveja, ciúmes, orgulho, cólera ou intolerância. Para manter puros e elevados sentimentos, e conservar a tranquilidade filosófica requerida pelas emoções e pensamentos harmônicos, devemos cobrir rigorosamente a Loja contra todo esse vasto oceano de excitações desnecessárias, ainda que com sumo cuidado, para não falhar na verdadeira simpatia. Nossos ouvidos devem estar sempre abertos aos clamores do sofrimento, embora os fechemos resolutamente ao insulto palavrório daqueles que buscam a satisfação de seus interesses egoístas. Nisso, como em muitas coisas, a senda média do ocultismo é tão estreita como o fio de uma navalha, como se nos diz nos livros da Índia, e temos de vigiar incessantemente para não cairmos por um lado na Cila da indiferença, ou sumirmos por outro lado na confusão de Caribdes, isto é, não oscilarmos entre dois perigos.

A mesma razão há para cobrirmos a Loja de nosso corpo físico. Não desprezamos nem nos esquivamos de nosso próximo, embora nos esquivemos de alguns de seus costumes indesejáveis. Ninguém que conheça algo do aspecto oculto das coisas se aproximará de lugares de tão horrível influência como uma liça pugilística, um açougue ou uma taberna. Todo aquele que, por força das tarefas comuns de sua profissão, tenha de passar junto a esses lugares, precisa envolver-se numa forte couraça que o resguarde do menor traço da infecção psíquica.

Além disso, há muitas pessoas que são vampiros inconscientes, e no mínimo sem o perceberem, absorvem vitalidade daqueles dos quais se aproximam até o ponto de que, se alguém se senta ao lado de uma dessas pessoas, sente-se completamente esgotado e incapaz de trabalho útil. Se o vampiro fosse beneficiado pela vitalidade que absorve do próximo, ainda poderia considerar-se um ato de caridade deixá-lo fartar-se; mas infelizmente o vampiro é incapaz de reter a vitalidade absorvida e nada ganha com a transfusão, enquanto suas vítimas perdem a saúde e a energia. Em casos semelhantes, faremos bem em cobrir a Loja de nosso corpo físico, envolvendo-o numa compacta couraça etérea, ainda que derramando nosso amor e compaixão sobre o infeliz vampiro.

A ordem constantemente repetida para ver se a Loja está coberta nos sugere advertências úteis, e sempre que a ouvimos, devemos perguntar-nos: está o meu coração cheio de divino amor e cobri-o contra todo pensamento maligno e ocioso desde que passei a escutar estas palavras místicas?

Assim é que a pergunta formulada na abertura dos trabalhos da Loja serve para recordar-nos a premente necessidade de colocar-nos em harmônica atitude mental ante a admirável obra que vamos realizar.

Os egípcios ensinavam que a pergunta tinha também outro significado, conquanto de muito pouca importância para nós. Compreendiam eles a necessidade de cobrir o mundo como um todo. A terra está rodeada de uma atmosfera a cujo limite superior propendem a ascender as matérias mais leves. O hidrogênio é o corpo mais leve que se conhece, e em estado livre ascende ao alto da atmosfera, e sai dela mesmo e se perde no espaço. Esta é uma das razões por que os planetas velhos têm menos hidrogênio que os novos, pois se vai dissipando à medida que o astro gira pelo espaço, e mingua a quantidade de água no planeta. Assim vemos que Marte, mais velho que a Terra em proporção ao seu tamanho, e que está num período ulterior de sua vida, em sua superfície tem um pouco mais de terra do que água, enquanto Júpiter e Saturno, que são mais novos, não quanto à idade efetiva, mas em proporção ao seu tamanho, são quase inteiramente líquidos.

Há um poderoso ser chamado o Espírito da Terra, cujo corpo físico é o nosso planeta; ele dispõe as coisas de maneira que não se dissipe rapidamente o hidrogênio, e mantém constante cuidado para conservar coberta a sua Loja, mas, sem dúvida, nisso nada temos a fazer.

Ao considerar todos esses simbolismos, não devemos esquecer a efetiva cobertura da Loja em que trabalhamos. Várias razões recomendam nosso escrupuloso cuidado nesse assunto. Necessitamos de cobrir a Loja, não só para resguardar os Mistérios da curiosidade profana, e sim, porque, só estando coberta, é que poderemos manter pura e tranquila a sua influência. A forma mental que vamos construir tem de estar muito bem equilibrada e medida com extremo cuidado, pois consta de matéria etérea do plano físico e das mais sutis dos planos emocional e mental. Constrói-se essa forma com deliberado propósito, e se algum profano estivesse presente, ocasionaria, sem o perceber, tão profunda perturbação, que destruiria o equilíbrio e a eficácia da forma. Não é que nos consideremos superiores aos demais, e sim, porque nós estamos, e eles não, acostumados a pensar em determinada direção.

Também temos de ter muito presente a obrigação de guardar, no mundo profano, absoluto segredo sobre o ocorrido nas reuniões maçônicas, pois neste ponto há, indubitavelmente, o risco de dizermos algo por inadvertência. Ninguém terá intenção, nem por um momento, de violar os segredos maçônicos nem cometer imprudência alguma a respeito das p...s e s...is que solenemente juramos não revelar; mas noutros pontos costuma haver falta de precaução. Por exemplo, uma vez ouvi dois Irmãos conversarem na rua como determinado S. D. desempenhava seu cargo de excelente maneira. É claro que isso não era revelar nenhum segredo, mas há nisso evidente elemento de perigo, porque ao falar-se de uma cerimônia, é muito fácil insinuar algo de que um inteligente e perspicaz circunstante infira o que precise saber.

O S...L DE AP.

Depois de assegurar-se de que a Loja está coberta, a primeira coisa a se fazer é ver se tudo está em ordem em seu interior, isto é, se todos os presentes são maçons. Em realidade já estamos certos disso, porque os membros de uma Loja se conhecem uns aos outros e todo estranho a ela passa por cuidadosa verificação antes de ser admitido. Contudo, o ritual prescreve a prova para maior segurança; e assim é que o V. M. chama a Loja à ordem, e todos adotam certa atitude de atenção com um p...o e um s...l, ambos sumamente simbólicos, que têm permanecido inalterados durante dilatado período. Tem que se ter por muito bem entendido que quem ingressa na Maçonaria dá, por esse motivo, um passo adiante na evolução, e a circunstância de que sua identificação como tal maçom comece com esse p...o é uma recordação constante do reconhecimento desse fato.

O p... e..., por estar próximo do coração, simboliza a intuição, enquanto que o p... d... representa a faculdade intelectual. Portanto, é evidente que em ocultismo o significado do p...o só denota que a intuição supera sempre o processo puramente racional. A posição adotada indica que a razão tem de brotar sempre do centro do reto sentimento.

Exposto assim o método de nosso progresso, passamos na Comaçonaria a dar o *Dieu-garde*, contração do francês *Dieu vous garde*, que significa "Deus vos guarde", embora no inglês haja sido corrompido em *due-guard*. Em adição aos pensamentos sugeridos pelo p...o, o *Dieu-garde* nos mostra que temos de aprender a abençoar, pois é essa a posição que o candidato adotou no momento de prestar seu J... Indica que o Ap., sendo apenas um principiante, não tem ainda o direito nem o poder para dar nenhuma bênção, a não ser a prescrita no V. C. S., e só pode usar as palavras que lhe são ensinadas, pois ele não está ainda em condições de ser um canal direto nem um reservatório das forças superiores.

Segue-se um gesto, que é ao mesmo tempo uma saudação a Deus e uma declaração do poder. O resto do s...l é comumente interpretado como uma recordação da p...e derivada de qualquer violação do J. do Ap., e cabe a certeza de que a ideia desta p...e tem estado associada a isso desde os tempos primitivos, segundo se pode ver nos tratados do dr. Albert Churchward. Contudo, o s...l tem ainda outro significado mais oculto que o da explicação usualmente dada. Os estudiosos na constituição interna do homem e do ocultismo oriental sabem que no corpo humano existem sete centros de força, chamados em sânscrito *chakras*, que no transcurso da evolução têm que ser abertos, desenvolvidos e tornados efetivos.

Há muitos métodos de desenvolvimento psíquico, alguns dos quais começam com a abertura de um centro e alguns com a de outro; mas no esquema empregado no Egito Antigo, e continuado na Maçonaria, ativa-se primeiramente o centro indicado por aquele s...l. Assim é que, quando o maçom faz esse movimento não só denota que o labor especial desse grau, do ponto de vista oculto, é a abertura desse centro, como também impetra o auxílio das forças naturais relacionadas com esse centro e por ele regidas na obra que vai empreender. Os gestos e palavras ensinados na Maçonaria não foram escolhidos ao acaso, mas cada qual tem seu significado definido e seu poder peculiar no mundo invisível, além de seu significado no mundo físico. As Lojas da Europa habitualmente nada sabem acerca disso; nos países orientais talvez haja algumas mais bem instruídas.

Os centros de força ou *chakras* estão situados nos pontos de conexão onde a energia flui de um veículo ou corpo humano para o outro corpo ou veículo. Quem for um pouco clarividente poderá ver sem dificuldade esses centros no duplo etéreo, em cuja superfície aparecem como depressões ou vórtices em forma de pires. Quando não completamente desenvolvidos, parecem pequenos círculos de uns cinco centímetros de diâmetro. No homem comum luzem mortiçamente, mas quando despertos e vivificados, assumem o aspecto de brilhantes e coruscantes salseiras de tamanho muito maior. Às vezes dizemos que se correspondem toscamente com determinados órgãos físicos, ainda que em realidade se achem situados na superfície do duplo etéreo, o qual se projeta ligeiramente um pouco além do contorno do corpo denso. Se nos imaginarmos contemplando o interior da corola de uma planta da família das convolvuláceas, obteremos uma ideia da aparência geral de um *chakra*. A haste da flor brota de um ponto do talo, de modo que se pode considerar a espinha dorsal como um tronco central do qual, a intervalos, brotam flores cujas corolas se mostram na superfície do duplo etéreo.

A *Figura* XXII representa os sete centros com que atualmente nos relacionamos, e se verá que sua situação é a seguinte:

1º Na base da coluna vertebral.
2º No baço.
3º No plexo solar ou umbigo.
4º No coração.

5º Na garganta.
6º No espaço interciliar.
7º Na coroa da cabeça.

Descrevi-os por completo em *A Vida Interna*, e tenho o propósito de publicar uma monografia sobre eles, com figuras coloridas*. Além desses há outros centros de força, usados por algumas escolas de magia; mas envolve-os perigo tão grave, que devemos considerar como a maior desdita que sejam despertados. Precisamente para evitar a atividade desses centros inferiores que se dava no Egito Antigo tanta importância ao cinto do avental e à tela etérea que o atravessava.

Em plena atividade, esses centros giram rapidamente, e por suas bocas abertas, em sentido normal à superfície do corpo, entra uma das energias que o G∴ A∴ D∴ U∴ derrama constantemente sobre o Seu sistema. Essa energia é de natureza setenária e suas sete modalidades atuam em cada um de tais centros, porém, uma delas predomina conforme o centro. Sem esse fluxo de energia espiritual não existiria o corpo físico. Portanto, os centros atuam em todo o ser humano, ainda que nos pouco evoluídos girem muito lentamente, o bastante para formar o vórtice da força e nada mais. Em troca, podem refulgir e vibrar com vívida luz, de modo que passe por eles um potente caudal de energia, proporcionando com isso, ao homem, novas faculdades e maior poder.

A energia divina que aflui a esses centros estabelece na superfície do duplo etéreo, em direção perpendicular a si mesma, forças subalternas com movimento circular ondulatório, da mesma sorte que um ímã colocado num carretel de indução produz uma corrente de eletricidade que flui ao redor do carretel, em sentido perpendicular ao eixo do ímã.

Uma vez no vórtice, a energia primária irradia dele em linhas perpendiculares, como se o centro do vórtice fosse o cubo de uma roda e as radiações da energia primária os seus raios. O número

---

* Publicada pela Ed. Pensamento, São Paulo, 1960, sob o título *Os Chakras*.

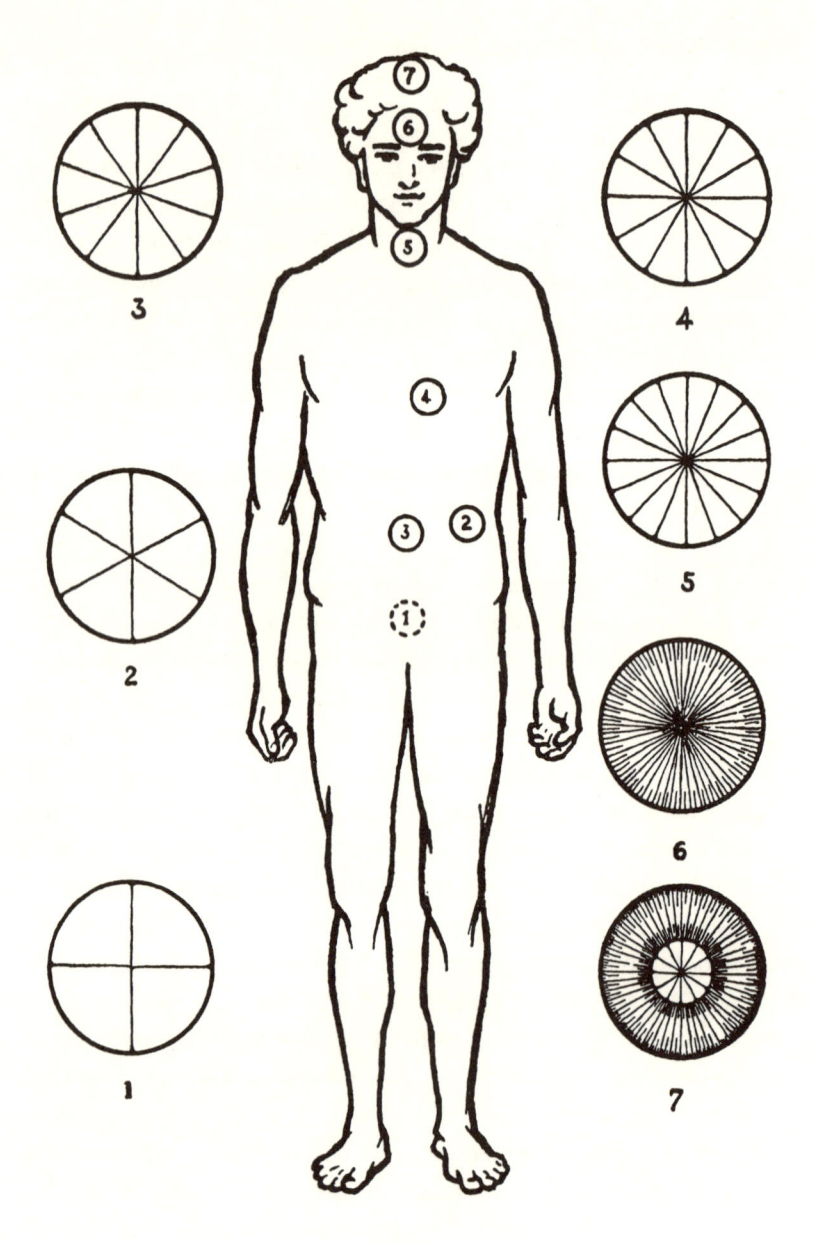

Figura XXII
Os *chakras*

de radiações difere em cada centro e determina o de ondas ou pétalas de cada um deles, pelo que os orientais chamaram esses centros, poeticamente, de flores. Cada força subalterna que gira em torno do vórtice tem sua longitude característica de onda e uma luz de cor peculiar; mas em vez de se mover em linha reta como as vibrações luminosas, move-se em ondas relativamente amplas e de vários tamanhos, cada uma das quais é um múltiplo das ondas menores que abrange. O número de ondulações está determinado pelo de raios da roda, e as forças secundárias se entretecem por cima e por baixo das radiações da força primária, como se fosse uma obra de cestaria em torno dos raios de uma roda de carruagem. A longitude das ondas é infinitesimal e provavelmente milhares delas se incluem numa só ondulação. Segundo estas fluem ao redor do vórtice, as ondulações de diversos tamanhos que se entrecruzam como os vimes de uma obra de cestaria tomam a forma de flor a que antes me referi. Contudo, a sua forma é ainda mais semelhante à de uma salseira ou a uma taça de irisado cristal de Veneza, pois todas as ondulações ou pétalas têm o ambiente brilho do nácar, embora cada uma delas com a sua cor predominante.

Três importantes fatores intervêm na vivificação do centro particularmente relacionado com o grau de A. Quando se desperta o correspondente centro do corpo emocional, confere ao homem o poder de ouvir no mundo astral, isto é, se atualiza aquele sentido por cujo meio se recebe no mundo astral a mesma sensação que no mundo físico chamamos auditiva. Assim é que, se o centro etéreo estivesse em plena atividade, o A. seria clariaudiente nos subplanos etéreos do mundo físico e no mundo astral. O lento e gradual desenvolvimento desse centro propende a dissipar os prejuízos, a abrir a mente às retas sugestões, e de maneira geral, a ampliar e tornar liberal o seu pensamento.

Além disso, o desenvolvimento do cérebro depende muitíssimo da vivificação do citado centro, porque desempenha uma parte importante na divisão e distribuição de uma das principais correntes de vitalidade que circulam pelo corpo humano. Já expliquei os pormenores dessa ação em *Os Chakras* e *O Lado Oculto das Coisas*, a que devo remeter qualquer leitor que desejar mais informações sobre o assunto da circulação vital.

Merece ser citada outra importante função desse centro, pois o objetivo especial do primeiro grau maçônico é a vitória sobre as paixões do corpo físico e o desenvolvimento da moralidade. Entre as várias espécies de vitalidade, há um raio vermelho alaranjado com algo de púrpura escura. No homem normal esse raio intensifica os desejos carnais e parece que também penetra no sangue e aumenta o calor do corpo; mas se o homem persiste em não ceder à sua natureza inferior, esse raio pode, por meio de longos e deliberados esforços, desviar-se para o cérebro, onde sofre modificação muito notável. Então a cor alaranjada se converte em amarelo puro e produz uma decisiva intensificação das faculdades intelectuais; o vermelho escuro se transforma em carmesim e gradualmente acresce os sentimentos altruístas; e a púrpura escura se muda em formoso violeta pálido que aviva intensamente a natureza espiritual do homem.

Quem operar essa transformação notará que já não lhe perturbam os baixos desejos, e com esse propósito se estimula nos primeiros graus da Maçonaria o desenvolvimento do centro por cujo meio se tem de obter a referida transmutação.

O desenvolvimento do citado centro está estreitamente relacionado com o poder de sustida atenção e com a abertura das formas superiores auditivas. Em todos os sistemas de treinamento oculto se tem dado grande importância a isso no caso dos neófitos. Na escola de Pitágoras os discípulos permaneciam alguns anos da classe como *akoustikoi*, ou ouvintes. Nos mistérios de Mitra, o grau inferior era dos *corvos*, assim chamados porque só se lhes permitia repetir o que haviam ouvido, à maneira de corvos ou papagaios. Naqueles antigos sistemas se proibia rigorosamente aos estudantes lançarem-se às perigosas águas da originalidade enquanto não estivessem completamente instruídos nos princípios fundamentais da filosofia. O s...l também impetra em favor de quem o usa, o auxílio de uma classe particular de entidades extra-humanas do mundo sutil.

Em vista da grande influência deste s...l de poder, perceber-se-

-á a necessidade de conservar com extremo cuidado o sigilo. Se for feito de maneira má, fora de lugar e de forma incorreta, não produzirá efeito útil. Nesses assuntos atuamos com o que ordinariamente se chama magia, com a qual é perigosíssimo jogar, e portanto, em tudo isso se tem de manter seriedade de propósito e precisão nos trabalhos.

Se um membro faz este s...l descuidadamente, sem pensar no que está fazendo, ele se abre a influências não percebidas por ele, e para as quais não está preparado, podendo suceder-lhe coisas inconvenientes. Tal a ideia implícita na grotescamente exagerada e desencaminhadora afirmação de que quem recebe a Eucaristia com a mente cheia de pensamentos malignos come e bebe sua própria condenação. Quem recebe a Eucaristia se converte num intenso foco de energia radiante e aumenta em sumo grau a sua receptividade; portanto, tem de eliminar os pensamentos malignos para que não lhe atraiam influências da mesma índole. O mesmo ocorre com o s...l maçônico. Quem o emprega como saudação a outro, abre seu coração para essa pessoa, e isso é bom; mas devem todos estar vigilantes para não se abrirem descuidadosamente a influências desagradáveis que de outro modo os afetariam.

Assim, quando, na abertura de nossa Loja, fazemos este s∴l, ele nos recorda que temos de nos colocar em atitude receptiva para obter o maior benefício possível do fluxo de energia espiritual que vamos invocar.

OS OFICIAIS

Até agora temos feito tudo quanto nos foi possível para dispor-nos aos trabalhos da reunião, pelos meios seguintes:

1. Purificando o local da Loja por meio da incensação;
2. Fechando a mente e o coração a todo pensamento e emoção perturbadores;
3. Colocando-nos em atitude receptiva.

Passaremos agora a movimentar o admiravelmente disposto maquinismo maçônico, por cujo meio poderemos invocar o auxílio de entidades extra-humanas em nossos trabalhos altruístas.

O método empregado para isso é sumamente engenhoso e habilissimamente velado. O homem é um ser complexo e a sua empírica divisão em corpo e alma não é suficiente para uma obra científica. Ele evolui em cinco dos sete planos da natureza e tem envoltórios ou corpos construídos com a matéria dos inferiores desses planos aos superiores, segundo indica a *Figura* XXIII com seu respectivo diagrama.

Portanto, para os nossos trabalhos necessitamos de forças de todos estes níveis; e cada oficial de uma Loja maçônica, além de seus deveres no plano físico, tem a missão de representar um dos referidos planos e de servir de foco às suas peculiares energias. Os fundadores da Maçonaria dispuseram as coisas de modo que a enumeração dos oficiais e a declaração de seus lugares e deveres servissem de invocação aos *Devas* ou anjos pertencentes aos respectivos planos e neles operantes. Ainda que milhares de V. Ms. hajam formulado as perguntas do ritual sem a mais leve intenção de produzir efeito nos mundos invisíveis, não foram privados do angélico auxílio que os surpreenderia indizivelmente, e talvez os aterrorizasse, se dele fossem conscientes.

Assim é que o espírito se volta de novo para a inteligência e lhe solicita formular as divisões capitais. A inteligência responde e enumera os três condutos pelos quais flui a energia, chamando com isso a atenção dos anjos pertencentes aos três planos respectivos. Para simbolizar tudo isso, o V. M. pergunta quantos oficiais principais há na Loja e se lhe responde que há três: o V. M., o P. M. e o S. V., os quais representam a Trindade divina, ou espiritual, residente em Deus e também no homem, feito à imagem e semelhança de Deus. Os estudantes de psicologia teosófica estão familiarizados com esses três princípios, denominados em sânscrito *Atma*, *Buddhi* e *Manas*, que podem ser traduzidos como vontade espiritual, amor intuicional e inteligência superior.

Depois o V. M. pergunta quantos oficiais subalternos existem, e se-lhe responde que existem também três, sem incluir o C. E. T. Estes representam a natureza inferior, ou a personalidade do homem, constituída pela mente inferior, simbolizada pelo o P. D.; a natureza emocional, representada pelo S. D.; o duplo etéreo, pelo C. I. T., e o corpo denso, pelo C. E. T.

O pórtico da Loja simboliza a entrada para o mundo interno, que é invisível aos olhos físicos. Portanto, o C. E. T., que simboliza a parte densa do corpo físico, é o único oficial da Loja que permanece no exterior, visível aos profanos. Os outros seis princípios da constituição humana estão fora do alcance da vista física, que só percebe o grau mais denso e inferior da matéria do mundo físico. Esses princípios correspondem a distintos planos da natureza, de matéria em graus crescentes de finura e sutileza.

A *Figura* XXIII e o diagrama referente a ela mostram os sete princípios do homem, os planos da natureza a que correspondem e os oficiais que os simbolizam numa Loja maçônica. O triângulo superior, contendo o primeiro, o segundo e o terceiro princípios, é representação do Ego ou natureza superior do homem, comumente chamada alma, que no transcurso de sua longa evolução se encarna repetidamente em outras tantas personalidades. O triângulo inferior é um reflexo do superior na matéria dos planos inferiores, e com o corpo físico denso constitui o quaternário inferior, ou a personalidade que subsiste durante toda uma encarnação. A evolução do homem é realmente o desenvolvimento do Ego ou Eu Superior, mas na imensa maioria das pessoas da atual etapa do progresso humano, o Ego está ainda na infância, pois ainda não se despertou para a verdadeira e deliberada vida do homem em seu próprio plano, nem se apercebeu do que pode aprender mediante sua encarnação nos planos inferiores. No transcurso do tempo e depois de muitas encarnações, os três princípios superiores se desenvolvem gradualmente, e o homem vai conhecendo cada vez mais sua essencial natureza divina. Ainda que o principal objetivo da Maçonaria seja a acumulação e distribuição das forças espirituais em benefício do mundo, também está profundamente interessada no bem-estar e progresso dos Irmãos, e por isso seu ritual e ensinamentos assinalam claramente o caminho que o homem deve trilhar, e oferecem-lhe a ajuda mais valiosa enquanto passa por ele.

Princípios do homem	Planos	Oficiais
1. Vontade espiritual (Atma)	Nirvânico ou espiritual	V. M.
2. Amor intuicional (Buddhi)	Búdico ou intuicional	P. V.
3. Inteligência superior (Manas)	Mental superior	S. V.
4. Mente inferior	Mental inferior	P. D.
5. Emoções inferiores	Astral	S. D.
6. Duplo etéreo	Físico superior	C. I. T.
7. Corpo físico denso	Físico inferior	C. E. T.

Termos combinados

	Princípios
O Ego	1—2—3
A Personalidade	4—5—6—7
Os Pares Psíquicos	4—5
Os Pares Físicos	6—7

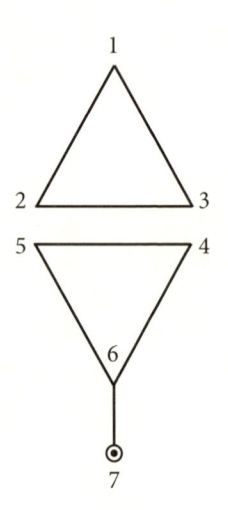

Figura XXIII

OS DEVERES

Depois se repete a lista das posições e deveres. Comumente se crê que essa enumeração tem por objetivo assegurar que todos os Irmãos conheçam plenamente os fatos e que todos os oficiais estejam presentes. Mas em realidade, é muitíssimo mais importante o seu objetivo, como o expliquei.

Vários pontos muito interessantes do simbolismo são abordados nas respostas aparentemente estranhas dadas a respeito dos deveres dos diversos oficiais. O corpo físico deve proteger a loja da alma do homem dos perigos do mundo exterior, das tentações e malignas influências. Ao C. E. T. se ordena que impeça a entrada de todos "cowans" e intrusos na Maçonaria, e quando nos recordamos que a palavra "cowan" é simplesmente o grego *kuon*, e que desde tempos imemoriais o cão é o símbolo das paixões violentas, disso inferimos o que simbolizam o cargo e as funções do C. E. T.

O duplo etéreo, representado pelo C. I. T., também contribui para proteger a Loja e está às ordens imediatas da mente superior, simbolizada pelo S. V. Isso demonstra que o dever da inteligência é discernir e julgar que pensamentos e emoções devem ser admitidos no templo do homem. O V. M. se comunica com o C. E. T. por meio do S. V. e do C. I. T., o que significa que o espírito não atua diretamente na matéria densa do corpo físico, mas, sim, que por meio da inteligência influi no duplo etéreo, embora uma vez realizada a investigação, a mente possa instruir o duplo etéreo para que comunique diretamente o assunto ao V. M. Para simbolizar tudo isso, há em algumas Lojas o costume de o S. V. dizer ao dar a ordem: "Irmão C. I. T.: vede quem solicita entrada e comunicai-o ao V. M.".

O reflexo ou projeção do triângulo superior se efetua ponto por ponto, pelo que os princípios segundo e quinto estão simpaticamente relacionados, assim como o terceiro com o quarto e o primeiro com o sexto. Isso significa que mediante o domínio e purificação das emoções, o homem desenvolve o segundo princípio, o do amor intuicional, que entra em atividade. Com o auxílio da mente, o homem quebra os cinco grilhões que o impedem de se adiantar na evolução. São eles: a ilusão de que a sua personalidade é o seu verdadeiro ser, a dúvida sobre a realidade das coisas espirituais, a superstição, e os insensatos gostos e desgostos. Assim capacita a vontade espiritual para que se manifeste em sua conduta. Dessas etapas e das iniciações tratei extensamente em minha obra: *Os Mestres e a Senda*. Aqui as menciono tão só para demonstrar que o S. D. atua sempre entre o P. V. e o S. V., e o P. D. atua entre o V. M. e o P. V. Também explicam porque o S. V. se encarrega dos A...s, o P. V. dos C...s e o V. M. dos M. Ms. Como a Loja aberta é um lugar onde os Irmãos percorrem simbolicamente a senda da evolução antes mencionada, os oficiais que representam os princípios constituintes do homem devem mostrá-los atuando em relação uns com outros, tal qual o fazem no homem no transcurso da evolução.

O Terceiro Aspecto da Divindade está representado pelo S. V., quando ordena a passagem do período de atividade ao de descanso, enquanto o Segundo Aspecto está simbolizado no P. V. ao fechar os trabalhos da Loja por ordem do V. M., porque quando o Segundo Aspecto da Divindade se retira das formas que construiu, tudo retorna aos seus primitivos elementos e o Universo cessa de existir como tal, de sorte que internamente fica fechada a Loja do sistema solar. É a isso que os hindus chamam o fim do *manvantara*, e o começo do *pralaya*.

Nem por isso se há de supor que os oficiais de uma Loja sejam necessariamente capazes de atuar nos planos que simbolizam. Todavia, convém ter em conta que não só os espíritos da natureza, mas também as estranhas semiconscientes entidades chamadas elementais, que residem no arco involutivo de cada plano, responderão à invocação empregada nessa resumida fórmula de abertura.

A enumeração dos oficiais em resposta às primeiras perguntas do V. M. tem a virtude de chamar a atenção em todos esses diferentes reinos da natureza, e de fazer com que os Devas, espíritos da natureza e elementais saibam que vão deparar com nova e favorável oportunidade de ação. Recordemos que este é o modo como as entidades de todos os planos esperam a invocação. Um dos principais métodos de sua evolução é o de que os empreguem em semelhante espécie de trabalho, pelo que se regozijam em acudir para realizá-lo.

À enumeração geral dada pelos Vs. se seguem imediatamente as perguntas específicas dirigidas a cada oficial. A primeira, referente à sua posição na Loja, põe em movimento o mecanismo e serve de invocação a um *deva* do tipo requerido, o qual logo se apresenta como chefe dos espíritos da natureza e dos elementais, que em seguida se reúnem ao seu redor.

A segunda pergunta e sua resposta, relativas ao dever especial de cada oficial, atraem ao redor do mesmo *deva* esses seus satélites, e ele os influencia a fim de se colocarem convenientemente. Por exemplo, ao nomear o S. D., estremece-se o plano astral, e quando se lhe pergunta qual é sua situação na Loja, um *deva* que tem por envoltura inferior um corpo astral (chamado pelos budistas um *kamadeva*), adianta-se até colocar-se acima da cabeça do S. D. Ao mesmo tempo se desperta a atenção de vários espíritos da natureza que têm corpo astral, e também se põe em atividade uma grande massa de essência pertencente ao terceiro reino elemental. Depois, ao formar-se a pergunta relativa aos deveres, o *deva* comandante congrega ao seu redor a hoste de entidades subalternas, dispõe-nas como convém, e, ao mesmo tempo, toma porções da flutuante massa de essência elemental e as modela em formas de pensamento que considera necessárias à obra que se tem de realizar.

Exatamente da mesma maneira, o P. D. está representado por um deva comandante, cujo veículo inferior está construído da matéria dos subplanos inferiores do plano mental (um *rupadeva*), e que emprega espíritos da natureza e essência elemental de seu próprio nível. Convém notar-se que em cada caso não só se definem a posição e o dever atuais do oficial, mas também sua relação com outros oficiais, sua parte no conjunto do trabalho. Os Devas comandantes correspondentes aos três oficiais principais pertencem à classe chamada no Oriente *arupa-devas*; são conscientes e manejam as forças dos planos que respectivamente representam. Não nos é fácil compreender a atuação das forças em tais níveis, pois agem sobre os princípios correspondentes no homem, e tais princípios estão apenas ligeiramente desenvolvidos na maioria dos seres humanos.

Assim, pois, na ocasião em que se trocam as perguntas e respostas do final da lista, toda a Loja pulsa com a vida elemental, que está toda ansiosa por lançar-se ao trabalho em vista, qualquer que ele seja. Os elementais e espíritos da natureza dos diferentes níveis variam muitíssimo em desenvolvimento e inteligência, pois uns são muito ativos e de definido aspecto, enquanto outros são relativamente indefinidos. Mas a Loja oferece aspecto muito diferente quando se congregam os diversos grupos de entidades, e cada grupo com sua cor peculiar paira sobre a cabeça do oficial que o representa no mundo físico, enquanto ainda se acha a Loja meio às escuras, sem outras luzes que as três velas e o fogo sagrado. Saiba-o ou não o V. M., a essa condição se refere ele ao dizer: "Nossa Loja está devidamente constituída".

No caso dos oficiais subalternos de qualquer grau, requer-se apenas um ligeiro desenvolvimento de clarividência para verem essas criaturas flutuando em seus respectivos lugares, formando cada grupo delas uma espécie de esfera ou nuvem luminosa (*vide* a *Figura* XXIV). Essa nuvem é de cor cinzento-violáceo no caso do C. I. T., carmesim no S. D. e amarela no P. D. Não é fácil definir os matizes correspondentes aos três oficiais superiores, porque cada um deles parece como que levar todas as cores possíveis. Contudo, pode-se dizer que a cor dourada predomina na esfera do P. V., um intenso azul elétrico na do S. V., e a do V. M. é a mais formosa, pois resplandece como um globo de luz com as cores rosa, ouro, azul e verde, cada uma das quais predomina em determinado ponto da cerimônia.

Por meio desses Devas representativos dos vários oficiais se constrói o edifício e se infunde energia; mas no plano físico os oficiais da Loja têm de intervir com todas as suas forças na obra.

Se o oficial levanta sua consciência até o seu Deva, e assim permite que por seu conduto flua a energia e irmane sua vontade com ela enquanto flua, identificar-se-ão seus princípios superiores com os do Deva, e não só será excelente canal da divina energia, mas receberá auxílio muito potente e fortalecedor no cumprimento da obra.

A ABERTURA

O Deva representativo do V. M. é um anjo do sétimo raio, altamente evoluído e muito capacitado, e quando chega com sua corte de anjos subalternos e elementais assume a direção total dos trabalhos. Os chefes dos demais grupos se põem atentos, e tudo se apresta logo para o supremo momento da abertura da Loja. Tendo declarado que a Loja está devidamente constituída e que ele ali está como seu chefe e representante, o V. M. passa a manifestar sua gratidão ao G∴ A∴ D∴ U∴ por esse fato e a expressar seu vivo desejo de que, havendo começado em ordem os trabalhos da reunião, esses prossigam em harmonia e terminem em paz. A isso responde toda a sua Loja com voz ressoante, como o viva de um exército: "assim seja". Essa expressão é o "amém" maçônico; mas da mesma sorte que à palavra "amém" se dá o significado de "assim seja", igualmente se costuma degradar essa formosa expressão maçônica até o extremo de ser considerada um mero assentimento ou piedoso desejo. Além disso, assim como "amém" não é um desejo, mas uma afirmação, o mais sagrado juramento no Egito Antigo — "Por *Amen* assim será" (que ninguém ousava quebrar) — de igual modo a frase maçônica "assim seja" tem de ser considerada como enérgica afirmação de que "assim será"; não de que "oramos ou desejamos que *possa* ser assim", senão que *faremos que seja assim*. Demonstra-se isso estendendo-se o braço direito de modo que a mão fique no nível do ombro, sendo esse um bem conhecido sinal de poder e comando.

Imediatamente após, o V. M., atuando em nome do G∴ A∴ D∴ U∴, declara abertos os trabalhos e se acendem integralmente todas as luzes. Não somente brilham nesse momento as luzes materiais, porque quando o V. M. pronuncia a frase de abertura, seu Deva representativo também levanta seu báculo, e os sete grupos de entidades auxiliares, que até então eram ainda para o clarividente como que luminosas nuvens, refulgem com todo o esplendor de sua natural formosura e coloração. Ao mesmo tempo, cada grupo fica enlaçado por um fio de viva luz com o oficial sobre cuja cabeça ele paira, e por esse fio se derrama no oficial a energia do grupo cada vez que o chamam para tomar parte na cerimônia. Usualmente, o Deva representativo permanece flutuando sobre o lugar regular do oficial; mas quando este se move pela Loja no desempenho de suas funções, o fio de luz não o deixa nem por um momento, mas intensifica-se durante a atividade do oficial.

Pouco antes da abertura dos trabalhos, os Ds. escoltam o P. M. I, com os báculos cruzados, até o altar, onde este último se ajoelha e espera o preciso momento da abertura. Quando o V. M. pronuncia a palavra "abertos", o P. M. I. abre o V. C. S. e coloca sobre as suas páginas o e... e o c..., de modo que ao mesmo tempo que se fazem brilhar as luzes materiais, põem-se de manifesto as três grandes luzes simbólicas da Maçonaria. Dessa sorte, o P. M. I. traz à Loja a luz simbólica, como trouxe a luz física ao tomar do fogo sagrado que deu ao P. D., porque o P. M. I. representa o Vigilante Silencioso que vê que tudo esteja benfeito e está sempre disposto a proporcionar tudo quanto seja necessário. Possui a luz em seu absoluto conceito. Fez sua obra e é por isso capaz de ajudar os demais. Convém ter em conta que se há de abrir o V. C. S. ao acaso, sem buscar determinada passagem, porque nos foi dado todo o V. C. S. para iluminar nossa mente, e não só tal ou qual versículo. Será mais conveniente abri-lo pouco mais ou menos pelo meio.

Para demonstrar que o V. C. S. é aqui usado somente como símbolo, o P. M. I. recita solenemente a antiga fórmula citada por são João no começo de seu evangelho, que diz: "No princípio era o

Verbo, o Verbo estava com Deus e o Verbo era Deus". Sabemos que no original grego é "Logos" a palavra traduzida por Verbo; e assim a abertura do V. C. S. simboliza a manifestação do Logos no princípio de um sistema solar, enquanto o c... e o e... simbolizam, ademais, que Ele se manifesta como espírito e matéria, pois nada há que não seja Deus. Para denotar que a Segunda Pessoa ou Aspecto do Logos está a ponto de descer em Seu universo, levanta-se a pequena coluna do P. V. e se abate a do S. V. O movimento do Espírito Santo sobre as caóticas águas já não é mais a única atividade divina; deitaram-se os cimentos e vai começar a vida ativa do sistema. Está agora exposto o traçado que indica o plano de suas atividades, sendo a natureza dessas atividades indicada pelo fato de que as iniciamos com um hino de louvor ao G∴ A∴ D∴ U∴, e durante o tempo em que o cantam, devem os Irmãos verter todo o amor e devoção de que forem capazes.

Nas Lojas que usam o retrato do C. D. T. O. V. M., é ele descoberto pouco antes de se cantar este hino, e todos os Irmãos se voltam para ele e o saúdam. Em Sua pronta resposta a essa saudação, o insigne Adepto projeta uma forma mental que é uma exata imagem de Si mesmo, da mesma maneira que em nível superior o Senhor Cristo projeta a forma mental chamada Anjo da Presença na celebração da Sagrada Eucaristia. Tão plenamente é aquela forma mental uma parte do Adepto, que a Loja recebe o benefício de Sua presença e bênção, como se ali Ele estivesse em corpo físico. O Deva representativo do V. M. se inclina ante o chefe de seu raio e deixa em suas mãos a direção dos trabalhos.

Ver-se-á desde logo que aqueles dentre nós que souberem da existência deste grande Adepto, e de Seu interesse por nossos trabalhos, obterão enorme vantagem; mas não se deve esquecer que cada Loja Maçônica regularmente constituída está a cargo de um anjo do sétimo raio, ainda que seja pouco o que os Irmãos conheçam a esse respeito.

Já expliquei que no momento da abertura da Loja, todos os anjos auxiliares, os espíritos da natureza e os seres elementais, com seus Devas comandantes, refulgem brilhantemente e estão dispostos a obedecer à voz de mando. Dizer que estão dispostos não expressa exatamente a sua atitude, pois ardem de impaciência, como cães retesados numa trela, porque chegou o momento que tão ansiosamente esperavam. E tão logo o P. M. I. se restitui a seu posto e o P. D. exige o painel do grau, entoa-se o hino a cuja primeira nota prorrompem as entidades em tumultuosa e contudo ordenada atividade. O hino *per se*, ou melhor, a devoção e o entusiasmo com que o cantamos, proporcionam a essas entidades o material para a edificação que nesse instante empreendem, cada qual em seu peculiar nível e com o material que desse nível os proveem os Irmãos.

Durante a procissão da abertura, o V. M. e os oficiais já construíram a parte inferior da *cela*, ou câmara interior do templo, circundando todo o pavimento de mosaico e carregando-o de intenso magnetismo. As entidades apoderam-se antes de tudo dessa cela e aumentam a altura e espessura de suas paredes, e as entidades de categoria superior intensificam o magnetismo e a enchem com a pujante energia de seus respectivos níveis. Além disso, com relampagueante celeridade, estendem um teto sobre toda a Loja, principiando pelas bordas, dentro precisamente das paredes físicas da Loja, e colocam de cima para baixo as colunas sustentadoras como as raízes de uma árvore baniana*, rodeando cada uma delas a todo Irmão sem cargo oficial. Assim vemos que a forma mental construída se parece com um templo grego cujo peristilo de colunas que sustém o pesado teto está fora da câmara central, única parte do templo com recinto fechado. A *Figura* I desta obra esclarecerá essa ideia, e também ajuda a compreendê-la comparando-se a ilustração com o templo grego representado na *Figura* VIII. Termina-se sempre o contorno do templo durante o hino de abertura, mas em certas circunstâncias podem-se acrescentar frisos e outros ornamentos sob a direção do anjo controlador.

Assim se compreende por que os Irmãos sem cargo, que se sentam num e no outro lado da Loja, são chamados "colunas", e a

---

* Ou *figueira-dos-pagodes*, da família das Manáceas (*Ficus religiosa*), de cujos ramos nascem brotos, que tomam raízes e se convertem em novos troncos. (N. do T.)

isso sem dúvida alude à passagem do *Apocalipse*, que diz: "Ao que vencer o farei coluna do templo de meu Deus, e não sairá dali". Incidentalmente vemos quão necessário é que os Irmãos ponham sua alma e coração nas palavras que cantam ou falam, porque de seu esforço nesse sentido depende a quantidade de material proporcionado aos nossos colaboradores suprafísicos, e portanto, a solidez e suntuosidade do edifício mental que constroem. Durante as cerimônias seguintes, quaisquer que sejam, os Devas representativos das luzes da Loja prosseguem derramando na *cela* sua influência benéfica, e ainda que reservem sua energia maior para os candidatos que pisem o pavimento, algo delas também se filtra através do teto e desce pelas colunas sobre todos os presentes.

AS P...S DE AP.

No momento de abrir os trabalhos, o V. M. dá também as P...s ou G...s de Ap.

Na Maçonaria as P...s têm duplo significado e uma aplicação definida. Esta última se baseia no fato de serem as P...s um método reconhecido de comunicação entre certas ordens de espíritos terrestres por elas atraídos. Seus solícitos serviços estão sempre à disposição dos capacitados para invocá-los, mas eles não atenderão ao chamado de quem não lhes tenha sido devidamente apresentado por meio da Iniciação no grau de Ap. Sua principal utilidade na cerimônia é formar um ambiente adequado ao grau em que se trabalha, e nesse labor especial são habilíssimos, pois acodem instantaneamente, com marcial pontualidade e precisão, ao chamado das P...s. Mesmo quando a Loja aumenta ou diminue o grau de seus trabalhos pelo método abreviado, são capazes de produzir as necessárias mudanças tão prontamente se lhas ordene.

A criação de ambiente apropriado é uma das mais importantes características especiais da Maçonaria, por ser indispensável à eficiência dos seus trabalhos. Quem for sensível à influência do ambiente, notará a mudança ocorrida ao se passarem os trabalhos de um grau para outro; mas tão só os que tiverem abertos os olhos da alma poderão ver as variações da cor ou distinguir os atarefados operários que tão veementemente as produzem. Os Devas comandantes dos três oficiais principais se encarregam de dirigir esta importante parte da obra: o. do S. V., a dos operários do Primeiro Grau; o do P. V., a dos do Segundo; e o do V. M., a dos do Terceiro. Os espíritos terrestres, obedientes ao chamado das P...s, aparecem ao primeiro golpe e discretamente retornam à posição normal, quando uma outra bateria anuncia que sua obra está terminada. As P...s de encerramento correspondem ao *Ite missa est* da Igreja católica. Convém notar que outras entidades análogas apreciam anunciar sua presença por meio de batidas em sessões espíritas.

As P...s do Primeiro Grau têm também uma significação moral. Então indicam que o Ap. tem de dominar os três planos à sua frente, o corpo físico com os seus impulsos provenientes do passado, o astral com os seus violentos desejos e emoções, e o mental com as suas curiosidades e divagações. Todo homem, no transcurso de sua evolução, tem de manejar duplamente cada um desses três corpos: primeiro, tem de os dominar, frear seus impulsos e submetê-los à obediência do Ego; e em seguida, tem de convertê-los em instrumento positivo, adestrado e útil ao seu serviço.

Supõe-se que o. Ap. tenha dominado já o seu corpo físico antes de entrar para a Maçonaria, pois do contrário ninguém poderia recomendar merecidamente sua admissão, mesmo que ainda precise desenvolvê-lo. De outro lado, supõe-se também que está fazendo o possível para dominar seu corpo astral. Este é o trabalho do Primeiro Grau quanto ao autodesenvolvimento, se bem que o maçom haja de procurar sempre aperfeiçoar-se em todos os aspectos.

As P...s ou G...s do Segundo Grau indicam que está já terminada a obra física e que ao C..., resta ainda dois planos. Está ocupado em fazer de seu corpo astral um perfeito instrumento para a expressão da emoção superior, e ao mesmo tempo procura dominar o seu corpo mental.

Nessa etapa o maçom deve adiantar-se algo, diariamente, em

conhecimentos maçônicos, até que a mente não vacile nem divague e esteja por completa dominada. Então ascenderá ao Terceiro Grau, cujas P...s indicam só faltar dominar um plano, isto é, converter a mente em perfeito instrumento ao serviço do Eu superior. Nessa obra terá de permanecer tantos anos quantos forem necessários antes de proveitosamente passar adiante.

Do exposto se infere que na oficina maçônica há quatro estágios: os três graus e uma conquista posterior quando o M. se torna M. I. Há uma semelhança entre esses quatro estágios, e os prescritos na Igreja cristã, ainda que o estágio maçônico esteja em nível muito mais elevado que o da Igreja. O diagrama seguinte mostra a correlação entre ambos.

Graus	Maçonaria	Igreja
1	Ap.	Subdiácono
2	C.	Diácono
3	M.	Sacerdote
4	M. I.	Bispo

Na Igreja se selecionam certas pessoas para o sacerdócio, mas antes de galgá-lo, têm de passar por duas ordens preliminares. Primeiro o candidato tem que ser subdiácono; essa função o prepara para a grande operação cirúrgica que se dá no diaconato, quando ele se une definitivamente ao Instrutor do Mundo, tal qual expliquei plenamente em *A Ciência dos Sacramentos*.

No estágio de subdiaconato, que tem alguma analogia com o do Ap., supõe-se que o indivíduo aprende a dominar-se por completo. No estágio seguinte, o do diaconato, prepara-se para o sacerdócio como na Maçonaria se prepara o C. para o grau de M.

Como deixei dito ao tratar do sigilo devido, o poder beneficente do Ap. se cinge ao livro em que aprende, e cabe-lhe contrair as palavras do texto, sem ir mais além. Como não é ainda um canal direto da divina energia, mantém-se o livro entre suas mãos. Mas o C. põe uma m... sobre o p... e levanta a outra em f... de um e... Esse grau corresponde ao de diácono porque é um canal ligado ao Cristo, ainda que só possa dar o que desce e verte por seu intermédio. Não está ainda cheio de graça e poder, mas é capaz de servir de canal. Quando sustém a m... e... desse modo, sua atitude se parece, em nível inferior, à do bispo segurando o báculo magnetizado na mão esquerda, com o qual atrai energia divina que derrama sobre os fiéis ao abençoá-los com a mão direita. É o mesmo gesto, ainda que no bispo esteja muito mais altamente especializado.

Depois, o M. M. põe ambas as m...s sobre o p... Supõe-se que, ao chegar a esse elevado grau, ele está numa posição de poder, para encher-se da energia que nele se precipita durante a morte e ressurreição simbólica. Portanto, pode dar essa energia, pode abençoar tal qual um sacerdote, e assim, como o sacerdote tem autoridade para administrar certos sacramentos, o M. M. está capacitado para aceitar cargos na Loja.

Contudo, nem o M. M. nem o sacerdote estão facultados para transmitir a outro o seu poder ou autoridade. Unicamente o bispo pode ordenar sacerdotes e consagrar novos bispos, e unicamente o M. I. pode iniciar, elevar e exaltar os maçons ou criar outros Ms. I. Tanto o M. I. como o bispo podem dar também uma bênção mais eficaz e completa que a do sacerdote e do M. M. Assim, há uma sucessão de Ms. I. na Maçonaria como há uma sucessão de bispos na Igreja.

Em *A Ciência dos Sacramentos* expliquei algo do significado oculto da sucessão apostólica, ou seja, o método estabelecido por Cristo para transmitir os poderes espirituais da Igreja católica. Veremos que o método maçônico é muito parecido, pois remonta aos sacerdotes dos Mistérios do Egito Antigo, e até antes.

Outra analogia entre os graus maçônicos e as ordens da Igreja consiste em que assim como essas ordens estão ligadas em vários graus de relação com o chefe da Igreja, o Senhor Cristo, e com o reservatório de energia que Ele destinou à celebração dos Sacramentos, assim os Iniciados nos diversos graus da Maçonaria se relacionam, segundo sua condição, com o C. D. T. O. V. M. e com o reservatório de energia destinada à obra da Ordem. Todo maçom está em menor ou maior contato com o Chefe; mas os do grau de M. I. se relacionam diretamente com Ele, porque é um grau à parte, ainda que assim não se lhe chame. E mais estreita ainda é a relação dos graus superiores do Antigo e Aceito Rito Escocês, de sorte que o maçom fervoroso chega a ser verdadeiro posto avançado da consciência do C. D. T. O. V. M., um canal de Sua energia e um ministro de Sua vontade. Tais Irmãos atuam como Seus representantes em suas Lojas e Capítulos, e têm o direito de dar a bênção em Seu nome, segundo a categoria de cada qual. É muito deplorável que tão poucos de nossos Irmãos modernos percebam a santidade de seu posto e a grave obrigação que têm ao empregar de maneira altruísta os seus poderes em serviço do mundo.

Contudo, os métodos da transmissão de poderes diferem notavelmente entre esses dois sistemas sacramentais. Afirma a teologia católica, e corrobora a investigação oculta, que os poderes espirituais são invariavelmente conferidos no ato da ordenação, contanto que o bispo consagrante esteja na linha da sucessão apostólica, que tenha o propósito de conferir Ordens Sacras e o recipiendário queira recebê-las, e que a ordenação se efetue segundo a antiga tradição. As crenças particulares do bispo e do candidato não afetam, por mínimo que seja, a validez do sacramento, nem tampouco será anulada pelo fato de serem excluídos da comunhão de algum ramo particular da Igreja, ou mesmo que sejam pessoas de moralidade suspeita*. O Senhor Cristo, por causa de Seu vivo amor por Sua Igreja, dispensa as fraquezas humanas do ministro, contanto que Sua grei possa ser alimentada.

Mas a transmissão de poderes na Maçonaria não está de modo algum tão inalteravelmente determinada, talvez por se tratar de uma sociedade secreta, que não se relaciona com o mundo profano. O sistema de transmissão é muito mais elástico que o da

---

* *Vide* as notas à p. 38.

Igreja. Ainda que pareça que a sucessão dos Ms. I. e dos Soberanos Grandes Inspetores Gerais tenha sido conferida no plano físico, em ampla escala, não é absolutamente necessário que se continue dessa maneira, pois os poderes sacramentais podem ser conferidos ou negados segundo seja o critério do C. D. T. O. V. M. Quando se realiza uma reunião clandestina, ali não se conferem os poderes nem se dá o reconhecimento interno, ainda que esteja presente um M. I. Presenciei dois casos de negação do reconhecimento interno. Na Igreja, um sacerdote pode administrar por si mesmo, e em qualquer lugar, um sacramento, e um bispo pode também transmitir poderes a seu critério; mas na Ordem maçônica a unidade é a Loja, pelo que é indispensável a presença de certo número de Irmãos para a validade dos ritos, exceto quando alguém devidamente autorizado confere os graus por comunicação. Assim se diz que "três regem uma Loja, cinco a sustém e sete ou mais a completam".

Ao estabelecer essa comparação entre os graus da Maçonaria e as ordens da Igreja, não digo nem de leve que os poderes conferidos em qualquer dos graus maçônicos sejam iguais aos recebidos por uns poucos candidatos cuidadosamente preparados para as ordens maiores da Igreja. Apenas desejo chamar a atenção para as curiosas correspondências entre os dois sistemas, tão numerosas e notáveis que não se pode atribuí-las a mera coincidência. A Maçonaria não confere os mesmos poderes que a Igreja, senão apenas a muito poucos maçons de graus muito superiores.

6. A Iniciação

O CANDIDATO

Quando um profano deseja tornar-se maçom, geralmente se vale de algum amigo seu, que ele sabe pertencer à Ordem. O amigo provavelmente o apresenta ao Secretário da Loja, que requer do solicitante determinados documentos e informações a respeito de sua pessoa, idade, profissão, domicílio e os motivos que o induzem a desejar ingressar na Maçonaria. Na Comaçonaria se lhe entrega também a seguinte carta:

> O candidato deve compreender claramente as obrigações que contrai ao ingressar na Ordem. Essas obrigações são de natureza muito grave e solene, e espera-se que ele as cumpra honradamente.
> 1. O candidato obriga-se a ter uma conduta nobre e digna, e esforçar-se pelo aperfeiçoamento de seu caráter.
> 2. Obriga-se a assistir às reuniões regulamentares da Loja, a menos que o impeça uma causa grave.
> As reuniões são efetuadas uma ou duas vezes por mês, exceto na temporada de férias. Às vezes se celebram reuniões extraordinárias, convocadas para algum assunto especial, mas a assistência não é obrigatória nesses casos. Contudo, o verdadeiro maçom não somente considera ser um solene dever, senão também um grande benefício, assistir à sua Loja, tendo em conta que, embora a Loja exista para ajudar seus mem-

bros, ela exerce a muito maior e mais ampla função de difundir pelo mundo a influência espiritual da Maçonaria. Se assistir regularmente às reuniões, participará desta magna obra. Seu progresso na Ordem dependerá do zelo e assiduidade que demonstrar para com esse serviço.

3. Compromete-se a permanecer na Ordem e na Loja Mater durante ao menos três anos. Depois da Iniciação se lhe permite visitar outras Lojas, e quando receber o grau de Mestre, poderá filiar-se a outras Lojas, se o desejar; mas não deverá deixar a Loja Mater durante o período acima, porque a ela deve fidelidade e leal cooperação. Quando houver mais de uma Loja perto do lugar de sua residência, o candidato deverá pedir ao seu introdutor informes relativos à natureza dos trabalhos de cada uma delas, a fim de escolher aquela cujos membros e trabalho se afinem mais com o seu temperamento.

4. O candidato se obriga ao segredo e cautela referentes à Maçonaria e aos assuntos da Ordem; e esta promessa o liga perpetuamente, ainda que deixe de pertencer à Ordem.

DIVISÕES DA CERIMÔNIA

Consideremos a cerimônia pela qual é o candidato admitido na Maçonaria e que comumente se chama Iniciação. Temos de reconhecer desde o princípio que essa cerimônia não é mero formalismo; primeiramente, porque produz definidos efeitos internos, e segundo porque contém extensa e muito valiosa simbologia, cuja compreensão e emprego serão de suma importância na conduta ulterior do candidato.

Segundo expus no início, um dos principais objetivos da Maçonaria é adestrar seus membros para a obra que têm de fazer no mundo, e portanto, cultivar em seu interior as qualidades necessárias para essa obra. Os vários graus da Maçonaria são etapas de tal adestramento, e em cada etapa não só se dá certa definida educação, mas também se conferem poderes definidos.

Subsiste o temor de que, por ignorarem essas circunstâncias, seja muito escasso o verdadeiro progresso de muitos maçons, porque, a não ser que os desenvolvimentos iniciados em cada grau pela cerimônia da admissão sejam devidamente compreendidos e postos em prática pelo candidato, este não estará legitimamente preparado para passar para a etapa superior, nem para aproveitar as oportunidades que por sua vez esta outra etapa lhe ofereça.

A cerimônia externa confere certos poderes e abre certas possibilidades; mas cabe ao neófito desenvolvê-los e empregá-los. Alguns neófitos acatam as sugestões que lhe são oferecidas e, consequentemente, progridem; outros pouco compreendem dos requisitos internos, e por isso são afetados apenas temporariamente. A própria palavra "iniciação" se deriva de *initium*, começo; e é precisamente isso o que se pretende: o começo de uma nova vida superior.

Nos ensinamentos budistas se diz que em cada uma das grandes etapas que compreendem as verdadeiras Iniciações, há quatro estágios:

1. O Caminho, em que o neófito procura dominar as lições inerentes ao seu novo estágio, eliminando (como dizem) os grilhões que o têm atado até então, descobrindo-se em seu novo nível e aprendendo como empregar os poderes a ele conferidos;
2. O Fruto, quando ele descobre os resultados de sua ação, fazendo-os manifestar-se cada vez mais;
3. A Consumação, que é o período em que, havendo culminado os resultados, ele se acha capacitado para executar satisfatoriamente o trabalho pertencente ao estágio em que agora permanece firmemente;
4. A Maturidade, significando a época em que é ele considerado suficientemente preparado para receber a Iniciação seguinte.

Vê-se, pois, que a Iniciação envolve algo mais do que a mera cerimônia externa, mais até do que a elevação da natureza interna que acompanha essa cerimônia. Tudo isso não passa do portal à entrada de uma senda, ao longo da qual podemos percorrer rápida ou lentamente, como quisermos.

Ao considerar a cerimônia da Iniciação no grau de Ap..., convirá observá-la sob três aspectos ou pontos de vista:

1. Como uma impressionante cerimônia de admissão.
2. Como indicação e preparação da conduta que o candidato há de observar e o labor que há de executar enquanto estiver no grau em que é admitido.
3. Como a expressão em potente e efetiva forma simbólica dos ensinamentos que este grau tem por objetivo inculcar no candidato.

Se examinarmos a cerimônia detalhadamente, creio que descobriremos que cada incidente cabe num ou noutro desses itens.

Ao considerarmos o cerimonial do ponto de vista de uma cerimônia de admissão na Ordem, parece natural dividi-lo em três partes. O ponto culminante da cerimônia, o pináculo de nossos esforços, é a definida admissão na Ordem, quando se abre certo centro ou *chakra* e se confere certo grau de poder. Tudo o que precede a isso na cerimônia é de natureza preparatória para atingir esse ponto. Tudo o que se segue a esse ponto é para explicar o que se fez e serve de exortação a respeito da melhor maneira de desenvolver e utilizar o poder. No transcurso da cerimônia, tudo está disposto de maneira que o candidato possa receber o maior benefício possível das energias liberadas. Tal é o principal objetivo da curiosíssima preparação em que a Maçonaria tem sempre insistido antes de dar entrada ao candidato na Loja.

A PREPARAÇÃO DO CANDIDATO

Antes de sua admissão, é ele despojado de todos os m...s e v...s; está v... o e tem seu b... d..., p... e..., j... e... e c... d... d...s. Todas as corporações maçônicas são acordes em considerar de suma importância a perpetuação dessa forma convencional de preparar o candidato, dando como razão para isso o que se praticava em tempos antigos. Era uma regra entre os judeus, diz um tratado relacionado com o Talmude, que "nenhum homem entrasse no Templo com seu bastão, nem com sapatos nos pés, nem com vestimentas exteriores, nem com dinheiro nos bolsos".

Contudo, o próprio caráter específico da preparação, que difere em cada grau, não tende a uma regra geral dessa índole, senão ao positivo conhecimento da fisiologia oculta do processo da Iniciação por parte daqueles que estabeleceram um método tão fielmente conservado. Durante a cerimônia se enviam através do corpo do candidato, de determinada maneira, certas forças, especialmente no momento em que fica constituído Ap.

Certas partes da Loja foram poderosamente carregadas de força magnética, com o fim especial de o candidato absorvê-la tanto quanto possível. Lembremo-nos de que no processo de incensamento da Loja se construiu uma espécie de colmeia em frente ao local de cada um dos três principais dignitários, e que a *cela* ou recinto central fechado, estabelecido sobre o pavimento de mosaico, situa-se diretamente sob a Estrela Flamígera e, incluindo o altar, é o ponto mais energicamente magnetizado. O primeiro objetivo desse curioso método de preparação é expor à influência magnética as diversas partes do corpo especialmente empregadas na cerimônia. Assim, o b... d... está d... porque o candidato deve usá-lo tão pronto se lhe ensine a estendê-lo no sinal de poder que acompanha a afirmação "A... s...". Também se diz ser isso uma prova de sinceridade, por demonstrar que o candidato não leva arma alguma consigo.

O p... e... está despido porque ele recebe o toque da ponta da e... ao entrar na Loja. A Maçonaria masculina acrescenta a razão de que por esse meio se sabe que o candidato não é uma mulher disfarçada.

O j... e... está despido porque é sobre ele que se ajoelha quando é recebido, e o c... d... está d...o porque deve tocar o solo quando mantém o j... em forma de e... O j... e... e o c... d... são seus sustentáculos ou pontos de contato com o solo no momento da sua admissão. Outro motivo dado, às vezes, de ter o c... d... d...o é que está de acordo com o antigo costume hebreu quando alguém assumia uma obrigação ou contraía um compromisso*.

No Egito Antigo militava ainda outra razão a favor dessas preparações, pois por meio de uma varinha ou de uma espada com o qual se tocava em diversos pontos do corpo, enviava-se-lhe uma débil corrente elétrica. Não convém dizer nada mais sobre essa parte da cerimônia, senão apenas que está relacionada com a estimulação de uma corrente etérea na espinha, e que os ocultistas hindus chamam *ida nadi*, que descreveremos mais adiante, pormenorizadamente, ao tratar da cerimônia da elevação.

É em parte pela mesma razão que nessa primeira Iniciação é o candidato despojado de todos os m...s, uma vez que podem muito facilmente interferir no fluxo das correntes. Sempre se deu muitíssima importância a essa parte da preparação, pelo que é necessário cumprir estritamente a regra. A vigilância dos oficiais comaçônicos nesse particular tem de ser ainda maior que a usada na Maçonaria masculina, porque nas dobras da indumentária feminina é muito fácil passar por alto alguma infração da regra. Deve-se excluir, por certo, a maioria das espécies de grampos, agulhas, pentes, colchetes, anéis, joias, botões e ligas. Nossos Irmãos hindus têm que exercer muito cuidado com os bordados em suas roupagens características. Temos às vezes deparado com objeções sentimentais da parte de senhoras quanto a retirar a aliança, e parece-me que idêntica dificuldade existe na Índia em relação às pulseiras, argolas e outros adornos.

Ao C. D. T. O. V. M. solicitamos instruções sobre esse ponto,

---

* Vide o *Livro de Ruth*, IV: 7,8.

e Ele nos disse muito explicitamente que não era possível nenhuma modificação dessa regra. Também nos disse que em diversos casos no passado, por um oficial ignorar o rigor da regra, Ele teve que executar um retoque para validar a Iniciação. Por outro lado, Ele exige o seu estrito cumprimento, e declara que aqueles que se sentem incapazes de satisfazer essa exigência, não devem ingressar na Ordem Comaçônica. Tivemos um caso em que um homem, inadvertidamente, passou pela cerimônia com um amuleto ou medalha cozida dentro do forro de uma peça de suas vestes. Não se lembrou disso até a conclusão da cerimônia, que sem dúvida teve que ser repetida desde o começo.

Sucedeu outro caso em que uma candidata conseguiu com indigno subterfúgio esconder a aliança até o fim da cerimônia, e quando foi isso descoberto, recusou-se a retirá-la para que se lhe pudesse repetir a Iniciação. Suscitou-se então a questão da situação daquela candidata, que havia recebido irregularmente certos segredos, e o C. D. T. O. V. M. respondeu clara e terminantemente que aquela mulher não era maçom, nem poderia ser de modo algum considerada como tal, por não haver cumprido estritamente a cerimônia.

Em minha Loja Mater houve casos em que foi preciso limar um anel para tirá-lo do dedo em que estava fortissimamente ajustado; mas essa operação a faz facilmente um hábil joalheiro, que também é capaz de restituir ao anel, perfeitamente, ao seu primitivo aspecto. Evidentemente, deve-se também usar de cuidado com os óculos e lunetas; mas fomos instruídos que o ouro ou prata nos dentes não é de nenhum inconveniente, por fazerem parte permanente da pessoa.

Outra sugestão feita a respeito do significado da rigorosa proibição é que o uso de m...s tornaria o candidato cerimonialmente impuro; portanto, sua Iniciação se tornaria nula e inoperante, e por isso seria necessário remover o m...l e repetir a cerimônia. Alguns autores têm suposto que esse sentimento da impureza dos m...s data provavelmente dos últimos tempos da Idade da Pedra. A mesma ideia conservadora motivou o costume de que na oferenda de sacrifícios no rito da circuncisão só se pudesse empregar uma faca de pedra.

Também se supõe que essa parte da preparação se refira à circunstância de que ao construir-se o Templo de Salomão não se ouvia em seu recinto o ruído de qualquer machado, martelo ou instrumento de ferro, pois as pedras eram completamente preparadas nas pedreiras e as colocavam em seus lugares por meio de malhetes de madeira.

O candidato tem de entrar sem v...s em sua pessoa, como símbolo de que vai ingressar numa fraternidade onde nada significam as riquezas, títulos e honras do mundo profano.

> O rico deixa sua categoria e posição
> Do lado de fora da porta do maçom;
> O pobre encontra verdadeiro respeito por si
> Sobre o solo axadrezado.

O maçom é igual ao príncipe, mas irmão do mendigo, se é virtuoso. Na Loja se nota essa fraternidade na total ausência de qualquer favoritismo; quem quer que se torne M. M. pode no devido curso galgar a posição de V. M. da Loja.

Também há um lado pessoal nessa questão. O candidato há de ser "pobre", isto é, não deve confiar nas riquezas e bens terrenos, pois de nada lhe valerão no adiantamento da evolução que vai empreender. Pelo contrário, as muitas riquezas lhe serão um obstáculo a não ser que por seu firme caráter se tenha dominado inteiramente e possa tomá-las e deixá-las, à vontade, e recebê-las e desprender-se delas sem júbilo nem tristeza.

Estritamente falando, quem entra na senda oculta não possui absolutamente nada; e ainda que maneje grandes riquezas e valiosos interesses, não deve considerá-los como propriedade pessoal nem retê-los para desfruto ou benefício de seu separado eu. Há de os manejar como mordomo, em nome de Deus e a serviço do homem. Nesse sentido, dá aos pobres tudo quanto possui e também se converte num dos pobres.

Vendam-se os olhos do candidato pela notória razão de que ele não deve ver a Loja nem nenhum de seus ornamentos até que haja prestado o solene J... de não os revelar de modo algum a nenhum profano. Até o momento de prestar o J..., é o candidato completamente livre para retirar-se. Houve casos em que o candidato fez objeções à forma do J... oferecido a ele, e desistiu de prosseguir. Nesses raríssimos casos se lhe permitirá que se retire honrosamente e será conduzido com os olhos vendados para fora da Loja, de modo que se tenha a segurança de que não viu nada do que se tem de manter em segredo.

Assim que o candidato presta o J..., a primeira coisa que se faz é retirar-lhe a venda dos olhos. Se depois disso manifestar algum desejo de se retirar da Ordem, ficará não obstante ligado pelo J... que prestou de guardar segredo.

A v...a significa o estado de obscuridade mental do candidato. O profano imagina que vê e sabe, mas o candidato deve aperceber-se de que não é assim, e compreender as palavras de um antigo sábio ao dizer que quando é de dia para o homem vulgar, é noite para o sábio, mas quando é noite para o homem vulgar, é dia para o sábio. O que aos profanos parece luz e conhecimento, são trevas e ignorância para o maçom, que no entanto vê onde tudo está escuro para os profanos.

Parece uma tristeza que nas escolas se ensine hoje em dia tão pouca coisa do verdadeiro conhecimento vital para o bem-estar e progresso da alma humana. Consome-se muito tempo e esforço em converter o educando em erudito humanista ou cientista; mas presta-se muitíssimo menos atenção em convertê-lo em homem de nobre conduta, em honrado, altruísta, leal e justo cidadão. Assim é que sobre muitos dos pontos mais importantes da vida nos deixa completamente às escuras, e é dessa categoria especial de obscuridade que a Maçonaria liberta os seus candidatos. Por isso eles reconhecem simbolicamente a existência das trevas e desejam atravessá-las em busca da luz.

Ademais, como se diz na Exortação Mística, a v...a também simboliza a branca inconsciência que se segue à passagem da alma pelo portal da morte, antes do desprendimento da parte sutil do corpo físico.

O candidato usa uma c... c... ao redor do pescoço, com a ponta solta pendente adiante, e é ele admitido na Loja na p... de uma e... desembainhada, encostada ao seu p... esquerdo. Esses dois atos simbolizam que há na vida humana responsabilidades e limitações que todo homem prudente tem de tomar em conta, para não fugir às primeiras nem precipitar-se impetuosamente e sem consideração às segundas.

Aqui vemos também um símbolo das duas leis capitais do *darma* e *carma*. Consiste o darma em usar nossas faculdades no cumprimento dos deveres que as mesmas faculdades nos capacitam para cumprir, e por meio do darma evoluímos internamente. Consiste o carma nas circunstâncias externas que nos rodeiam como resultado de nossas ações em vidas passadas; e por meio do carma se nos deparam ocasiões de adiantamento ou então tropeçamos em obstáculos que, valorosamente enfrentados, aumentam nossa fortaleza interna.

Como diz Emerson, o homem aprende neste mundo pela "tuição" e intuição, isto é, recebe ensinamentos externos e internos. Na senda oculta é ainda muito mais importante que o candidato proceda sem impetuosidade nem repugnância, sem temeridade nem covardia. Assim como quem deseja caminhar seguramente em determinada direção, não há de ir nem demasiado depressa nem muito devagar, assim também deve o candidato caminhar pela senda, que é tão estreita como o fio de uma navalha. Seu lema pode ser muito bem o de *Festina lente**.

Deve-se notar que o simbolismo da c... c... requer que quem conduzir o candidato nessas primeiras etapas da cerimônia deve, em todos os casos, conduzi-lo por meio dela e ao mesmo tempo segurá-lo pela mão ou cotovelo. Também a c... c... como a v...a têm sido descritas como símbolos da escravidão da ignorância em que o candidato permanece até que o ilumine a luz da Maçonaria.

---

* Frase latina significando *Apressa-te lentamente*. É atribuída ao imperador romano Augusto, segundo Suetônio (*Augusto* 25). *Moral*: convém ir devagar para a execução mais rápida e mais perfeita de uma obra; ou, devagar se vai ao longe. (N. do T.)

O emblema da c... c... tem igualmente sido considerado como símbolo do cordão umbilical psíquico, fio conector de matéria que une o duplo etéreo ao corpo físico denso quando o primeiro fica temporária e parcialmente afastado do segundo. É o "cordão de prata", mencionado numa bem conhecida passagem bíblica, que se desprende definitivamente na morte*. O Irmão Wilmshurst nos diz: "prata é termo técnico esotérico aplicado à substância psíquica, como o ouro o é para a espiritual, e o ferro ou cobre para a física"**. Ele sugere também que a c... c... visa recordar-nos que todas as verdadeiras Iniciações superiores têm lugar fora do corpo físico.

A PREPARAÇÃO INTERNA

Pouca coisa diz o ritual sobre o outro e ainda mais importante aspecto da preparação do candidato para o ingresso na Maçonaria, e que é a parte interna e espiritual dessa preparação. Numa etapa ulterior, quando o neófito está a ponto de passar para um grau superior, pergunta-se-lhe:

— Onde vos preparais primeiramente para ser maçom?

E a famosa e sugestiva resposta que se lhe põe nos lábios é:

— Em meu coração.

Segundo um dos rituais masculinos, o V. M. recorda ao candidato que internamente se preparou em seu coração para ser maçom, por haver preconcebido boa opinião da Ordem, desejoso de figurar entre seus membros e aneloso de conhecimento.

Mais adiante, na primeira leitura, pergunta-se-lhe:

---

* *Eclesiastes*, XII, 6.
** *The Masonic Initiation*, p. 85.

— Que vindes fazer aqui?

E responde:

— Aprender a governar e dominar minhas paixões e progredir na Maçonaria.

Antes que a porta se abra à sua pancada, o candidato tem de convencer o C. I. T. de que está corretamente preparado tanto em sua mente e coração como em sua forma externa. O C. E. T. anuncia que o candidato solicita humildemente, de sua própria e livre vontade e determinação, que seja admitido nos mistérios e benefícios da antiga Maçonaria, e espera obtê-los com a ajuda de Deus e da l... de b... r..., e por ser livre. Ninguém pode trilhar a senda oculta por inspiração alheia. Há de se sentir interiormente impulsionado, há de notar a falta de satisfação que as coisas da vida do mundo podem dar, a fome interna das coisas do espírito, o que os hindus chamam *mumukshatva*. É uma senda em que as coisas externas de nada servem para sustentar o caminhante, o qual só dispõe de sua fortaleza interna para mantê-lo e impulsioná-lo para a frente.

Todavia, é também felizmente certo que quando o homem se esforça por si mesmo, acha a resposta em seu interior, e assim tem razão ao dizer que espera obter a Iniciação com a ajuda de Deus e da l... de b... r....

O candidato solicita humildemente o ingresso porque olha para a luz e a sua atitude é exatamente oposta à do orgulho que se satisfaz em olhar para baixo, para gozar em comparar sua grandeza com a pequenez das pessoas e coisas que estão por baixo de sua vida altaneira. A humildade é virtude própria do homem de ideais, que nunca está satisfeito consigo mesmo porque olha para aqueles que lhe são superiores. Portanto, a humildade é a chave do portal da senda ascendente.

O humilde não se imaginará triunfando pela única virtude de sua orgulhosa façanha, senão que, tendo em conta que toda fortaleza é divina, reconhecerá que, como os antigos heróis, ele está empregando os poderes recebidos do céu, da mesma maneira que Arjuna esgrimou na batalha de Kuruskshetra as celestes armas que lhe ofertou Shiva durante sua peregrinação pelos Himalaias; tal como Perseu, que na terrível aventura que empreendeu contra Gorgonas, se valeu do casco que lhe emprestara Plutão; como o rei Artur, que recebeu a mística espada Excalibur, da Senhora do Lago. Assim disse Cristo: "Nada faço de mim mesmo; mas como o Pai me ensinou, isto faço, porque o que me enviou, comigo está".

Al... de b... r... já se fez ouvir a seu favor na Loja. Essa frase tem duplo significado. Pode indubitavelmente ser considerada como se referindo ao testemunho que deram do candidato o seu proponente e o que apoiou a proposição. Mas também tem outro significado, mais esotérico, que o Irmão Wilmshurst expôs formosamente:

> Isto não significa de boa reputação, senão que ao ser posto à prova pelas autoridades iniciadoras, estas têm de constatar que o candidato é espiritualmente responsivo aos aspirados ideais e "que ressoa bem", qual moeda percutida para comprovar a sua legitimidade.
>
> No admirável ritual egípcio do *Livro dos Mortos*, um dos títulos que se davam ao Iniciado era "o de voz fiel", equivalente à nossa referência de possuir "língua de boa referência". Isso não significa que fosse incapaz de falsidade e hipocrisia, porém que o tom de sua voz denotava sua inerente espiritualidade; suas palavras estavam matizadas e eram reflexos da *palavra* divina.
>
> Os centros nervosos da voz e do coração estão em íntima relação fisiológica. A pureza ou impureza do coração modificam o tom de voz e a inflexão moral da voz do indivíduo.
>
> A voz do verdadeiro Iniciado ou santo é sempre caracterizada por um feitio, uma música, uma emoção e uma sinceridade de que carece a dos demais homens, porque é "o de voz fiel" e possui "a língua de boa referência"*.

---

* *The Masonic Initiation*, p. 31.

Cada um pronuncia seu verdadeiro nome próprio. Assim como tem seu próprio odor material, pelo qual um sabujo lhe segue a pista, assim também tem seu som espiritual; e os capazes de ouvir esse som nos mundos interiores sabem em que grau da escala da evolução ele se encontra, e o que pode e não pode fazer.

Ao som peculiar de cada indivíduo se costuma chamar seu acorde. Cada um de seus veículos dá vibrações de toda classe de tons diferentes, os quais se misturam para formar em cada veículo um som complexo, que é o som médio do veículo, à maneira das fotografias combinadas que às vezes vemos, em que certo número de rostos estão superpostos na mesma placa. As notas componentes do som complexo são produzidas por cada um dos veículos etéreo, astral e mental, e combinadas consumem o acorde distintivo do indivíduo, que é sempre identificado pelos capazes de ouvir esse acorde. Este é às vezes denominado o nome oculto da personalidade, porque o verdadeiro nome ele ouve pela primeira vez no ato de sua Iniciação como Adepto, e pertence a outros e superiores veículos. Grande parte da magia antiga recebeu seu poder do conhecimento desses nomes. Assim o nome oculto do candidato é sua própria pancada, seu próprio informe, feita com a l... do interno ser que abre ao indivíduo o caminho para a verdadeira Loja.

A estipulação de que o candidato deve ser livre leva-nos a considerar aqueles tempos em que não era livre grande número de homens, porque viviam em servidão ou escravidão. Não se vá crer que os servos ou escravos eram necessariamente plebeus ou degradados. Muitos deles pertenciam a outras raças, mas foram feitos prisioneiros no campo de batalha, pelo que podiam ser de tão boa família como os seus vencedores. Pelo menos assim se reconhecia no Egito Antigo, e não raro um escravo se casava na família de seu amo e então se convertia em homem livre. Contudo, a imemorial tradição em antigos tempos era que só podiam ingressar numa Loja maçônica os homens livres.

Hoje em dia se diz que para pertencer à Maçonaria é necessário que o candidato seja honrado, justo e livre, de idade adulta, e tenha bom entendimento e rigorosa moralidade. Essa enumeração de qualidades nos dá ideia da preparação interna necessária antes da Iniciação maçônica.

O conjunto dessas qualidades também tem um significado simbólico, porque o homem que aspira a receber a luz deve já ao menos haver principiado a dominar as circunstâncias que tão lastimavelmente escravizam no mundo profano o homem comum. Ao menos deve ter algum vislumbre de que essas mesmas circunstâncias que o limitam e oprimem podem ser utilizadas pelas almas fortes como trampolins para galgar uma mais ampla e gloriosa vida.

Terminadas todas essas preliminares, o V. M. ordena que se admita devidamente o candidato. O C. I. T o recebe entre as duas c...s e lhe toca o p... e... com a p... da e..., perguntando-lhe se sente algo. Ao receber resposta afirmativa, o C. I. T. adverte solenemente o candidato de que a recordação dessa ação lhe deve sempre servir de lembrança, se alguma vez se achar em perigo de esquecer o J... de guardar os s...os da Maçonaria.

Junto ao interior da porta da Loja se colocam os dois Ds. com os b...s cruzados, representando assim a porta triangular das antigas Lojas egípcias, e também o primeiro dos portais simbólicos pelos quais tem de passar o candidato. Ao transpor o portal se ordena ao candidato que abaixe a cabeça, como outra prova de humildade que deve caracterizar o aspirante. Do ponto de vista simbólico, a Loja representa o mundo superior onde o homem tem de entrar quando sair deste mundo físico. De modo que esse primeiro portal representa a porta da morte, e em relação com esse símbolo, a cabeça abaixada significa a submissão à vontade divina, com a qual o homem tem de entrar naquele novo campo de vida, tranquilamente disposto a receber sem agitação tudo quanto lhe possa suceder.

O C. I. T., tendo cumprido sua função, já não tem nada a ver com o candidato. Isso podemos tomar como indicativo de que o homem deve se desembaraçar de seu duplo etéreo tão logo haja transposto o portal da morte. Agora o toma pela mão o S. D., que simboliza o corpo astral em que durante algum tempo tem de viver o recém-falecido.

O candidato se ajoelha agora à esquerda do P. V., enquanto o V. M. invoca a bênção dos ministros do G∴ A∴ D∴ U∴ e a do Meritíssimo e Venerabilíssimo Mestre de Sabedoria, o C. D. T. O. V. M. do mundo inteiro.

De novo ressoa o verdadeiro nome, e o Grão-Mestre e outros se dispõem a ajudar o candidato a adquirir a sabedoria, a manifestar em seu aspecto e ações a beleza da divina humanidade, e a cooperar com a suprema vontade na evolução para manter perfeita harmonia entre a vida interna e a forma externa.

Por essa invocação reconhece o V. M. que nosso templo é apenas uma guarita na cancela, uma entrada para o caminho que conduz a um Templo maior, à Loja oculta a cargo do M.D.S.

No progresso cíclico da civilização, os sete raios ou tipos de vida vão revezando seu predomínio. Durante a Idade Média, que foi uma época devocional, predominou o sexto raio; mas agora se inicia o predomínio do sétimo raio, que inclui muitas formas de cerimonial. Assim, vai aumentando o interesse pelas cerimônias, e é tempo oportuno para a grande difusão da Maçonaria e para uma mais perfeita compreensão e prática do seu ritual.

AS TRÊS VIAGENS SIMBÓLICAS

Quando alguém ingressava nos Mistérios Menores, na Grécia ou Egito, se considerava que o primeiro e mais importante ensino que ele havia de receber era a verdade acerca das condições depois da morte, pois tinham em conta que o homem pode morrer a qualquer instante e, portanto, deve possuir tal conhecimento. Presentemente prosseguimos com a mesma prática, e as três viagens simbólicas constituem a parte principal desse ensino.

O candidato tem de passar por três pórticos ou portais. São invisíveis aos olhos do corpo físico, mas perfeitamente reais porque estão construídos com o pensamento.

O primeiro portal, como já dissemos, é um emblema da morte, ou seja, a passagem do mundo físico para a nova etapa de vida no subplano inferior do mundo astral. O candidato entra às cegas no mundo astral, mas nota o toque de um amigo que lhe toma pela mão ou o braço, e o guia pelo caminho. Esse amigo é o S. D. que, como nos recordaremos, simboliza o princípio astral ou emocional da constituição humana. O C. I. T. preside o primeiro portal em nome do V. M., de quem ele é uma expressão no plano físico.

Ao dar a primeira volta na Loja, ou a primeira viagem simbólica, sente-se o candidato rodeado por horríveis ruídos, entre eles o retinir de cadeiras e de espadas, que revelam a barafunda e confusão dominantes no subplano inferior do mundo astral, onde se reúnem depois da morte os escravos da sensualidade, do temor, do ódio, da malícia e da vingança.

Depois o S. V. explica que essa viagem é um débil simulacro das provas por que o candidato havia de passar nos antigos Mistérios, quando era conduzido pelas tenebrosas cavernas, símbolo do mundo astral inferior, entre tumultuosos ruídos e rodeado de perigos que não podia compreender. Não é provável que a maioria dos que ingressam na Ordem maçônica tenha de passar depois da morte pelo subplano inferior do mundo astral; mas se tal lhes acontecer, estarão preparados para suportar a prova, tranquilamente e sem temor.

Quando o candidato se aproxima do lugar do S. V., chega ao segundo portal, e é ali apresentado aos elementos da terra e da água, pertencentes à região onde simbolicamente acaba de chegar, a qual pode considerar-se constituída pelos subplanos sólido e líquido do mundo astral. Primeiro o candidato se volta para o norte e faz uma apropriada oferenda aos elementais da terra; e depois se volta para o sul, para fazê-la aos elementais da água.

Esses elementais não são as mesmas criaturas que intervieram na construção do templo; mas estão completamente sob a obediência de seu chefe, que por sua vez obedece ao S. V. como guardião do segundo portal. Pertencem à espécie dos que às vezes são chamados espíritos da natureza, que rodeiam e reconhecem daí em diante o indivíduo que lhes foi apresentado. Após essa cerimônia, se o candidato se achar em qualquer classe de perigo não físico, ou na presença de uma influência maligna, poderá atrair para o redor de si um corpo de guardas constituído destes, mercê da fraternidade que acaba de estabelecer com eles.

A *Figura* XXIV é uma tentativa de mostrar a aparência do segundo portal. O S. V. está sentado em seu posto, que por assim dizer se acha dentro da espessura do muro desse portal. Sobre a sua cabeça flutua a esfera do Deva representativo, rodeado de sua hoste de auxiliares. À direita do portal estão agrupados os elementais da terra, e à esquerda os da água, à maneira de astutos duendes dispostos a impedir, com prazer, a intrusão em seus domínios até que o candidato lhes seja formalmente apresentado e lhes demonstre suas amistosas intenções por meio de uma oferenda formal. À guisa de clareza omitimos dessa figura tudo o que é desnecessário ao nosso objetivo. Não aparecem nem o candidato, nem o S. D. que o conduz, nem os Irmãos nas colunas. Unicamente aparece o P. V. vagamente, longe, através do segundo portal. Por certo o terceiro portal está junto ao lugar do P. V., mas como sua forma é exatamente a mesma que a do segundo e só diferem na cor, não o representamos.

O discernimento entre o superior e o inferior, entre o real e o irreal, capacitou o candidato a passar são e salvo pelas regiões ou subplanos inferiores do mundo astral. Ao pedir o S. D. passagem para o seu recomendado, diz aos elementais que se trata de um cego mortal sedento de imortalidade. A passagem pelas regiões dos elementais em sua peregrinação para os planos superiores predispõe o candidato a entregar tudo quanto lhe pertence, isto é, toda a matéria pertencente àqueles níveis: a terra à terra e a água à água. Depois da morte devem permanecer nessa região todos aqueles que se apegam ao grau inferior da existência emocional, que se incorpora a essa categoria de matéria. Somente quando tiverem se purificado através dos sofrimentos, e estiverem prontos a abandonar suas baixas emoções, poderão alijar essa matéria de seus corpos astrais e passar para as zonas superiores do plano astral. O candidato não permanecerá ali, porque o discernimento lhe ensinou que há algo melhor. Daí em diante ele será reconheci-

Figura XXIV
O Segundo Portal

do como um dos Irmãos de luz e imortalidade, e não em estado de trevas, como os que se acham em níveis inferiores.

A segunda viagem simbólica é análoga à primeira, com a diferença de que os ruídos são suaves e não estrepitosos. O candidato está ainda no mundo astral, mas na parte intermediária, muito mais fina e sutil que a que acaba de atravessar. Esta última é a região das cegas paixões; e aquela, a das comuns emoções humanas. Os desejos que apegam o homem à matéria dessa região intermediária não são de modo algum repreensíveis, mas não favorecem o progresso. Todos os prazeres do corpo, que não sejam grosseiros e soezes, constroem aqui seu alojamento para morada das almas dos mortos, até que abandonem tais prazeres e estejam dispostos a seguir adiante. Descrevi essas regiões e os seus habitantes nas obras *O Plano Astral* e *Depois da Morte*, e o Primeiro Lugar-tenente Soberano Grande Comendador da Ordem Comaçônica, a Ilustríssima Irmã Annie Besant, tratou extensamente de ambos os pontos em *A Sabedoria Antiga*.

O candidato chega ao terceiro portal, situado junto ao lugar do P. V., que é o seu guardião. Ali, de face para o Oriente, o apresentam aos elementais do ar, que guardam o lado direito do portal, e de face para Ocidente, aos elementais do fogo, que guardam o lado esquerdo.

A carência de desejos é a qualidade que pode capacitar o candidato a passar através de engodos dessa região, pelo que uma vez mais entrega aos elementais o que dessa região possui. E passa adiante, já amigo deles, que estarão sempre prontos a lhe emprestar seus tesouros porque sabem que é um Irmão da luz e que não os guardará para si mesmo, mas lhes dará boa aplicação e lhos devolverá oportunamente.

O P. V. explica que nos antigos Mistérios, quando nessa terceira viagem, o candidato saía das tenebrosas cavernas e entrava numa região de silêncio, símbolo dos subplanos superiores do mundo astral, onde não podem penetrar os sonhos ásperos, grosseiros, conquanto haja ainda ali alguma desarmonia entre as almas.

Não é incongruente considerar a vida no plano astral depois da morte como uma viagem ou série de viagens. A pessoa "morta" experimenta uma sucessão de bem assinaladas mudanças à medida que seu corpo astral se vai sutilizando pela eliminação das partículas de matéria grosseira. Durante a vida física, as emoções do homem atuaram como ímãs que atraíram para o corpo astral matéria grosseira dos subplanos inferiores desse plano, quando eram baixas, e matéria fina e sutil dos subplanos superiores do mesmo plano, quando eram elevadas. Após a morte, o homem tem de permanecer sucessivamente em cada um de tais subplanos, até haver eliminado de seu corpo astral a matéria peculiar do subplano correspondente. O maçom que conhece o significado das viagens simbólicas está preparado, depois da morte, para vencer suas emoções baixas e libertar-se prontamente da matéria grosseira a fim de passar o quanto antes para o mundo celeste.

A terceira viagem simbólica se efetua sob completo silêncio, o qual figura a parte superior do mundo astral, contígua ao mundo celeste. Ao terminar a terceira viagem, o V. M. explica ao candidato que o morto cujas experiências ele reproduziu havia, naquela etapa, atingido os umbrais do mundo celeste, onde o silêncio perfeito lhe acalma os fatigados sentidos e o envolve numa tranquila e inefável paz. Atrás de si ficou o mundo inferior; diante dele estão as alegrias do céu, e no espaço intermediário reina o silêncio. Tal era e é a sua experiência nos verdadeiros Mistérios. Era simbolizada pelo silêncio absoluto nos Mistérios do Egito e Grécia; na Maçonaria é recordada no silêncio da terceira viagem simbólica.

Nesse ponto terminaram as viagens. Na cerimônia não mais se mencionam portais nem elementais, ainda que em conjunto haja sete ordens e alguns povos antigos os tenham reconhecido em seu culto, reverenciando os Devas do Norte, Sul, Este, Oeste, Zênite, Nadir e o centro de todos. Por essa ocasião não vai o candidato mais além da região do plano astral. Foi apenas introduzido num mundo que haverá de visitar muitas vezes antes de poder percorrê-lo facilmente, e viver e atuar ali com perfeito desembaraço.

Nessa etapa de seu progresso, ele simboliza o discípulo na senda probatória e deve exercitar as três qualidades de discernimento, ausência de desejos e boa conduta ou autodomínio, que o livrarão do plano emocional, como se livrou do plano físico antes de entrar na Loja. Mais informações sobre esses requisitos serão encontradas nas obras *Aos Pés do Mestre*, de J. Krishnamurti; *A Senda do Discipulado*, da Ilustríssima Irmã Annie Besant, e *Os Mestres e a Senda*, de minha autoria.

Essas três qualidades ajudarão a vencer três espécies de perigos: os do mundo exterior, os da natureza inferior do candidato e os de suas próprias virtudes, se não estiverem equilibradas. A e...a contra seu p... simboliza a primeira espécie desses perigos; mais adiante encontrará o e...o de sua natureza inferior em vez daquela, e mais além ainda o c...o que simboliza sua tríada superior, cujas virtudes podem ser exageradas ao extremo de se tornarem sua ruína se não estiver sempre vigilante para manter o equilíbrio e a calma, trilhando aquele Caminho Médio que o Senhor Buda considerava como a senda segura.

Com o tempo e mediante a prática dessas três virtudes, o candidato será capaz de percorrer todo o plano astral à vontade, porque o discernimento lhe conferirá poder mental; a ausência de desejos, o poder emocional; e a boa conduta, o poder volitivo. De sorte que não haverá necessidade de cerimônia alguma para que o candidato passe sem obstáculo através da parte superior do plano astral, porque ali tudo responde instantânea e obedientemente à vontade do homem iluminado. Facilmente se reconhecem ali os Irmãos da Luz.

Essa parte do ritual deriva principalmente dos graus simbólicos ou genuínos do Antigo e Aceito Rito Escocês, mas não vigora nos trabalhos da Grande Loja da Inglaterra. O ritual escocês, que se pratica nas Lojas que trabalham sob os auspícios do Supremo Conselho da França, prescreve as três viagens simbólicas com ruídos e estrépitos de espadas na primeira viagem; com um "cliquetis d'armes blanches" (tinido de armas brancas) na segunda; e perfeito silêncio na terceira, mas não há invocação dos elementais, embora se comparem as viagens às antigas provas por terra, fogo e água.

Interessante confirmação da prática dessas provas ou viagens achamos nas memórias do A. Q. C., num relato de sua própria Iniciação por Roberto Guillemand, o homem cujo tiro dado de um navio francês matou Lorde Nelson em Trafalgar. Foi iniciado durante o sítio de Estrasburgo, e o relato, datado de 1807, diz:

> Efetuou-se com todo o esplendor que permitiram as circunstâncias, numa cabana de 4,62 m de comprimento por 1,85 m de largura, sem espaço para manter-se de pé, mas que não obstante serviu de Templo. Depois de feitas as minhas viagens, que não foram muito compridas, passadas as provas do fogo e da água, com os usuais artifícios, e recebidos os sinais, toques e outras fórmulas, o ajudante, que era nosso orador, me dirigiu um formoso discurso explicando-me a sublimidade do caráter que se me havia impresso ao converter-me num filho da Luz.

Na Maçonaria masculina da Inglaterra não entravam espadas na Loja, e na época em que todo cavaleiro cingia a espada, deixava-a fora do templo; mas a Comaçonaria as emprega na Loja como poderosos instrumentos de amor na magia prática do ritual.

O J...

O candidato está agora colocado no ângulo noroeste da Loja, de face para o Oriente, e o P. V. apresenta-o ao V. M., dizendo que já está preparado para ser maçom. Nesse ponto lhe é dada a oportunidade de se retirar, se o preferir; mas se ele declara a sua firme determinação de prosseguir sem temor ou temeridade, é conduzido ante o altar, o lugar da Luz, pelos p...s a...s. Dá o primeiro p... com o p... e... de ponta para a frente, e o p... d... é trazido até ele em ângulo reto, c... com c..., num p...o de cerca de n... e p...s de comprimento. Move primeiro o p... e... porque é o mais próximo do coração, e deve recordar ao candidato que o amor tem de ser a primeira autoridade em todas as decisões. O segundo e o terceiro p...s são análogos, mas de d...ze e q...ze p...s respectivamente. Têm de ser três p...os porque são três as qualidades. Às vezes se inclui o amor como quarta qualidade, mas em realidade as tem de resumir todas, e se é muito intenso, conduzirá o discípulo à senda superior do grau imediato.

Há duas razões em abono do comprimento desses três p...os. Cada um deles conduz o homem mais além do precedente. Tal é o processo da evolução. Cada passo que o homem dá, acrescenta-lhe fortaleza, pelo que o passo seguinte tem de ser mais firme e mais largo. Sempre se ganha algo e não se perde nada, de modo que a velocidade do evolucionante aumenta nessa senda em progressão aritmética, e mais tarde pode esperar que aumente em progressão geométrica, e mesmo em progressão quadrática.

Também, os números nove, doze e quinze estão na mesma proporção que três, quatro e cinco, ou sejam, os elementos longitudinais do teorema de Pitágoras, que se usa constantemente na arquitetura humana, e é de presumir que em maior escala o use igualmente o G∴ A∴ D∴ U∴ em algum de Seus planos. Ao P. M. especialmente pertence o uso desse importante instrumento, mas desde já deve o Ap. acostumar-se a reverenciá-lo e aspirar a empregá-lo mais tarde.

Quando o candidato se a...a diante do a...r para prestar seu J..., alguns Irmãos situados no Ocidente da Loja costumam postar-se ao redor dele, em forma de um quadrado tocando os ângulos do altar, com suas e...s apontadas para o candidato, enquanto o V. M. lhe toma o J... Enquanto se mantêm nessa atitude, os Irmãos devem fixar sua atenção no candidato e procurar infundir-lhe com toda a sua força a bênção que, como Ms. Ms., têm o direito e poder de dar.

Muitos candidatos se surpreendem ante a terrível solenidade da fórmula do J... que nos foi transmitida desde a Idade Média. Naqueles tempos os maçons ensinavam verdades referentes à vida interna e à natureza do homem, por cujo conhecimento a Igreja os teria queimado vivos; e por isso havia necessidade de muito segredo, numa extensão que justifica a dura expressão usada no J..., especialmente quando se considera que um só membro que houvesse revelado algo poria toda a Loja em risco de processo jurídico e sentença de morte.

Terminada a recitação do J..., os Irmãos que o rodeiam põem suas espadas em posição de "sentido", isto é, erguidas na mão, com o cotovelo em forma de e..., ao passo que os Irmãos postados no Oriente estendem horizontalmente o b... d..., em atitude de abençoar, e espadas e braços se levantam ao entoarem todos a frase: "Que o voto seja cumprido". Ao pronunciar essas palavras, todos os Irmãos devem desejar com todas as suas forças que o candidato tenha suficiente fortaleza para cumprir o J... que acaba de prestar.

O V. M. então cria, recebe e constitui o candidato um Ap. com os g...es de m... e sobre a e... f... colocada sobre seus o...s e c...a, sucessivamente. Ainda que seja o V. M. quem confira o grau, ele atua em nome do C. D. T. O. V. M., de cuja energia é no momento o condutor. Evidentemente, os três toques da e... f... comunicam diferentes modalidades dessa energia, correspondentes aos três Aspectos da Divina Trindade. O primeiro toque confere fortaleza ao cérebro; o segundo, amor ao coração; e o terceiro, habilidade executiva ao braço direito. Essa efusão de energia produz o efeito geral de ampliar algum tanto o canal de comunicação entre o Ego e a personalidade do candidato, no que temos outro curioso exemplo da analogia entre a admissão ao grau de Ap. maçom e a ordem sacerdotal do subdiácono*.

Agora que foi prestado o solene J... de segredo, retira-se a v...a do candidato e lhe é restituído o benefício da luz. Ao comentar isso, diz o Irmão J. S. M. Ward:

> Fixemo-nos na palavra *restituir-lhe*. O místico renascimento assinala o ponto inicial de nosso caminho para a luz, de nossa ascensão para Deus; mas bem observado, é uma restauração, um retorno pelo mesmo caminho por onde viemos de Deus. Exatamente o mesmo processo se segue na Iniciação dos dervixes turcos, aos quais depois da cerimônia se dá uma formo-

---

* Vide *The Science of the Sacraments*, p. 315.

sa explicação do místico significado da Luz, que é a divina Luz, emblema do próprio Deus e da divina inspiração. A Luz não só está presente nas Escrituras sagradas, mas também no coração de todo crente fiel. A mesma luz do sol não é mais que um pálido reflexo da divina luz do amor de Deus, através do qual e no qual temos o nosso ser*.

AS L...S EM...S

Uma vez retornado ao benefício da luz, os olhos do novo Ap. deparam com as t... g... l...s em...s da Maçonaria. O decorado da Loja aparece aqui sob esse novo nome; mas como já tratamos de tal assunto no Capítulo 3, não repetiremos aqui a explicação do simbolismo.

Segundo o ritual comaçônico inglês, o V. M. ergue então o novo Irmão e o vira de face para os demais Irmãos, para que os veja pela primeira vez com as e...s voltadas contra ele. Mas adverte-lhe que não tome aquele aparato militar como uma ameaça, mas como símbolo da proteção de que dali em diante o rodeará a Maçonaria. Depois os Irmãos voltam aos seus postos.

O neófito é conduzido ao Norte, em frente ao S. V., e permanece dentro da *cela*, sujeito à energia especial que dali atua, enquanto o V. M. se coloca diante dele para instruí-lo. Primeiro lhe chama a atenção para as três grandes colunas sobre as quais simbolicamente repousa uma Loja maçônica, e que são o V. M. e os dois Vs., que representam, respectivamente, a sabedoria, a força e a beleza ou harmonia, segundo o expliquei no Capítulo 2. O ritual masculino explica de maneira um tanto diferente o significado das três colunas, pois as considera como símbolo das três luzes menores, a saber: o Sol, a Lua e o Mestre da Loja. Isso relaciona a Maçonaria moderna com a antiga simbologia em que figuravam muito o Sol e a Lua.

* *The E. A. Handbook*, p. 62.

O S...L E A P...E

Nessa situação o V. M. também instrui o neófito nos s...s deste grau: um s...l, um t... e uma p...a. Costuma-se supor que o s...l desse grau se relaciona com a p...e mencionada no J..., mas o s...l existia muito antes da p...e, que foi inventada para adaptá-lo. Entre os egípcios existiu a mesma p...e, e mesmo antes deles a conheceram os negros nilóticos do Egito e provavelmente outros povos.

Era de suma importância para um antigo egípcio que seu cadáver não fosse arrojado à água, mas lhe dessem sepultura decente, segundo um ritual, pois só assim poderia libertar-se do corpo físico, ao qual, de outro modo, poderia ficar atado. Nos episódios espectrais de Homero, na *Ilíada* e na *Odisseia*, em quase todos os casos de retorno de infelizes espíritos, o motivo era a preocupação de que seus corpos fossem sepultados de acordo com os ritos próprios, a fim de que seus antigos ocupantes pudessem ficar livres. A mesma ideia aparece na literatura hinduísta, como, por exemplo, quando, segundo refere o *Garuda Purana*, o rei Babhruvahana libertou o espectro de Sudeva.

A omissão desse cerimonial não nos importaria na época atual, porque nossas ideias são muito outras; mas o certo é que depois da morte poderia tal crença manter atado desse modo um homem, até que soubesse ou cresse que seu cadáver fora sepultado devidamente. Assim é que era uma p...e muito antiga.

Em realidade o s...l se refere a um certo *chakra* e à sua função, como já expliquei. Sem dúvida que não é permitido descrever o t...e, mas não será difícil a um maçom compreender que significa o refreio do corpo astral, que é o primeiro dos princípios suprafísicos do homem.

EXAME E INVESTIDURA

Depois o S. D. conduz o neófito aos pedestais do S. V. e do P. V., para que o examinem em seus conhecimentos do s...l, t...e e p...a, e durante a série de perguntas e respostas permanece breve tempo diante de cada um deles, no interior da espécie de colmeia descrita no Capítulo 4. Enquanto está nesse lugar, recebe com reconcentrada intensidade a energia dos planos internos, que o fortalece nas qualidades que tem de adquirir.

Por mandato do V. M., o P. V. investe o novo Irmão com o a..., que é a insígnia distintiva de um maçom, já descrita no Capítulo 4. Assim investido o neófito, o P. V. lhe dirige breve exortação referente à grande antiguidade e dignidade desse símbolo, e o V. M. acrescenta outra prática sobre a importância de se não entrar na Loja quando um Irmão está indisposto com outro. Sobre esse particular o Irmão J. S. M. Ward faz as seguintes observações sugestivas em seu *The E. A. Handbook*:

> À primeira vista parece como se não houvesse necessidade de ordenar semelhante coisa. Geralmente os educados cavalheiros não são capazes de promover uma indecorosa altercação na Loja, ainda que particularmente estejam inimizados entre si e se dois deles assim o fizerem com esquecimento da decência comum de conduta, o V. M. tem amplo poder de aplainar tão desagradável situação. O verdadeiro significado do mandato é que a mera presença de dois membros hostis entre si perturbará a atmosfera harmônica da reunião, uma atmosfera puramente espiritual, e muito razoável é a crença de que ela se perturbaria ainda sem qualquer desacordo manifesto. Numa palavra, tais diferenças perturbam a atmosfera espiritual, impedem a concentração e podem ser percebidas pelas pessoas sensitivas. Notei pessoalmente as diversas atmosferas de várias Lojas e também as alterações daquela a que pertenço. Portanto, há de se ter muito em conta essa regra; se for desconhecida, seguramente será em prejuízo da Loja.

Aqui tem lugar outra consideração da mais alta importância. A Maçonaria visa indubitavelmente melhorar a vida de seus membros, acelerar a sua evolução, e atraí-los para as mais estreitas relações fraternais. Mas faz isso principalmente para que a Loja que assim se constitui seja um canal eficiente para a influência divina, um potente instrumento nas mãos do G∴ A∴ D∴ U∴, para auxílio do mundo. No entanto, para realizar plenamente esse objetivo, os laços entre os Irmãos não devem ser de nenhum caráter comum, um mero sentimento geral, mas uma afeição definida e uma confiança integral. Na maioria das Lojas o sentimento de uns Irmãos para com outros não alcança esse ponto, e igualmente na mesma proporção, a Loja, como um todo, se acha aquém da perfeição que poderia atingir. Nos livros orientais se diz que os Irmãos que assim se instruem e trabalham juntos, devem estar unidos "como os dedos da mão".

Depois de recebida essa advertência, conduz-se o novo Ap. ao seu lugar, na parte nordeste da Loja, o ponto do horizonte onde acreditavam os egípcios que o Sol havia começado a sua carreira depois da criação.

OS INSTRUMENTOS DE TRABALHO

O S. V. explica ao novo Irmão, em sua Iniciação, a interpretação dada aos instrumentos de trabalho de Ap. na Maçonaria ordinária. Isso é feito pelo S. V. porque ele é o encarregado da câmara onde trabalham os Aps.

Na Maçonaria masculina considera-se a r... de v... q... p... como indicadora da medida do tempo, para recordar-lhe que não deve desperdiçar as horas do dia na ociosidade e egoísmo, senão parte delas na meditação e estudo e parte no trabalho, recreio e descanso. Na Comaçonaria acrescentamos "mas todos no serviço da humanidade". Também se explica esse símbolo dizendo que a exatidão e precisão são essenciais para a boa conduta de nossas vidas.

Depois se ensina ao Ap. que o m...o nos recorda que de pouco serve a habilidade sem esforço e que o destino do homem é o trabalho. Também simboliza a força da consciência que deve repelir todo vão e inconveniente pensamento, de modo que nossas emoções e obras sejam puras e imaculadas.

Em terceiro lugar temos o c...l, que indica a necessidade da educação e a perseverança para chegar à perfeição, e que só à custa de repetidos esforços é possível refinar e polir o rude material de nossa natureza inferior.

No Egito Antigo se dava a essas ferramentas outro significado mais conforme com sua índole originária, pois evidentemente a educação e a consciência não são em rigor ferramentas que o homem possa utilizar. Observa-se que as três ferramentas são apropriadas para talhar a pedra. Assim como o operário construtor talha a pedra bruta e a converte em pedra perfeita tirando-lhe as excrescências, afinando-a e medindo-a, assim o Ap. na Maçonaria especulativa se vai educando perfeitamente em moralidade. No Egito Antigo o Ap. permanecia nessa condição durante sete anos, até que dava a seus superiores provas suficientes de aptidão para passar ao grau seguinte. Em nossos dias as qualidades requeridas vão pouco mais além do intervalo de tempo para responder acertadamente a certas perguntas.

No Cristianismo primitivo havia três etapas pelas quais havia de passar todo aquele que estivesse desejoso de progresso: a purificação, a iluminação e a perfeição. Dizia são Paulo: "Falamos sabedoria entre os perfeitos". Essa frase costuma ser interpretada torcidamente, porque se as pessoas fossem perfeitas no sentido comum dessa palavra, não haveria necessidade de se lhes ensinar nada. As palavras de tal frase não estão empregadas em sua acepção vulgar, pois são termos técnicos relacionados com os Mistérios e muito pouco conhecidos de todos os homens cultos daquela época. O que são Paulo queria dar a entender era: "Nós ensinamos a gnose, a sabedoria secreta, unicamente àqueles que alcançaram o grau de perfeição", ou como o diria um maçom, o grau de M., porque aquelas três etapas do Cristianismo correspondem em termos gerais aos três graus da Maçonaria.

Hoje em dia a Igreja cristã parece que se detém na primeira etapa, a da purificação, e considera que sua maior obra é tornar santos os indivíduos. Em verdade é essa uma coisa nobre e formosa, mas nos primeiros dias do Cristianismo a santidade não era mais que uma etapa preliminar. São Clemente de Alexandria, um dos mais preclaros padres da Igreja, disse: "A pureza é tão só uma virtude negativa, principalmente valiosa como requisito da intuição".

Quando o indivíduo se havia feito perfeitamente puro e santo de conduta, era elegível para a segunda etapa, a da iluminação, e unicamente depois de estar todo iluminado podia passar para a etapa da perfeição e converter-se em canal do poder de Deus.

INTERPRETAÇÃO EGÍPCIA
DOS INSTRUMENTOS DE TRABALHO

No Egito Antigo, a r... de v... q... p..., ou como então era, a r... de v... c... p...s ou o cúbico sagrado da grande pirâmide, era quase a mesma que a nossa. Sua unidade de medida, a polegada, deriva do exato conhecimento que os egípcios tinham do diâmetro polar da Terra, cuja 1/500.000.000 parte era a polegada da pirâmide. A atual polegada inglesa proveio da antiga medida egípcia, através da Grécia e Roma, ainda que não seja exatamente a mesma unidade de medida que se empregou na construção da grande pirâmide. Com o tempo se acertou em pouco mais de uma milésima parte, de modo que a polegada da pirâmide equivale a 1,0011 da inglesa. Até o século XIX os homens não conheciam o comprimento do diâmetro equatorial da Terra, mas o diâmetro polar se conhecia desde longo tempo.

Alguns países conservam ainda as medidas de longitude derivadas da polegada da pirâmide, mas a França adotou o sistema decimal, cuja unidade básica, o metro, devia ser igual à décima milionésima parte do quadrante do meridiano terrestre, desde o polo norte ao equador. Contudo, mais tarde se observou que não era exata essa medida, pelo que hoje em dia é o metro uma medida de comprimento convencionalmente ajustada ao padrão que se conserva em Paris, assim como em Londres se conserva o padrão da jarda.

Em algumas modalidades, o conhecimento científico no Egito Antigo esteve tão adiantado quanto o nosso, e com efeito, mesmo mais adiantado que o nosso até muito recentemente. Os Mistérios incluíam uma completa e ampla educação, e dava-se especial importância à química, astronomia e geodésia. Nos tempos primitivos, quando se construiu a grande pirâmide, ou Casa da Luz, já possuíam grande acúmulo de dados científicos os que erigiram tão estupendo monumento, em cujas dimensões condensaram os seus principais conhecimentos, crendo que se conservariam assim perpetuados numa forma indestrutível. Por exemplo, o perímetro da base (36,524 polegadas egípcias) está para a altura (5,813 polegadas egípcias) assim como a circunferência de um círculo está para o seu raio, isto é, matematicamente 2π.

É também curioso que o perímetro da base meça em polegadas egípcias um número exatamente igual ao de dias de um século. Igualmente está indicado na pirâmide o tamanho exato da Terra, e também outros cálculos relacionados com o sistema solar, muitos dos quais os expuseram cuidadosamente o astrônomo inglês R. A. Proctor e o egiptólogo francês Gaston Maspero, a quem me apresentou a senhora Blavatsky.

Em sua obra *The Great Pyramid* inserem Davidson e Alersmith copiosos informes sobre esse assunto, e observam:

> As externas características, dimensões e unidades da grande pirâmide, metodicamente estudadas, dão, precisa e exatamente, todos os valores essenciais da órbita e movimentos da Terra, inclusive os valores dos anos solar e sidéreo, a distância média do Sol, o diâmetro do Sol e os valores máximo e mínimo da excentricidade da órbita da Terra.

A grande pirâmide era uma câmara de iniciações, e se alguns fanáticos e criminosos maometanos não houvessem destruído a camada exterior ou revestimento de pedra polida, ainda veríamos entesouradas na pedra as medidas de muitos fenômenos astronômicos, mais exatas que as tidas por válidas entre nós até o século XIX. Só recentemente é que os astrônomos europeus mediram com bastante exatidão o termo médio da distância da Terra ao Sol. Em minha infância se nos ensinava que era de 154 464 000 km. Depois se diminuiu esse cálculo até 149 637 000 km. Mais tarde, aproveitando as passagens de Vênus pelo Sol em 1874 e 1882, voltou-se a calcular a distância tomando por base o termo médio da paralaxe horizontal equatorial do Sol, e deu com resultado 148 832 500 km. Recordo-me de que Gladstone anunciou esse resultado na Câmara dos Comuns, pois era assunto que interessava muitíssimo naquele tempo.

Na undécima edição da *Enciclopédia Britânica* aparece calculada essa distância em 149 633 782 km, e o cálculo egípcio era de 149 630 700 km. Quem seria capaz de dizer que os egípcios não estavam mais próximos da verdade do que nós?

No Egito Antigo a r... de v... c... p...s era tomada como símbolo do instinto. Essa palavra se costuma empregar tão só para os animais, e não quero que seja interpretada torcidamente. Entende-se por instinto o sentimento interno que todos nós temos a respeito das coisas; os egípcios davam suma importância a ele. Consideravam-no sob dois aspectos: o negativo ou receptivo, que nos infunde o sentimento de se uma coisa é para nós boa ou má, conveniente ou inconveniente; e o positivo ou ativo, o que agora chamamos bom gosto, e que consiste em conhecer exatamente o que em justiça devemos fazer e que coisas poderiam ser combinadas harmonicamente. Em relação ao próximo, o aspecto positivo do instinto se chama tato. Por conseguinte, o conceito que do instinto tinham os egípcios era muito mais amplo que o corrente hoje em dia.

Naquele tempo, pelo menos no Egito, em Creta e na Grécia, os povos viviam em contato com a natureza, à luz solar e ao ar livre, e gozavam dos benefícios naturais de maneira tal que atualmente só podemos concebê-la nos insignes poetas e artistas. Estavam mais próximos do coração das coisas, portanto, seus instintos eram muito mais fidedignos que os da maioria dos povos de nosso tempo.

Assim, o instinto era para eles uma ferramenta que empregavam eficazmente na construção e formação do caráter. Grande parte desse instinto se perdeu por causa da vida de artifícios dos povos modernos, que deixaram prevalecer a razão contra o instinto, ainda que a razão tivesse escasso material sobre que fundamentar seus juízos. Por minha parte afirmo que em diversas ocasiões tive aqueles instintos e me parece que o mesmo haverá sucedido a outras pessoas. Às vezes rejeitei-os porque não os ditava a razão, tal qual o fazem muitos; mas com o decorrer do tempo sempre lamentei de não tê-los tido em maior consideração. Contudo, o instinto não está morto, e reviverá amplamente em quem o estimular acertadamente.

Os egípcios tomavam o c...l como símbolo do intelecto que eles consideravam um instrumento muito aguçado. Acreditavam que quem usava o seu intelecto era capaz de retirar de suas crenças as superfluidades da superstição, até que se convertesse numa pedra perfeita quando seu pensamento estivesse fielmente definido. O m...o era considerado como a divina energia animadora do c...l e simbolizava a vontade. Não se deve confundir m...o com o m...e do V. M., do qual difere em forma e nada têm ambos de comum. Essa distinção se torna clara pela circunstância de que sempre se chama de m...o ao referido instrumento.

O major E. E. Powell publicou num capítulo de sua obra *The Magic of Freemasonry* um interessante estudo dos instrumentos ou ferramentas do primeiro grau. Considera a r... de v... q... p...s como símbolo da sabedoria do V. M., que tem de medir e projetar seu regime de governo; o m...e como símbolo da força do P. V., por ser instrumento de transmissão de força; e o c...l como símbolo da beleza do S. V., por ser a ferramenta utilizada para modelar os materiais.

O citado autor diz que todos os nossos conhecimentos científicos estão baseados nas medidas simbolizadas pela r... de v... q... p...s; que executamos todas as ações de nossa vida mediante o movimento da matéria impulsionada por nossa energia, cujo símbolo é o m...e; e que o c...l representa a concentração de nosso propósito quando penetra através da matéria. Acrescenta que conhecemos por meio da r... de v... q... p...s, sentimos com o c...l e agimos com o m...o. Cada uma dessas ferramentas, acrescenta ele, deve ser considerada como típica de uma classe: a r... de v... q... p...s, típica de todos os instrumentos de medição; o m...o, de todos os apetrechos e máquinas para aplicação da força; e o c...l, de todas as ferramentas empregadas para cortar e furar a matéria.

7. O segundo grau

AS PERGUNTAS

Já tracei um paralelo entre os três graus da Maçonaria simbólica e as três etapas de progresso admitidas pelo Cristianismo primitivo. Assim como o primeiro grau prescreve a vitória sobre as paixões e emoções, correspondentes à ideia de purificação, assim no segundo grau nos é exposta a ideia de iluminação ao recordar-nos que seu principal objetivo é o desenvolvimento das faculdades intelectuais, artísticas e psíquicas. Segundo prescreve o nosso ritual, o candidato a esse segundo grau deve dar provas de progresso no primeiro.

Já expus no capítulo anterior que antigamente o Ap. permanecia nessa condição durante sete anos, e às vezes mais, porque os superiores vigiavam escrupulosamente a conduta do candidato na vida diária; e até que ficassem convencidos de que havia desenvolvido as qualidades requeridas, não lhe consentiam passar adiante. Atualmente parece não haver limitação de tempo, ainda que as constituições comaçônicas prescrevam que o Ap. há de assistir a determinado número de reuniões e à classe especial em que periodicamente se instruem os Aps. Também se lhe exige que haja aprendido a recitar de memória a fórmula do J... do primeiro grau, e que responda em Loja aberta a umas tantas perguntas regulamentares. Já nos referimos à primeira dessas perguntas, que é de capital importância porque vibra a nota fundamental do conjunto, pois quando se pergunta ao candidato onde se preparou primeiramente para ser maçom, se lhe diz que responda: "Em meu coração", para dar com isso prova de que a preparação interna é de importância muitíssimo maior que a externa. Depois há de explicar como se preparou no mundo físico e que o iniciaram numa Loja justa, perfeita e regular*.

Segue-se logo a estranhamente expressa ideia de que o Sol está sempre no meridiano em relação à Maçonaria, o que se pode interpretar no sentido de que o Logos derrama continuamente Sua plena energia sobre todas as Lojas maçônicas, seja qual for o ponto em que se achem. Parece que na história da Maçonaria houve época em que foi costume dividir a Loja em três ou celebrar a reunião em três locais distintos ao mesmo tempo: o mais externo para a câmara de Aps., presidida pelo S. V.; o intermediário para a câmara de Cs., presidida pelo P. V.; e o terceiro ou interno para a câmara de Ms., presidida pelo V. M. Tal é, segundo se crê, a razão de que uma vez que o P. D. tenha transmitido ao P. V. a ordem do V. M., haja de esperar a chegada do S. D. do local exterior. Segundo essa opinião, como o S. V. preside a Loja dos Aps., e representa o Sol no meridiano, é muito apropriado dizer-se que a cerimônia da Iniciação se efetua figurativamente ao meio-dia.

Depois se lhe pergunta o que é a Maçonaria, e o candidato a descreve como "um peculiar sistema de moral velada em alegorias e ilustrada por símbolos". Essa resposta sempre me pareceu um tanto equívoca. A moral maçônica nada tem de peculiar, pois é a mesma proclamada por todas as religiões do mundo; quiçá fosse acertado dizer que o peculiar da Maçonaria é sua feliz exposição do sistema de moralidade e que o seu simbolismo é singularmente único e sugestivo.

A Maçonaria é, sem dúvida, uma das mais interessantes e influentes sociedades secretas do mundo, e conta em suas fileiras uns 5 milhões de homens comprometidos a manter os laços da fraternidade. E na admirável pompa de suas cerimônias, nos rituais de seus diversos graus, ordens, cavalheirismos e ritos, se en-

---

* *Vide* p. 87.

cerram esplêndidos ideais e profundos ensinamentos de vivíssimo interesse para quem estude o aspecto oculto da vida.

Ainda que hoje em dia os maçons não deem à sua Ordem o nome de religião, tem ela origem religiosa, e faz obra religiosa ao auxiliar seus Iniciados e, por meio deles, o resto do mundo. Para muitos Irmãos, a Maçonaria é a única religião que eles têm professado, e seguramente muitos deles praticam seus nobres princípios, porque a Maçonaria masculina é uma sociedade assombrosamente caritativa, assim como um "sistema de moral", e oferece uma disciplina muito formosa por meio do exercício da benevolência e fraternidade.

Na Inglaterra e suas colônias, e nos Estados Unidos da América, são numerosas as instituições de beneficência e caridade mantidas pela Maçonaria; entre elas, escolas e orfanatos admiravelmente administrados. Por essa circunstância e pela irrepreensível conduta de seus membros, a Maçonaria goza ali de muitíssimo respeito, ainda que na França e Itália se haja desprestigiado um tanto por haver-se confundido com os partidos políticos anticlericais.

Infelizmente os maçons modernos têm esquecido quase por completo o que poderíamos chamar caridade interna, ou o seu poder de atuar nos planos superiores. Pouco compreenderiam se alguém lhes dissesse: "Poderíeis emitir correntes de energia mental, e esta seria uma das modalidades de vossa caridade". É penoso que se haja descuidado de tal maneira dessa obra interna, porque é um formidável agente do bem, e na qual podem tomar parte todos os Irmãos. A caridade externa depende da riqueza privada de uns tantos; mas todo maçom, por pobre que seja, pode dar seu pensamento.

Naturalmente, nem todas as Lojas se acham no mesmo nível intelectual, e algumas empregam muito tempo em festins e muito pouco no estudo; mas basta ler a bibliografia sobre esse particular, para notar que ao menos nos países da língua inglesa têm sido sempre nobres e enaltecedores os objetivos da Ordem. Atentemos, por exemplo, para as seguintes declarações:

O verdadeiro objetivo da Maçonaria pode resumir-se nestas palavras: apagar entre os homens os preconceitos de casta, as distinções convencionais de cor, origem, opinião e nacionalidade; aniquilar o fanatismo e a superstição; extirpar os ódios de raça e com eles o açoite da guerra. Numa palavra, chegar por livre e pacífico progresso a uma fórmula e modelo de eterna e universal justiça, segundo a qual todo ser humano possa desenvolver livremente as faculdades de que esteja dotado, e concorra cordialmente e com todas as suas forças para a felicidade comum da espécie humana, de modo que a humanidade inteira seja uma família de Irmãos unidos pelo afeto, sabedoria e trabalho*.

O mundo inteiro não é mais que uma república, da qual cada nação é uma família e cada indivíduo um filho. Sem derrogar nenhum dos diferentes deveres que requer a diversidade de nações, a Maçonaria tende a criar um novo povo, composto de homens de distintas nacionalidades, mas ligados pelos laços da ciência, moral e virtude**.

Que tais sentimentos não têm permanecido meras teorias, o demonstra o seguinte extrato da obra do D. Churchward, intitulada *Arcana of Freemasonry*:

> Faz poucos anos estavam neste país muito agitados os ânimos pelo risco de que explodisse uma guerra entre nós e os Estados Unidos da América. Esse risco passou e jamais se reproduzirá em forma tão aguda. Por quê? Porque a Fraternidade enviou à Inglaterra seu mais alto representante, o Grão-Mestre de Illinois, e eu tive o sumo prazer de vê-lo na Loja Q. C., onde deu a mensagem de paz e fraternidade, dizendo: "Não haverá guerra entre os Estados Unidos e a Inglaterra. Somos Irmãos, e a Maçonaria dos Estados Unidos resolveu que não haja guerra nem

---

* *History of Masonry*, por Rebold.
** *Morales and Dogma*, por Albert Pike, p. 220.

agora nem no futuro entre nossos dois países. Delegaram-me que viesse dizê-lo em nome de 1 milhão de Irmãos e suplicar-vos que em resposta digais que não haverá guerra".

Este é um magnífico testemunho do poder dos laços maçônicos. É lastimável que houvesse fracassado outra tentativa análoga feita para evitar a grande guerra*, porque as Grandes Lojas da Prússia se negaram a escutar o apelo que se lhes fez a favor da paz.

A pergunta seguinte do interrogatório se refere aos princípios fundamentais de nossa Ordem, que no geral se enumeram dizendo que são: o amor fraternal, o auxílio e a verdade. Muita e merecida importância se dá a essas três virtudes no ritual da Maçonaria masculina, e nas alocuções, de propósito redigidas para serem lidas nas Lojas, se diz o seguinte:

> Pelo exercício do amor fraternal aprendemos a considerar toda espécie humana como uma família, tanto aos grandes como aos humildes, aos ricos como aos pobres, como criados que foram por um Ser único e onipotente, e enviados a este mundo para se ajudarem, suportarem e protegerem mutuamente.
> De conformidade com esse princípio, a Maçonaria une os homens sem distinção de nacionalidade, seita ou crença, e mediante seus preceitos fomenta a verdadeira amizade entre aqueles que doutra maneira teriam permanecido perpetuamente distanciados.
> Auxiliar os aflitos é dever de todos os homens, e particularmente dos maçons que se acham ligados por indissolúvel laço de sincero afeto. Daqui que nosso principal propósito seja consolar os infelizes, simpatizar com os desafortunados, compadecer-nos dos miseráveis e acalmar os conturbados. Sobre essa base fundamos nossa amizade e estabelecemos nossas relações.
> A verdade é atributo divino e fundamento de toda virtude maçônica. Ao receber a Iniciação, somos exortados a ser bons e

---

* De 1914-1918. (N. do T.)

verídicos. Meditamos sobre esse tema capital e por seus infalíveis ditames procuramos regular nossa conduta e ações. Daqui que a hipocrisia e o engano sejam ou devam ser desconhecidos entre nós, e a sinceridade e a franqueza nossos distintivos característicos, enquanto o coração e a língua se unem para favorecer o bem-estar mútuo e regozijar-se pela prosperidade da Ordem.

As perguntas restantes, embora originais, parece que se explicam por si mesmas, e já temos considerado os diversos pontos a que se referem.

Depois se dão ao candidato o t... e de p...e e a p...l de p...e. Em relação a eles, convém notar que no sitial do P. V. se costuma esculpir como emblema um feixe de espigas de trigo; e isso se relaciona, provavelmente, com a circunstância de que se mostrava uma espiga de trigo ao aspirante como símbolo do supremo mistério de Elêusis, indicando ao mesmo tempo a universalidade da evolução e a indestrutibilidade da vida. "Se o grão de trigo cai na terra e não morre, fica só; mas se morre, dá muito fruto"*.

É talvez digno de nota que o t...e entre o primeiro e o segundo grau indique a necessidade de desembaraçar a mente inferior de seu enredo peculiar das malhas do desejo, a que a Teosofia chama *kama-manas*. O Irmão Wilmshurst observa:

> Esta (a p...a de p...e) objetiva descrever o candidato e sua condição espiritual. É ele como uma espiga de trigo plantada perto de uma queda d'água e por esta nutrida. Seu crescimento espiritual, conseguido no estágio de aprendiz, é representado pelo trigo amadurecido; a causa fertilizadora de seu crescimento é a queda em sua natureza interior do orvalho vivificador do céu, como resultado de sua aspiração pela luz**.

---

* S. João, XII:24.
** The Meaning of Masonry, p. 119.

A PREPARAÇÃO

Observar-se-á que na preparação do candidato rege o mesmo princípio que presidiu à correspondente cerimônia no primeiro grau. Seu b... e... é d... porque por ele há de fluir a energia, e também porque durante a cerimônia da Passagem, o c...o e... tem de ser apoiado pelo e...

Da mesma maneira o p... d... se trata de maneira análoga porque o C. I. T. o tocará com o e... ao admitir o candidato na Loja. Como anteriormente, o j... d... fica descoberto e o c... e... d..., porque são os pontos em contato com o pavimento ou alfornada do altar, energicamente magnetizados, enquanto o candidato presta o J... e se lhe confere o novo grau.

A PREPARAÇÃO INTERNA

A preparação interna neste grau é em parte a mesma que no primeiro, pois o candidato espera obter o benefício de passar ao segundo grau com a ajuda de D., a assistência do esq... e a virtude de um t...e uma p...a de p...e.

O e...* aqui mencionado é o quadrilátero da personalidade. Duas coisas devem acontecer com referência a isso: que ela foi subjugada, como está implícito ao pisar sobre o e... quando entra na Loja, ainda que sem que por isso tenha a personalidade perdido a sua energia e atividade, pois continua tão ativa como antes, mas com toda a sua energia posta ao serviço do Ego ou verdadeiro homem, o Eu Superior. Esse Eu Superior está parcialmente numa personalidade com o objetivo de evoluir definidamente; em seu próprio plano o Ego é magnífico, mas vago em sua magnificência, exceto no caso do homem muito avançado no caminho da evolução.

---

* Na língua inglesa, *square* tanto designa um esquadro como um quadrado; aqui, por sua simbologia, corresponde ao quadrado. (N. do T.)

No simbolismo desse segundo grau, a personalidade viu claramente que o objetivo da vida é servir o superior. O candidato aplica-se vigorosamente a esse labor e procura descobrir os propósitos do Ego, evocando o guerreiro interior, segundo a simbologia do livro *Luz no Caminho*.

A ABERTURA

Enquanto o candidato se prepara, o V. M. convida novamente os Irmãos a que o ajudem a abrir os trabalhos da Loja, mas dessa vez no Segundo Grau, começando com a pergunta geral, ligeiramente variada, que diz: "Qual é o primeiro dever de todo C.?" E recebe a invariável resposta: "Assegurar-se de que a Loja está coberta".

Da mesma sorte que no Primeiro Grau, o V. M. ordena o cumprimento desse dever, e pergunta e se lhe responde da mesma maneira que antes. Contudo, essa cobertura não é inteiramente igual à do Primeiro Grau. Em ambos os casos, a construção do muro circundante se efetua em todos os planos; mas no Primeiro Grau se concentra a atenção principalmente no plano astral, e a defesa estabelecida nesse plano é incomparavelmente mais forte que as demais, porque se torna muitíssimo necessária quando se faz um esforço determinado pela purificação e desenvolvimento astrais. É como se nessa purificação se diminuísse a densidade do corpo astral do candidato, e portanto, a pressão que de fora recebe se torna maior que a comum, pelo que se necessita de uma defesa especial.

No esforço feito na cerimônia do Segundo Grau se exerce uma pressão análoga sobre o corpo mental; e portanto, o esforço para robustecer a defesa é concentrado no plano mental. Assim, a cobertura da Loja, ao abrir-se a reunião do Segundo Grau, não é de modo algum uma repetição da cerimônia de Primeiro Grau, senão que acrescenta a segurança num nível superior.

Não obstante, é sumamente necessário que não haja possibilidade de perturbação no nível inferior; e por isso se passa em seguida a reforçar a defesa astral, para o que o V. M. convoca os Irmãos a permanecer à ordem como de Aps., e essa ação denota o poder dos Irmãos no plano astral e a evocação das forças peculiares desse nível. Isso feito, o V. M. pergunta ao S. V. se ele é um C. Embora, em essência, seja o chefe, instrutor e porta-voz dos Aps., ele é também a mente superior; por conseguinte, responde em seguida que é um C. e solicita que se comprove o fato. O V. M. pergunta com qual instrumento se poderá comprovar, e o S. V. replica: "Com o e...o".

A pergunta e resposta seguintes a respeito da natureza do e...o denotam que significa a ferramenta do operário maçom o instrumento que simboliza a vontade espiritual, não o quadrilátero. Por outro lado, quando o candidato entra na Loja nesse grau, também se lhe pergunta pela outra forma do e... pois o que ele pisa como símbolo da natureza inferior ou personalidade é certamente a figura geométrica. Depois se diz aos Irmãos que comprovem serem Cs., e uma vez o tenham demonstrado, o S. V. primeiro e o V. M. depois repetem enfaticamente a prova dada para fazer vibrar assim a nota fundamental e expressar a qualidade peculiar do Segundo Grau. Pois da mesma maneira que a vitória sobre as paixões e emoções constitui o objetivo capital do Ap., assim também a vitória sobre a mente inferior e seu domínio constituem o objetivo especial do Segundo Grau.

Para muitas pessoas essa vitória é muito mais difícil que a anterior; e no caso de muitos candidatos, é necessária antes de que despertem a faculdade mental. Todos nós cremos que pelo menos somos capazes de pensar, e contudo, a verdade é que relativamente são bem poucos os que sabem pensar eficazmente. Disso poderá convencer-se quem seja um tanto clarividente, dando-se ao trabalho de examinar atentamente as forças mentais das pessoas com as quais se relacione na vida diária. Tais formas mentais, em sua maioria, são de vagos e indefinidos contornos, e é raríssimo ver claras e definidas formas mentais entre os milhares que flutuam ao nosso redor. Por conseguinte, antes que seja possível adiantar no domínio do pensamento, a maioria dos candidatos precisa eduzir a faculdade de pensar claramente. Como diz Ruskin em sua obra *The Ethics of the Dust*:

> A maior dificuldade consiste sempre em abrir os olhos das pessoas. Fácil é excitar seus sentimentos e comover seus corações, mas é árdua tarefa abrir brecha em seus cérebros. Que importa que mudeis ou não seus sentimentos, se permanecem broncos? Não é possível estar sempre a seu lado para lhes ensinar o que é justo, e podem agir tão mal ou pior que antes. Suas melhores intenções nada mais fazem que lhes suavizar o caminho — sabeis onde. Pois não se pavimenta um lugar com pessoas ali, como se diz. Não podeis pavimentar o fundo do abismo, e sim o caminho que a ele conduz.

Assim, a primeira necessidade do candidato ao Segundo Grau é dominar sua mente, se acaso já a tem atualizada, pois do contrário precisa atualizá-la antes. Tal é o curso do Segundo Grau e de suas cerimônias; para esse fim deve o candidato estudar e esforçar-se por abrir vários centros de seus corpos superiores. Diz-se-lhe que é seu dever adiantar cada dia no conhecimento maçônico.

Recordaremos que o P. D. é o representante peculiar do corpo mental, e por isso toma a seu cargo o candidato e desempenha a parte principal na obra desse grau. Convém observar a mudança de cor da Loja quando se abrem os trabalhos em Segundo Grau. Não se desvanecem os matizes distintivos dos globos luminosos correspondentes aos diversos dignitários, senão que se modificam por adição de uma tinta predominante que se mistura com todos eles. Essa tinta predominante é carmesim no Primeiro Grau e amarela no Segundo.

O *chakra* ou centro que procuramos despertar no Segundo Grau está situado no interior do corpo astral e confere a faculdade de sintonizar-se com as alheias vibrações astrais, de modo que instintivamente se conheçam os sentimentos das pessoas. Quando se estimula o correspondente centro etéreo, transfere-se a experiência ao plano físico, e então também se conhecem nesse plano as alegrias e tristezas do próximo. Como descrevemos no Capítulo 5, as forças oriundas do centro esplênico atuam também através desse *chakra*, mas dessa vez é o raio amarelo que se dirige para o coração. Depois de executar seu trabalho ali, passa para o cérebro e o penetra, encaminhando-se especialmente para a flor de doze pétalas situada no ápice do centro dinâmico localizado na coroa da cabeça. A conexão desse centro especial com o Segundo Grau se torna evidente quando nos lembramos de suas características de companheirismo e serviço, de sua associação com o G∴ A∴ D∴ U∴, a Segunda Pessoa da Trindade, e do princípio búdico do homem.

Antes da abertura da Loja, recita-se uma oração para que os obreiros da oficina tenham luz nos caminhos da virtude e da ciência, e se declara aberta a Loja sobre o e...o para instrução e adiantamento dos Cs.

É profundamente significativo que na invocação correspondente ao Segundo Grau o V. M. dê ao Logos o título de Grande Geômetra. Há muito tempo disse Platão que Deus geometriza, e o estudo da cristalografia demonstra vivamente essa verdade quanto à construção das formas minerais. Nos reinos superiores também se verifica a mesma prova admirável de ordem e regularidade, e quanto mais profundamente estudamos os processos da natureza, maior, sob todos os pontos de vista, é nossa admiração pela prodigiosa obra do Criador de todas as coisas.

O ÚLTIMO TRABALHO DO AP.

Depois de haver o candidato dado provas de sua suficiência como Ap., tem de realizar seu último trabalho nessa condição. Guia-o o P. D., porque este está especialmente relacionado com a mente inferior, que o C. tem de desenvolver e dominar.

Primeiramente o conduz ao pedestal do S. V., dá-lhe um malho e cinzel, e o instrui no sentido de que se a... sobre o j... e..., e dê com o malho três pancadas no cinzel sobre a pedra bruta, a qual, retirada da pedreira, tem todas as suas superfícies irregulares. Em rigor não fica convertida em pedra lavrada enquanto o Ap. não lhe haja regularizado a configuração, e naquele momento dá o último retoque à sua obra. Mas ainda será necessário alisar e polir a pedra antes que se possa colocá-la apropriadamente no edifício, e essa é uma das partes da tarefa do Segundo Grau.

Se observarmos com a vista interna uma reunião de pessoas, como os espectadores de um teatro, o auditório numa conferência, ou os fiéis de uma igreja, notaremos que a maioria dos indivíduos é astral e mentalmente muito irregular, como as pedras brutas, e ainda como árvores torcidas e estioladas pela má influência de um clima desfavorável. Essas pessoas não são ainda aprendizes em nenhuma espécie de Loja.

AS CINCO ETAPAS

As cinco etapas são viagens ao redor da Loja, em que, no final de cada uma, se dão ao candidato certas instruções, escritas num cartão ou oralmente, ao passo que ele leva as ferramentas adequadas à sua realização prática. As viagens são sinais externos da ascensão da consciência do candidato através dos planos.

Na primeira viagem ele leva o malho e o cinzel, e recebe instruções acerca dos cinco sentidos do tato, audição, visão, paladar e olfato. Esta é a etapa física, pois o corpo nada vale por si mesmo, senão unicamente como veículo dos sentidos por cujo meio o homem adquire o necessário conhecimento do mundo físico para dirigir suas ações. Portanto, tem de atender agora aos sentidos, para que o sirvam devidamente.

Na viagem da segunda etapa o candidato leva uma régua e um compasso e aprende algo a respeito das artes, que se classificam em arquitetura, escultura, pintura, música, e poesia, todas elas modalidades de beleza, o que serve ao candidato de suficiente indicação para dar-lhe a entender que toda obra verdadeira há de ser bela. A régua e o compasso são para lembrar-lhe que há de aplicar os princípios geométricos aos seus sentimentos, guiando e freando seu corpo astral de modo que sua obra expresse nobres emoções e as desperte nos demais.

Na terceira viagem se mune o Ap. de uma régua e de um nível, e recebe instruções escritas e orais acerca das ciências da natureza, que são: matemática, filosofia, biologia e sociologia. Relaciona-se agora com o plano mental e seus corpos mentais, e a régua e o nível lhe indicam que nessa obra necessita de ordem, equilíbrio e senso comum.

Na quarta viagem já não trata o candidato das coisas atinentes à sua natureza pessoal, mas ergue sua vista para sua natureza superior, que florescerá na última parte de sua senda. Primeiramente vê essa natureza superior nas vidas dos homens e mulheres insignes que ilustraram as páginas da história. Leva um lápis e um livro e aprende sobre benfeitores da humanidade: sábios, artistas, cientistas, inventores e legisladores. Todos esses são um exemplo da unidade da humanidade, pois não viveram para si mesmos, senão com clara consciência das dores e alegrias da família humana e com o vivo desejo de favorecer e auxiliar seus semelhantes. Aqui se expressa a qualidade da natureza humana que desabrocha do princípio de *buddhi* além do mental, onde se obtém a visão intuicional direta da unidade da vida.

Na quinta viagem, a última, o candidato leva as mãos livres, sem instrumento algum, porque está disposto a tomar desde logo o que em qualquer instante seja necessário fazer para sua obra. Nessa viagem aprende que o mais elevado ideal da vida é servir. Assim cantam oportunamente os Irmãos:

> Tu me mostrarás o caminho da vida. Em Tua presença há plenitude de gozo. À Tua destra se desfruta de eterno prazer. Na retidão contemplarei Tua presença, e quando lograr assemelhar-me a Ti, dar-me-ei por satisfeito.

Esta é a senda do Espírito, do uno no múltiplo, da causa primeira, da qual Cristo disse: "Meu Pai ainda trabalha e por isso trabalho". E Shri Krishna declara no *Bhagavad-Gita* que se por um momento Ele retirasse Sua atividade do serviço do mundo, tudo se arruinaria. Assim vemos que o Altíssimo iniciou a regra de que o serviço é o ideal superior da vida, e o evidente dever de quantos quiserem ser Seus fiéis servidores é imitar Seu exemplo.

OS CINCO PASSOS

O candidato tem agora de adiantar-se para o Oriente dando os p...s apropriados. São cinco, à maneira de se subir uma escada em espiral, a qual no p...l conduz o C. à porta da câmara do meio do templo. Com referência a essa câmara, escreve o seguinte o major Meredith Sanderson, na sua obra *An Examination of the Masonic Ritual*, p. 31:

> Este termo é uma tradução equivocada do original hebreu, e assim o entendem todas as autoridades. A tradução correta do versículo 8º do capítulo VI do *Livro Primeiro dos Reis* é: "A porta para *o andar mais baixo da câmara* (não *para a câmara do meio*) estava ao lado direito da casa; e eles subiam pela escada em espiral para o *andar* do meio, e do andar do meio para o terceiro." Isso significa que havia uma série de câmaras em cada andar e que a escada em espiral ia desde o pavimento térreo até o último andar, (*cf.* v. 6 e *Ezequiel* 41:7, em que a palavra *câmara* deve ser lida como andar).

A explicação do p...l diz que os Cs. passam àquela câmara para receber seus salários sem escrúpulos nem desconfiança. Os Cs. não têm escrúpulos em receber o que ganharam nem duvidam de que se lhes pague exatamente o que merecem. Isso se refere não só à perfeita correção e absoluta justiça dos Mestres da Grande Loja Branca (um dos quais disse certa vez: "A ingratidão não faz parte de nossos vícios"), senão também à capital e divina lei do carma, que relaciona os seres viventes com suas circunstâncias neste mundo, de sorte que cada qual não receberá nem mais nem menos do que valha o seu trabalho. Portanto, é da vontade de Deus que a cada um se dê o devido, e ninguém deve recear em aceitar o que lhe advier (o que envolve a oportunidade de maior serviço), nem temer que lhe seja roubado ou que perca algo do que merecer. Disse são Paulo: "Não vos enganeis. Deus não se deixa burlar; porque tudo quanto o homem semear, isso mesmo colherá"*.

Não somente receberá ele no futuro o exato resultado de suas ações atuais, mas também se infere que tudo quanto está agora recebendo é o exato resultado do que fez em outras vidas ou na primeira parte da presente. Portanto, se lhe sobrevier sofrimento, sabe que o merece, pois não lhe poderia sobrevir se não o merecesse.

Outro ponto interessante da explicação do p...l é que aos Cs. se lhes pagou em espécie, o que simboliza que a remuneração do trabalho não advém diretamente de seus resultados, senão que os Aps. receberam seus salários em trigo, vinho e óleo.

O trigo e o vinho nos recordam logo os sagrados elementos da Eucaristia cristã, e também o mito do Deus solar que se alça em meio do céu para amadurecer as espigas e os racimos, e dá assim algo de sua vida em benefício alheio. Ambos representam as coisas da maior valia para o homem, e dizer que a alguém se paga em trigo e vinho, significa que recebe os mais apreciados tesouros da terra em recompensa de seu trabalho, e que ao mesmo tempo recebe com eles a bênção de Deus.

O óleo representa o excelso dom da sabedoria. Assim como o óleo é tirado da azeitona, assim também a alma humana extrai sabedoria das experiências da vida terrena. Quando perecem todos os frutos materiais do trabalho humano, como no caso das civilizações mortas e desaparecidas da Antiguidade, subsistirá no coração do homem a sabedoria resultante de todos os esforços realizados e das experiências sofridas. A recompensa da obra nes-

---

* *Gálatas*, VI:7.

te mundo não é só externa, nos ganhos materiais, mas também interna, no coração e na mente do homem.

Todas essas recompensas são recebidas pelo Ap. como natural resultado de seu trabalho e de conformidade com a lei cármica, ainda que as desfrute e goze e delas aprenda sem especial intenção. Mas o C. conhece muito melhor o que lhe sucede, porque se vale do discernimento e deve haver dominado por completo as suas emoções, de modo que se ache em situação de dizer por si mesmo o que receberá como resultado de seu trabalho, o que há de ser a sua comida e bebida, o que dê ou receba, suas leituras e companhias. Cobra seu salário em espécie e compra o que quer, não já como uma criança, mas como um adulto responsável. Busca experiência e sabedoria; não é necessário impô-las ou ministrá-las de fora.

Mas no uso de toda a sua riqueza, poderio e oportunidades, o ideal do C. tem de ser o serviço. Tem que ser como uma espiga de trigo junto a uma queda d'água para os demais, de modo que sua presença os beneficie e lhes seja uma fonte de alimento espiritual, de felicidade e positiva prosperidade.

Pode-se considerar a escada sinuosa como símbolo de que a evolução prossegue sempre em forma de espiral e não em linha reta. Constantemente retornamos à espécie de trabalho, conhecimento e dever que executamos antes, mas sempre num nível superior. Assim, nas sucessivas encarnações, cada ser humano voltará a passar pela infância, juventude, virilidade e maturidade, a idade de amadurecimento e colheita, mas em cada uma dessas épocas da vida será mais perfeito segundo vá evoluindo.

As espirais da evolução são ainda de maior alcance, de modo que as sucessivas idades da vida humana são um epítome dos reinos da natureza. O embrião humano, durante o período de seu crescimento, vai tomando sucessivamente o aspecto dos reinos inferiores. Ademais, no desenvolvimento do corpo humano, a gestação é um reflexo da descida dos reinos elementais a que se refere a Teosofia. Desde o nascimento até os sete anos se estende um período durante o qual, segundo os mais sábios educadores, a natureza física do menino tem de receber muito maior atenção do que a emocional e mental. Depois, até a idade dos catorze anos, segue uma época em que se tem de cuidar especialmente da educação das emoções. Logo vem outro período, até os 21 anos, quando o educador tem de estimular com preferência as faculdades da mente.

Estas três últimas idades podem tomar-se até certo ponto em correspondência com os reinos mineral, vegetal e animal. Na primeira, a consciência está no plano físico; na segunda, se desenvolve no plano emocional; e na terceira, a mente inferior vai ganhando terreno pouco a pouco, e conduz à etapa em que o homem chega a ser o verdadeiro pensador. Segue-se depois um longo período de virilidade, a genuína vida terrena do homem, a que sucede a velhice com acúmulo de sabedoria, embora na maioria dos indivíduos seja ainda muito imperfeita e como que um esboço das alturas super-humanas que tem de escalar no futuro.

Quando o Senhor Buda andou pelo mundo, um discípulo lhe suplicou que resumisse todos os seus ensinamentos num verso. Depois de pensar um momento, Ele respondeu:

> Cessa de praticar o mal;
> Aprende a praticar o bem;
> Purifica teu coração:
> Tal é a religião dos Budas.

Seguramente podemos assinalar aqui alguma correspondência com os ensinamentos dos três graus da Maçonaria. O ensino do Primeiro Grau é o da purificação, eliminando da natureza tudo quanto possa induzir a ações irrefletidas e egoístas. O ensino do Segundo Grau instrui o homem a que busque o conhecimento, isto é, a que adquira o desenvolvimento mental, que não só o preservará das más ações, mas lhe prescreverá claramente uma definida conduta de ações altruísticas.

O Primeiro Grau torna o homem negativamente bom, e o Segundo o torna positivamente bom; mas ambos os graus se referem à ação do plano físico. O Terceiro Grau ensina o homem a elevar-se a nível superior e a considerar não somente a ação externa, mas a condição interna de que toda manifestação externa há de ser expressão.

O J...

Isso nos leva a considerar o J... do candidato, que, contudo, contém singularmente pouco que se possa considerar aplicável ao estudo e desenvolvimento especiais do grau. Ele se compromete a proceder sempre como fiel e verdadeiro C...ro, a reconhecer o s..., a obedecer os s...s e a manter os princípios que lhe ensinaram no Primeiro Grau.

Em seguida, o V. M. passa a criar, receber e constituir exatamente como no Primeiro Grau; mas quem quer que possua a visão interna observará maior amplitude no enlace do Ego com a personalidade, de modo que para a efusão de energia se abre um definido canal que o candidato poderá utilizar eficazmente, se se põe a trabalhar com ele e por meio dele. Infelizmente, a maioria dos candidatos não recebe instrução alguma a respeito do aspecto oculto da cerimônia, e por conseguinte, eles não podem aproveitar-se de tão admirável benefício. Também nesse particular, tal qual no Primeiro Grau, há certo paralelismo entre a passagem de C. e a ordenação eclesiástica ordinária para o diaconato. Ao mesmo tempo se estabelece um laço entre os Cs., o C. D. T. O. V. M. e todas as Lojas onde é ele reconhecido.

Como no caso já mencionado da ampliação de consciência, este admirável laço com o insigne M. D. S. será para o candidato aquilo que ele desejar torná-lo. Pode-lhe ser muito benéfico e modificar toda a sua conduta, capacitando-o para adiantar-se rapidamente na senda de Iniciação; ou pelo contrário, pode ser por ele menosprezado e nesse caso não lhe trará proveito. Quando, em sua ordenação, o diácono estabelece um laço análogo com o Senhor Cristo, a obra que o recipiendário tem de empreender envolve as possibilidades de seu futuro destino; mas não sucede tal coisa ao maçom sem instrução, que costuma prosseguir sua vida comum, completamente ignorante da magnífica ocasião que se lhe depara. Assim vemos quão pesada é a responsabilidade do V. M. da Loja, se não cumpre o dever que lhe incumbe de empregar seus Irmãos na Maçonaria.

O Irmão Ward ressalta a ideia de que no Segundo Grau estamos tratando especialmente com o aspecto conservador da Divindade. Escreve ele:

> Os s... de f... não só implicam fidelidade a este J..., mas também obediência às leis do G∴ A∴ D∴ U∴. Só podemos esperar proteção se obedecemos as leis que Ele estabeleceu para proteger-nos... Diz-se em nossos rituais que o s... de l..r é o sinal de p...e ou de a...o c..., mas em sua essência é o sinal de preservação, o sinal associado com Deus o Preservador, seja qual for o nome que Lhe dê o mundo*.

O mesmo autor prossegue explicando que tal sinal era usado com essa significação no Egito, Índia e México, e também o empregavam do mesmo modo os colégios romanos ou os *Comocini*. Também chama ele a atenção para o fato de que a insígnia distintiva desse grau leva duas rosetas azuis como símbolo da rosa. Azul era a cor de Ísis e é a da Virgem Maria, que tem a rosa por emblema. A aba triangular, que no Primeiro Grau levava a ponta para cima, para indicar que o espiritual não conseguiu ainda domínio sobre o material, se deixa caída no Segundo Grau, como mostra de que se supõe que o superior tomou já a seu cargo o inferior. Veremos ainda mais ampliado esse simbolismo quando considerarmos o sublime Grau dos M. Ms.

Assim como o m...o do Primeiro Grau denotava a necessidade de vencer a concupiscência, assim denota o do Segundo Grau a necessidade de dominar completamente, nessa etapa, a mente

---

* *Manual do C.*, p. 31.

inferior. Podemos comparar os ensinamentos que se dão no Segundo Grau com a exortação para matar toda espécie de maus desejos, que achamos em *Luz no Caminho*, e também na passagem de *A Voz do Silêncio* que diz: "A mente é o assassino do real; que o discípulo mate o assassino".

No ritual comaçônico o V. M. diz ao neófito por duas vezes, e quase com as mesmas palavras, que dele se espera que estude os mistérios ocultos de nossas ciências; mas o Irmão Ward observa que, no ritual masculino, na segunda vez se diz que agora lhe é *permitido* estudá-los. Dá esse autor muita importância a esse particular, pois demonstra que os compiladores do ritual se aperceberam bem do perigo a que se expunha a si e aos demais quem intentasse eduzir e empregar as faculdades superiores antes de haver dado provas de integridade e elevação de caráter no Primeiro Grau.

OS INSTRUMENTOS DE TRABALHO

Os instrumentos de trabalho no Segundo Grau são idênticos às joias móveis, das quais já tratamos plenamente sob a respectiva epígrafe (pp. 87 e ss.).

Promove-se agora o novo C., de seu posto em N. E. para outro situado ao S. E. da Loja. Ele segue o curso do Sol que (no hemisfério norte) sai no verão pelo nordeste e marcha pelo Este e para o Sul, prestando cada vez mais serviço ao mundo segundo avança em seu curso, até que culmina no meridiano, desce para pôr-se no Ocidente, e voltar a sair no dia seguinte. Dessa ressurreição trataremos oportunamente.

ENCERRAMENTO DA LOJA

No encerramento dos trabalhos do Segundo Grau só há um ponto que requer menção especial. O V. M. pergunta ao S. V. se descobriu algo, onde está isso situado, e a que alude; e recebe a seguinte resposta: "Um S...l s...do no c...ro do edifício, alusivo ao G∴ A∴ D∴ U∴". Parece haver considerável diversidade de opiniões a respeito desse símbolo sagrado. Todos os comentários concordam em que se acha debaixo da Estrela Flamígera, da qual de certo modo é seu reflexo. Desde que a letra G. aparece no interior da Estrela, a mesma letra costuma ser estampada, às vezes, no pavimento.

O major Sanderson opina que isso é simplesmente um substituto moderno do olho da Providência a que se refere o ritual masculino ao explicar o símbolo. Contudo, o Irmão Ward diz que no solo há de se gravar em bronze o ponto dentro de um círculo limitado por duas linhas retas.

Ambas as disposições parecem acolher a objeção de que o símbolo deveria estar sempre presente, portanto, não poderia ser descrito como descoberto somente nos trabalhos do Segundo Grau. Em certa Loja se usava como símbolo a móvel Estrela de Sete Pontas, deixando-a no solo unicamente enquanto se trabalhava em câmara de Segundo Grau. No ritual comaçônico o V. M. faz o seguinte comentário:

> Irmãos, recordemos que assim como Ele é o c...ro de Seu universo, assim é a reprodução de Si mesmo o c...ro de nós mesmos, o Governador Interno, imortal, e que temos de conformar nossa inteira natureza com Aquele em que ela tem sua vida.

8. O terceiro grau

A ABERTURA DA LOJA

Depois que tudo está pronto para a abertura da Loja no Terceiro Grau, o V. M. ordena de novo ao S. V. que verifique se a Loja está convenientemente coberta. Dessa vez temos de lidar principalmente com forças do plano mental superior, pelo que as defesas da Loja são agora reforçadas naquele nível pelas hostes invisíveis, e por isso, dali em diante predomina um matiz azul, embora não fiquem negligenciados os níveis inferiores.

Os Irmãos são então convocados como Artífices, e o V. M. volta a perguntar ao S. V.: "Sois M. M.?". Ante sua resposta afirmativa, o V. M. lhe pergunta por qual instrumento de arquitetura será ele identificado. E o S. V. lhe responde: "Pelo e... e o c...o".

Isso significa que um M. M. pode ser identificado e reconhecido pela circunstância de que a individualidade e a personalidade atuam ordenadamente e funcionam em completa harmonia. O M. M. é simbolicamente o Iniciado do quarto grau, que os budistas chamam *Arhat*. Nessa etapa da senda oculta terminou já a luta contra o quaternário inferior, que ficou reduzido a obediente instrumento em mãos da tríada superior, cujos três elementos estão já em atividade.

A seguir o V. M. formula alternativamente uma série de perguntas ao S. V. e ao P. V., que respondem conjuntamente. Mais adiante veremos que também atuam conjuntamente na cerimônia de exaltar um C. ao grau de M. M. Na presente circunstância os V. V. dizem ao V. M. que vêm do Oriente e se dirigem para o Ocidente, em busca dos genuínos s...s de um M. M., que se perderam quando da prematura morte do Mestre H. A., e que esperam encontrá-los no c...

O C...

Recordemo-nos de que no encerramento da Loja de Cs. se perguntou ao S. V. o que descobriram os Irmãos desde a sua situação como Cs., e lhe foi respondido que haviam encontrado um S...lo s...do no c... do edifício, dedicado a Deus. A consumação do trabalho de C. foi descobrir esse c...; mas o M. M. tem sua vista sempre fixa ali, por ser o lugar onde ele espera achar a verdade perdida.

É no c..., dizem agora os oficiais, que esperam encontrar os genuínos s...s de um M. Isso significa que o M. M. descobrirá em si mesmo esse Eu mais profundo que é a Mônada, além mesmo da tríada superior; que o M. M. descobrirá por fim o supremo segredo da vida, e então descobrirá, por sua própria experiência, a grande verdade de que ele é e sempre tem sido uno com Deus.

Há algo de vedântico nessa concepção maçônica dos s...s perdidos, porque dizem os vedantinos que na confusão da vida se perderam os homens em uma, por assim dizer, vasta e terrível selva, e que seu único anelo é sair dela e encontrar a positiva felicidade, que é a genuína natureza de seu verdadeiro e essencial ser.

O estudo do significado das ferramentas ou instrumentos de trabalho de um M. M. projeta muita luz neste assunto do c..., e portanto trataremos deles aqui em vez de mais adiante.

Os instrumentos de trabalho do Terceiro Grau são a e...ga, o l...s e o c...o. A e...ga é um instrumento que gira numa baliza central, donde se traça uma linha para assinalar a planta terrena do projetado edifício. Com o l...s o hábil arquiteto delineia o plano do edifício para instrução e guia dos operários. E o c...o capacita-o a determinar exata e precisamente os limites e proporções de suas diversas partes. Assim o prescreve o ritual.

Mas há ainda um significado mais profundo que este, pois o *Arhat* usa tais instrumentos para tornar-se Adepto. Em graus anteriores, a consciência de *Arhat* teve de ascender do e... ao c..., isto é, do quadrilátero ao triângulo, da personalidade à individualidade; mas agora tem de ascender do triângulo até o ponto, do Ego até a Mônada, a qual começa já a influir com sua vontade no Ego, como antes o Ego influíra com sua vontade no quaternário.

A e...ga representa a ação da Mônada, pois gira em torno de um eixo central e emite uma linha de seu próprio corpo ao tecer a tela da vida, como de seu próprio corpo tece a aranha a sua teia. O l...s assinala a senda ou o raio escolhido da Mônada, isto é, a linha de vida e ação que o *Arhat* deve descobrir e na qual deve especializar-se para progredir rapidamente. E o c...o representa o triângulo, as faculdades do trino espírito que deve empregar em sua obra.

A conversação entre o V. M. e os V...s prossegue para definir o c...ro como um p... dentro de um c...lo, do qual todas as partes da c...a são equidistantes, de modo que é um p... do qual um M. M. não pode errar. Já tratei desse assunto no Capítulo 2, mas acrescentarei que há muita distinção entre as coisas do mundo objetivo e as coisas dos mundos subjetivos da vida mais íntima da consciência.

Todos os objetos materiais estão caracterizados pela limitação de seus contornos definidos; mas a vida interna procede sempre de um centro, de modo que é completamente impossível limitar o amor ou o pensamento, que brotam de um centro irradiando em todas as direções. A circunferência de seu círculo não está em parte alguma, mas o centro está no interior do homem; e quando o homem é plenamente consciente de sua divina natureza, a circunferência continuará não estando em parte alguma, mas o centro estará em todas as partes e nenhum ser ficará excluído de suas simpatias. Isso simboliza a afirmação de que todas as partes da c...a equidistam do c...ro. O M. M. que mantém sua vista fixa naquele c...ro, e age desse p..., não pode errar. É nesse c...ro que o V. M. abre a Loja.

Resta ainda por considerar um ponto da conversação. Dizem os Vs. que sua viagem é do Oriente para o Ocidente. Pode tomar-

-se essa declaração como símbolo do curso do Sol, que representa a senda do Iniciado. Aqui vemos de novo o conhecido mito solar. O Sol renasce no princípio do ano, na obscuridade do inverno; luta no começo da primavera entre as nuvens, que parecem ameaçar-lhe a vida; no verão chega ao ponto culminante de sua carreira, e dá generosamente algo de sua vida para amadurecer espigas e racimos. Mas agora os inimigos o rodeiam; envolvem-no nas sombras outonais, e finalmente cai ferido ante o assalto do inverno. Contudo, depois de passar por uma simulada morte no Ocidente, descobre o segredo da renovação da vida, e volta a sair no Oriente e a ascender outra vez ao meio do céu.

Assim, em sucessivas vidas o M. M. há de lutar contra o mundo e dissipar gradualmente as nuvens de ignorância que se opõem ao desenvolvimento de suas potencialidades, antes que possa alçar-se ao zênite de sua glória, na completação do edifício de seu templo, quando, por fim, se dirige para o Ocidente e descobre o segredo da perfeita imortalidade. Já então não necessita de viajar mais, porque chegou ao centro em que repousa. Tornou-se uma coluna do templo de Deus, e não mais sairá dali.

Na preparação dessa grandiosa consumação participam ao mesmo tempo Oriente e Ocidente. Ainda que o Oriente tenha sido sempre o lugar de luz, donde irradiou todo conhecimento, quando se perdeu a Palavra sagrada, os homens se encaminharam para o Ocidente com a esperança de a encontrar, e os cavaleiros do Ocidente se uniram aos filósofos do Oriente nessa magna indagação. O Oriente contribui com seus ensinamentos espirituais, mas o Ocidente proporciona a exatidão e precisão que os tornam facilmente assimiláveis, bem como a habilidade que permite aplicá-las no melhoramento do mundo externo.

A PREPARAÇÃO DO CANDIDATO

Na preparação do candidato, ambos os b... são d... porque quando em proteção completa ambos se levantam para abençoar. Ambos os p... estão abertos à dupla influência do e..., que tem sempre, ao mesmo tempo, uma qualidade positiva e outra negativa, e confere simultaneamente poder e sensibilidade, de modo que uma ponta permanece sempre fixa no centro enquanto a outra descreve a circunferência. Diz o Irmão J. S. M. Ward:

> Por longe que de Deus andemos e por longo e ásperos que seja o caminho, nossa interna chispa divina nunca pode separar-se d'Ele, nem desviar-se desse centro.*

Ambos os j... são d... porque ambos têm de ser empregados na cerimônia, e ambos os c... estão d... porque desse modo se aproveita muito mais a enérgica magnetização do mosaico.

A PREPARAÇÃO INTERNA

Neste grau o candidato busca seu objetivo com o auxílio combinado do e... e do c..., que podem ser considerados como símbolos de que o seu desenvolvimento depende do reto uso do corpo e da alma, do quadrado e do triângulo. No método do simbolismo adotado se exorta o candidato a olhar para o futuro e não se satisfazer com o presente. O M. M. só alcançará a plena perfeição a que aspira, quando estiverem completamente ativos os três pontos do triângulo: a vontade espiritual, a intuição e a inteligência, e tiver absoluto domínio sobre os quatro veículos inferiores, ou seja, os corpos mental, astral, etéreo e físico denso.

Como diz o Irmão Powell em sua obra *The Magic of Freemasonry*, p. 92:

> No Terceiro Grau da Maçonaria encontramos um apelo completamente diferente e distinto daqueles dos dois graus prece-

---

* *The M. M's Book*, p. 22.

dentes. O M. M. recebe nova influência, entra num mundo novo e transpõe outro dos véus que o separam da verdadeira compreensão da vida e da morte. Talvez a mais assinalada característica do Terceiro Grau seja o ambiente que forma, tão real e contudo de tão difícil descrição, pois todo ele é misterioso.

A ENTRADA NA LOJA

Ao entrar o candidato na Loja, é recebido nas duas pontas do c..., cujo toque lhe dá a primeira sensação do ambiente superior e da nova influência do grau de M. M. A elevação da Loja a um grau superior muda as vibrações dominantes, não só no conjunto da Loja, como também em cada um dos Irmãos presentes. Por esse motivo, o Irmão que *não* está presente à abertura da Loja em câmara de grau superior, como, por exemplo, o candidato, necessita de dar uma palavra de passe ou palavra de poder com o objetivo de o predispor imediatamente às vibrações que gradualmente suscitou nos Irmãos presentes à cerimônia de abertura. No t... de p... que conduz do Segundo ao Terceiro Grau, demonstra-se a necessidade de aumentar o domínio próprio e de obter algum domínio sobre a estranha região intermediária além da mente inferior, ou do que alguns psicólogos chamam consciência subliminal.

Nesse grau, como nos outros, o candidato se ajoelha sob um triângulo formado pelos bastões cruzados dos diáconos, enquanto se invoca a bênção do Altíssimo. É digno de menção que na Maçonaria todos os J...s são prestados dentro do mesmo triângulo, em sinal de que todo homem trino, com seu corpo, alma e espírito, está tomando parte na obra que está sendo realizada.

O Irmão J. S. Ward, em sua obra *The M. M's Book*, adverte que o candidato faz três viagens, como no Primeiro Grau, porém com objetivo diferente:

> Primeiramente satisfaz o S. V., representante do corpo, dizendo-lhe que é um Ap., isto é, um homem de bom caráter moral.

Depois satisfaz o P. V., representante da alma, dizendo-lhe que aproveitou as lições da vida para adquirir conhecimento intelectual. Depois vem a terceira viagem, quando se defronta de novo com a alma, que lhe pede a P. de P...

Se considerarmos conjuntamente esses significados, veremos que o candidato chega carregado de bens terrenos que em si trazem as sementes da morte, e inconscientemente representa em sua pessoa o artífice que construiu as colunas gêmeas e está a ponto de ser sepultado. Portanto, a Alma representa o espírito dizendo que está preparado para levar a termo a obra de seu insigne predecessor.

OS SETE P...S

Em todos os graus o candidato avança para o Oriente, o lugar da luz, mas em cada grau avança mais que no precedente.

No Primeiro Grau dá três p...s, que ainda então vão aumentando na proporção de 9-12-15; no Segundo, dá cinco p...s, em vez de três, que tendem definitivamente para cima e em forma de escada. No Terceiro Grau são sete os p...s, e os três primeiros se dão simbolicamente sobre um s...a..., mostrando que no plano superior onde o conduziu a escada sinuosa, o candidato triunfou da morte e além dela prossegue sem vacilar a senda de seu progresso.

Alguns autores opinam que ao dar estes p...s sobre o s...a..., deve o candidato, depois do primeiro p..., dar a frente para o Norte; depois do segundo, para o Sul, e após o terceiro, para Este, olhando assim para as três portas do templo por onde H. A. B. tentou escapar.

O J...

Em seguida presta o J... de M. M., que é talvez uma das mais formosas e transcendentais fórmulas que já foram escritas. Se todo M. M. cumprisse seu J... em toda a sua extensão, tanto na letra como no espírito, não demoraria nosso mundo em converter-se num céu. Citemos de novo o que diz o Irmão Powell em sua obra *The Magic of Freemasonry*, p. 98:

> "Fiel até a morte". Tal poderia muito bem ser a divisa do M. M., e se isso fosse verdadeiramente a chave de sua vida, a Maçonaria prestaria então um esplêndido serviço ao gênero humano, e seu nome seria honrado sobre todos os outros nomes de geração em geração.
> Se todos os M. Ms. cumprissem seu J... sem evasivas, equívocos, ou reservas mentais de nenhuma espécie, e preferissem morrer a manchar a boa reputação de um Irmão, ou a deixar de defender *a todo o tempo* a sua honra como se da sua própria se tratasse, seguramente haveria no coração humano um tal sentimento de fraternidade que colocaria o Altíssimo quase ao alcance de nossa visão terrena.
> Semelhante padrão de fidelidade nos M. Ms. conduziria os homens a um tal grau de benevolência, que não só cessariam de se injuriar uns aos outros, senão que seria pecado mortal omitir as obras de misericórdia.
> Este e não outro é o verdadeiro significado das C... P... de F... que o M. M. se compromete a manter. Não é coisa banal passar o primeiro portal e chegar a ser maçom; mas é empreendimento mais sério prestar o J... de M. M. com a promessa de ser fiel até a morte. Que cada M. M. reflita sobre isso e reafirme, por tudo que ele tenha como mais sagrado, sua determinação de, em cada prova e dificuldade, seguir o nobre exemplo da grande e simbólica figura que preferiu a morte a trair o seu juramento.

O J... não necessita de nenhum comentário, salvo talvez com referência à promessa de assistir às reuniões quando convocado, "se estiver dentro da distância de minha c... c...". Tem sido costume interpretar essa distância no sentido de "cinco quilômetros"; provavelmente significou, originariamente, "dentro de uma distância percorrível". Seguramente que nenhum M. M. que compreenda quão grande é o benefício de tomar parte nos trabalhos da Loja, gostará de desatender ao convite, se lhe for possível aceitá-lo.

Nesse caso, como em tantos outros, o Irmão Wilmshurst nos proporciona uma bela interpretação mística, tomando a c... c... como representando o "cordão de prata" que liga a parte mais sutil do corpo à mais densa, e sugerindo que um Irmão que não possa, por alguma razão plausível, atender a uma convocação fisicamente, pode, no entanto, assistir e participar astralmente da cerimônia, num plano superior. Se for aceita essa explicação, a extensão da c... c... seria a distância que o M. M. se sentisse capaz de viajar astralmente.

É perfeitamente possível e mesmo sobretudo desejável que o M. M. deva assistir astralmente às reuniões maçônicas, dando desse modo sua força e bênção a muitas Lojas, e fazendo muito mais trabalho pela Ordem do que o que poderá fazer limitando-se à sua própria Loja.

Um estudo mais desenvolvido da física da vida superior lhe mostrará que a existência do "cordão de prata" só é observável quando a matéria etérea se afasta do corpo denso, como no caso de um médium. E também a conexão entre os veículos físico e astral do homem comum é uma vibração simpática maravilhosamente exata, quiçá mais bem simbolizada por uma corda musical do que por um cordão de prata; mas a interpretação não deixa de ser completamente admissível.

AS FORÇAS ETÉREAS

Depois de prestar o J..., o V. M. procede à efetiva cerimônia de admissão do candidato, sendo o ritual externo idêntico ao dos graus anteriores, exceto as p...s e o nome do grau; mas os efeitos internos são muito diferentes.

Em cada um dos graus anteriores me referi às correntes de energia etérea que fluem através e ao redor da espinha dorsal de cada ser humano. A tal respeito escreve a Senhora Blavatsky:

"A escola trans-himalaica... coloca o *Sushumna*, sede principal dos três Nadis, no conduto central da medula espinhal, e *Ida* e *Pingala* dos lados esquerdo e direito... São *Ida* e *Pingala* simplesmente os sustenidos e bemóis daquela *Fá* da natureza humana... que, vibrando adequadamente, despertam as sentinelas de ambos os lados, o *Manas* espiritual e o *Kâma* físico, e subjugam o inferior por meio do superior...

O *Akasha* puro circula por *Sushumna*; seus dois aspectos fluem por *Ida* e *Pingala*. São os três ares vitais, simbolizados pelo cordão bramânico. A Vontade e o Desejo são, respectivamente, o aspecto superior e o inferior de uma coisa só. Daí a importância de se manterem puros os canais... De *Sushumna Ida* e *Pingala* parte uma corrente que, desde o canal central, circula por todo o corpo...

Ida e *Pingala* funcionam em toda a extensão da parede curva da coluna em que se acha *Sushumna*. São semimateriais, positivo e negativo, sol e lua, e põem em ação a corrente livre e espiritual de *Sushumna*. Seguem caminhos distintos, que lhes são peculiares; pois de outra forma se ramificariam por todo o corpo*."

Faz parte do plano da Maçonaria estimular a atividade dessas forças no corpo humano, a fim de apressar a evolução. Aplica-se esse estímulo no momento em que o V. M. cria, recebe e constitui o candidato. No Primeiro Grau afeta o *Ida* ou aspecto feminino da força, com o que facilita ao candidato o domínio das paixões e emoções. No Segundo Grau afeta o *Pingala* ou aspecto masculino, e o fortalece a fim de facilitar o domínio da mente. No Terceiro Grau se desperta a energia central, o *Sushumna*, e abre caminho para a influência superior do espírito.

É subindo por esse canal de *Sushumna* que o iogue deixa o seu corpo físico à vontade, de sorte que ele pode reter plena consciência nos planos superiores, e trazer para seu cérebro físi-

---

* *A Doutrina Secreta*, vol. VI, pp. 141, 173 e 182 (Ed. Pensamento).

co clara memória de suas experiências. As figuras expostas abaixo indicam toscamente o modo como as forças etéreas fluem através do corpo humano. O *Ida* sai da base da espinha dorsal, à esquerda do *Sushumna*, e o *Pingala* à direita (bem entendido, à esquerda e à direita do *corpo humano* e não do espectador). Na mulher estão invertidas essas posições. As linhas terminam na medula oblongada.

Na Índia chamam Bramananda, ou bastão de Brama, à espinha dorsal, e o desenho representado na *Figura* XXV (D) demonstra que também é o original do caduceu de Mercúrio, com as duas serpentes que simbolizam o *Kundalini*, ou serpente ígnea, movendo-se ao longo do canal medular, enquanto as asas representam o poder, conferido pelo fogo, de elevação aos planos superiores.

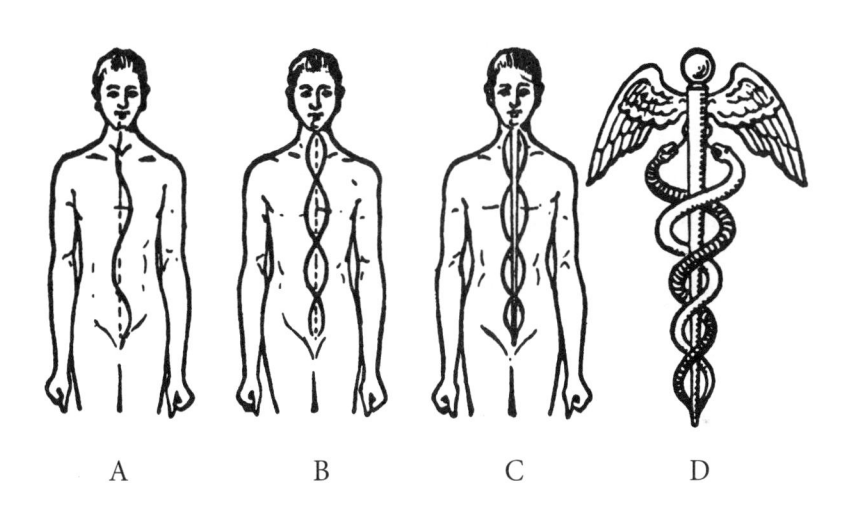

Figura XXV

A *Figura* XXV (A) representa o *Ida* estimulado depois da Iniciação no Primeiro Grau, e a linha é carmesim. Ao passar para o Segundo Grau, se acrescenta a linha amarela do *Pingala*, segundo o representa a *Figura* XXV (B); e quando da exaltação ao Terceiro Grau, completa-se a série com a linha azul intensa do *Sushumna*, representada na *Figura* XXV (C).

O estímulo desses nervos e das forças que por eles fluem é apenas uma pequena parte do benefício outorgado pelo V. M. quando esgrime a espada no momento da admissão. Já tratei da ampliação de relações entre a individualidade e a personalidade, e da formação de um laço entre certos princípios do candidato e os correspondentes veículos do C. D. T. O. V. M. As mudanças efetuadas são análogas às que descrevi em *The Science of the Sacraments*, ainda que não sejam de tão pronunciado caráter.

Não posso deixar de assinalar com bastante insistência e energia que, conquanto esses efeitos sejam absolutamente reais, infalíveis e universais, os seus resultados na vida espiritual do candidato dependem totalmente dele próprio. O laço estabelecido com o C. D. T. O. V. M. e a ampliação dos canais de comunicação oferecem ao homem uma oportunidade deveras incomparável na vida comum de um secular; mas de modo algum o obrigam a aproveitar tal oportunidade. Se, por ignorância ou desídia, não utiliza ele os novos poderes que lhe conferiram, estes ficarão adormecidos; mas se inteligentemente os emprega, irão aumentando em eficácia à medida que se familiarize com eles. Como diz o Irmão Ward em seu *The M. M's Book*:

> O benefício espiritual que um indivíduo recebe da Maçonaria está em exata proporção com o seu desejo e capacidade para lhe compreender o significado interno.

HIRAM ABIFF

É somente depois de haver recebido essa maravilhosa efusão de energia espiritual que o candidato é submetido à "maior prova de sua fortaleza e fidelidade", que envolve a parte simbólica do grau. Diante de si se desdobra agora um notabilíssimo drama, de que ele, muito inesperadamente, representa o papel de protagonista. A disposição do cenário é muito acertada e eficaz. O escurecimento da Loja, os hinos que se cantam, a música, as vestimentas dos oficiais e do candidato, e demais circunstâncias, estão admiravelmente calculados para produzir o desejado efeito. Então o novo M. M. ouve pela primeira vez a tradicional história que tão importante parte desempenha na Maçonaria.

O nome dado comumente a essa extraordinária narração parece algo impróprio, pois basta uma leve consideração para mostrar que não pode ser seriamente considerada uma história, no sentido comum do vocábulo; mas se a aceitarmos como uma lenda e a revestirmos de um significado moral, veremos que ela tem muito que nos ensinar. Não duvidamos de que sua figura central, Hiram Abiff, tivesse sido um personagem real; tampouco duvidamos que seu homônimo Hiram, rei de Tiro, o tivesse enviado a trabalhar por conta do rei Salomão, para decorar o templo. As escrituras hebraicas o descrevem como um habilíssimo metalúrgico, e aqueles que investigaram a construção das colunas veem confirmado tal qualificativo, ainda que não o encontrem sofrendo a morte sanguinária afirmada pela lenda.

Segundo expus no capítulo anterior, parece que o rei Salomão foi o introdutor dessa lenda na maçonaria hebraica, embora não mencionasse o nome que hoje em dia damos ao seu protagonista. Moisés trouxe do Egito o mito da morte e ressurreição de Osíris, que persistiu com algumas modificações até o tempo de Davi. Salomão, por motivos de patriotismo, transferiu para Jerusalém o teatro do drama, cujo interesse concentrou em torno do templo que acabava de construir. Ao mesmo tempo conquistou popularidade ao pôr seu ritual em concordância com o dos povos vizinhos, que na maior parte adoravam o deus fenício Tamuz, ao qual os gregos depois chamaram Adônis.

Conquanto haja Salomão refundido a lenda e lhe dado completo caráter hebreu, não introduziu nela o nome que nos é hoje tão conhecido, porque vimos Hiram Abiff atuando, como o que agora chamamos S. V., numa cerimônia privada de consagração e dedicação, na qual pela primeira vez se empregou o novo ritual de Salomão. Na mesma cerimônia, Hiram, rei de Tiro, desempenhou o cargo de P. V., ainda que por alguma razão enigmática se tivesse mantido secreta sua visita; e quase imediatamente regressou ao seu país. Nas cerimônias públicas, Adoniram ocupou o cargo de P. V.

Parece que Roboão, filho de Salomão, alimentou intensa antipatia por Hiram Abiff, que o havia repreendido mais de uma vez por seu orgulho e torpe conduta, de sorte que, quando morto seu pai, subiu ao trono e vingou-se de maneira estranha e pervertida de Hiram, decretando que a vítima do 3º usasse para sempre o seu nome. Difícil é compreender exatamente porque Roboão se havia de satisfazer com semelhante medida; mas talvez não fosse de todo responsável por suas ações, porque era homem, notoriamente decadente, degenerado e da pior espécie. É também possível que sua inimizade se tivesse mostrado por outras maneiras, pois Hiram Abiff achou logo conveniente voltar para sua pátria, onde morreu carregado de anos e de honrarias.

Disseram-me que faz poucos anos um príncipe javanês imitou o procedimento de Salomão, por motivos muito análogos aos que moveram o monarca hebreu. Ele e seu povo eram, ao menos nominalmente, maometanos; mas ele lhes disse: "Por que haveis de voltar o rosto para Meca em vossas devoções? E tenho aqui um formoso templo. Volvei a ele vosso rosto e não à Arábia, quando rezardes vossas orações". Parece que o povo aceitou a sugestão, e dessa maneira se variou o culto de um modo que bem poderia deixar perplexos os historiadores um século depois.

O Irmão Ward, em seu recente livro *Quem foi Hiram Abiff?* afirma que a lenda não é mais que uma adaptação a uma corporação de sacerdotes-reis que o mataram em sacrifício voluntário quando da dedicação do templo, a fim de atrair boa sorte para o edifício. Esse autor aduz muitas provas em apoio de sua hipótese e desenvolve vasto caudal de erudição ao reunir um surpreendente número de interessantíssimos fatos. Recomendo vivamente a nossos Irmãos a leitura do citado livro, conquanto me atenha ainda, fortemente, à ideia de que os hebreus receberam do Egito a Maçonaria, embora posteriormente ela sentisse, como realmente sentiu, a influência de Tamuz, prevalecente nas nações vizinhas.

O Irmão Ward cita exemplos da sobrevivência de traços do culto de Adônis nos lugares mais insuspeitos. Diz assim:

> Quando morre o Papa, um dignitário pontifício, armado de um malhete de marfim, dirige-se ao morto e golpeia-o levemente em ambas as frontes e no meio da testa, gritando-lhe que se levante, cada vez que o golpeia, e se à terceira vez não responde, proclama oficialmente a triste notícia de que o Papa morreu e, portanto, lhe deve ser eleito um sucessor.*

O Irmão Ward identifica, além disso, Hiram Abiff com Abiaal, pai de Hiram, o rei de Tiro, e ainda insinua a ideia de que Hiram não era um nome próprio, de pessoa, mas um título comum aos reis de Tiro, como o de faraó o era para os do Egito.

De outra fonte nos vem a notícia um tanto fantástica de que tampouco era Salomão um nome próprio, mas que sua verdadeira fonética é *Solomon*, que se subdivide em *Sol-om-on*. *Sol* significa o sol; *om* é a sagrada palavra dos hinduístas**; e *on* se deriva do grego *to on*, que significa a absoluta existência. Essa interpretação pode ser imaginária; mas parece certo que os compatriotas do rei o cha-

---

* *Quem foi Hiram Abiff?*, p. 74.
** Substitui-se por *Om* a verdadeira palavra, porque esta última é uma palavra de poder, o nome do Logos, cuja pronunciação faria estremecer o mundo e poderia matar o pronunciador.

mavam Solomon e pronunciavam seu nome como um anfíbrico* e em vez de o pronunciar como um dáctilo**, como fazemos nós.

Nos graus superiores da Maçonaria se altera um tanto o nome de Hiram Abiff, e mesmo na Bíblia o chamam às vezes *Huram*. Outra alteração é a de *Khairum* ou *Kurum*. A palavra *khur* significa branco ou nobre. Há a variante *khri*, que nalguns casos se converte em *khris*, dando com isso a ideia de certa analogia com as palavras *Krishna* e *Christo*. No *Livro de Job* há algumas passagens em que ao falar do globo do Sol o chamam de *Kris*.

Relata-se que o Hiram, rei de Tiro, foi o primeiro homem que ofereceu o sacrifício do fogo a *Khur*, denominado depois Héracles***. Refere Plutarco que os persas de sua época chamavam *Kuras* ao Sol; ele relaciona esse nome com o vocábulo grego *Kurios*, que significa Senhor, e o encontramos no serviço da Igreja como *Kyrie Eleison*. Também se relaciona o nome *Khur* com o egípcio *Hórus*, cujas modificações *Her-Ra* e *Haroeris* são nomes do deus solar. A palavra hebreia *Aoor* significa indistintamente luz, fogo e Sol, e dela se deriva o nome *Khurom*, equivalente ao grego *Hermes*.

O Irmão Wilmshurst também interpreta o nome Hiram como idêntico a Hermes, e conjectura ser possível traçar-se certa conexão entre a forma *Huram* e a palavra sânscrita *Guru*, que significa "instrutor espiritual". Por isso ele toma Huram Abiff como significando o Instrutor-Pai, ou o instrutor provindo do Pai****.

Também é um fato muito significativo que Hiram fosse um filho de viúva. Hórus, o filho de Ísis, era a reencarnação de seu próprio pai Osíris, e como filho póstumo, podia muito bem ser chamado filho da viúva.

Ainda que Hiram pertencesse à tribo de Neftali, havia nascido e residia em Tiro, e portanto pode muito bem ter sido ins-

---

* Verso da poesia latina ou grega, composta de três sílabas: uma longa no meio de duas breves. (N. do T.)
** Verso da poesia grega e latina, composto de três sílabas: a primeira longa seguida de outras duas breves. (N. do T.)
*** Ou Hércules. (N. do T.)
**** *The Masonic Initiation*, p. 100.

truído na fraternidade dionisíaca, que mantinha um centro naquela capital.

MORTE E RESSURREIÇÃO

Qualquer que seja a interpretação que se dê a essa tradição, é claro que se trata de um mito da morte e ressurreição. Talvez esteja expressa de maneira algo tosca, por não se fazer nenhuma referência à alma; apenas se ressuscita o corpo. Mas supõe-se, implicitamente, que ao ressuscitar-se o corpo se lhe voltará a unir a alma, como se diz que foi o caso quando Anúbis ressuscitou Osíris do ataúde com o mesmo gesto.

Duas assinaladíssimas características da religião exotérica dos egípcios eram o luto pela morte de Osíris e a alegria geral pela sua ressurreição. Ambos os acontecimentos são comemorados no ritual comaçônico. O primeiro pelas várias leituras que se prescrevem ao orador, e o segundo pela breve jaculatória: "Graças a Deus, que nos deu a vitória".

Além da lição dada sobre a vida depois da morte, há nesse estranho relato uma lição alegórica que devia ser decorada por todo M. M. De novo o Irmão Wilmshurst nô-la explica, dizendo que tal qual:

> O esquivar-se das atrações do mundo externo... a purificação e a subjugação das tendências corporais e sensuais... o trabalho de desapego e autopurificação constituem nossa obra inicial de Aprendiz... (tal como) a análise, disciplina e obtenção de domínio de seu mundo interior — da mente, dos pensamentos e das faculdades psíquicas e intelectuais — constitui a tarefa extremamente difícil do estágio de Companheiro... (assim) a "última e maior prova" está em quebrar e subordinar a vontade pessoal, a eliminação de todo senso de personalidade e egocentrismo, de modo que a minúscula vontade pessoal

possa imergir-se na divina vontade universal, e a ilusão da existência separada e independente abra caminho à consciente realização de unidade com a vida una que interpenetra o universo. Pois somente assim pode a gente alçar-se das condições de irrealidade, contendas e mortes simbólicas para um conhecimento da última realidade, paz e vida imortal. Atingir isso é atingir o mestrado, envolvendo completo domínio da natureza inferior e o desenvolvimento em si mesmo de uma superior ordem de vida e faculdade.*

Essa realização da absoluta unidade é talvez a mais maravilhosa experiência por que passa o homem no curso de sua evolução: uma felicidade tão profunda que ultrapassa todo poder descritivo. Nenhuma pessoa, nenhuma coisa está separada uma da outra, e no entanto tudo está perfeitamente claro; todos não passam de "expressões parciais de uma simples, subjacente, inexplicável unidade". Lorde Tennyson a descreveu assim:

De repente, emergindo da intensidade da consciência de individualidade, a própria individualidade parece dissolver-se e desaparecer no ser ilimitado. E isso não é um estado confuso, mas o mais claro dos estados mais claros, o mais seguro dos estados mais seguros, em que a morte não passa de ridícula impossibilidade, pois a perda da personalidade (se tal ocorresse) não representa nenhuma extinção, mas a única vida verdadeira. Envergonho-me de minha fraca descrição. Não disse eu que tal estado está além de todas as palavras? Eis a mais enfática declaração de que o espírito do escritor é capaz de transferir-se para um outro estado de existência, que não só é real, clara, simples, como também é infinita em visão e eterna em duração.

Outro Irmão da Ordem escreveu:

* *The Masonic Initiation.*

Conheceis tudo, e compreendeis as estrelas, as montanhas e as velhas canções. Todas elas estão dentro de vós, e todos vós sois luzes. Mas a luz é música, e a música é vinho violáceo numa grande taça de ouro, e o vinho na taça de ouro é o aroma de uma noite de junho.

A ESTRELA

Depois de efetuada a ressurreição simbólica, ainda se nos adverte de que qualquer luz que possa penetrar nos planos inferiores não é mais que visível obscuridade, e que para a verdadeira luz e mais pleno ensinamento, devemos alçar os olhos para a refulgente estrela matinal, cuja aparição traz paz e segurança aos homens fiéis e obedientes. Não há dúvida de que no mito que se ensinava no Egito Antigo, a estrela a que se aludia nesses termos foi originariamente Sírio. Diz o Irmão Ward em sua obra *The M. M's Book*:

> A associação destas ideias com a estrela Sírio é indubitavelmente o fragmento que chegou até nós do Egito Antigo, porque a aparição de Sírio coincidia com o começo do transbordamento do Nilo, que literalmente salvava o povo egípcio, irrigando os campos e pondo-os assim em disposição de cultivo para produzir seu sustento.

Contudo, para nós a estrela tem um significado simbólico e nos recorda a Estrela da Iniciação, que aparece como sinal de que o Senhor do Mundo aquiesce e aprova o ingresso de um novo candidato na potente e sempiterna Fraternidade*. Assim procuramos cumprir o preceito de nosso ritual, que diz:

---

* *Vide* obra de nossa autoria: *Os Mestres e a Senda* (Ed. Pensamento).

Que a Estrela esteja sempre diante de vossos olhos e que sua luz ilumine vosso coração. Segui-a como a seguiram os Magos da Antiguidade, até que vos conduza ao portal da Iniciação, onde brilha sobre o pórtico daquele glorioso templo eterno nos céus, do qual o de Salomão era tão só um símbolo.

A ASCENSÃO DA HUMANIDADE

A humanidade é apenas um degrau da potente escada da evolução. A vida divina que agora se manifesta por meio de nós, animou sucessivamente, em remoto passado, os três reinos elementais, e os reinos mineral, vegetal e animal. Atualmente essa particular onda de vida alcançou o reino humano, no qual ingressou pela porta da individualização há muitos séculos, e sairá do reino humano pela porta da Quinta Iniciação, a qual converte o homem em super-homem ou Adepto.

A humanidade percorre lentissimamente uma longa e larga estrada, que serpenteia ao redor de uma montanha e vai ascendendo gradualmente até o seu cume. A marcha é vacilante e amiúde irregular, até que a alma descobre subitamente o propósito de sua evolução; fixa-se no plano traçado por Deus para o homem e determina-se a empregar todas as suas faculdades no esforço de chegar o mais cedo possível ao cume. Então começa a ascender retamente pela encosta da montanha, e cada vez que seu atalho atravessa a estrada sinuosa, termina um definido estágio de seu progresso; em cada um desses pontos recebe uma Iniciação.

São cinco as grandes Iniciações. A primeira assinala o ingresso da alma no atalho, e a última, a sua entrada no Templo erigido no cume da montanha. Tornar uma viva realidade essa senda mais curta e alcantilada deve ser o esforço de todo M. M.; os três graus simbolizam indubitavelmente os estágios nessa estrada.

O Ap., como personalidade, deve ocupar-se em dispor seu corpo físico para utilização superior; mas ao mesmo tempo, como Ego, há de fomentar a ativa inteligência em seu corpo causal, exatamente o mesmo que faz o discípulo de um Mestre, quando se predispõe para a Iniciação. Sem dúvida não quero dizer que procedam assim todos os Aps., e nem sequer que possam fazê-lo; mas esse Grau tem por meta tal desenvolvimento, e quanto mais cedo comece a ascender, melhor será para ele.

Analogamente, o C. predispõe sua natureza emocional no nível inferior, enquanto desenvolve o amor intuicional em seu corpo búdico. O M. M. ordena a sua vida mental nesse plano, ao passo que, como Ego, fortalece a sua vontade espiritual.

Mas todos os maçons de todos os graus podem se desenvolver melhor pelo esforço incessante de auxiliar os outros. Cada novo poder obtido deve ser aplicado nesse objetivo. O M. M., particularmente, havendo alcançado esse sublime Grau, há de estar a todo tempo vigilante às oportunidades de ser útil, não somente a seus Irmãos maçons, mas a todos os que vivem no mundo externo.

Tem-se dito com acerto que todo M. M. deve também ser um Mestre Médico, isto é, verdadeiramente ansioso por ajudar aqueles que sofrem necessidades e moléstias físicas. No entanto, mais que tudo deve ser um autêntico médico da alma, sempre labutando para iluminar aqueles que permanecem nas trevas e na sombra da sorte, e guiar seus pés pelo caminho da paz.

FOGO, SOL E LUA

Nas escrituras hinduístas encontramos certas passagens que parecem fazer convergir as mesmas ideias de ângulos diferentes, e que devem interessar os maçons. Ali se diz que os centros do umbigo, coração e garganta são, respectivamente, os lugares do fogo, sol e lua, e também se declara que quem medita nesses centros achará neles as Devis *Saraswati*, *Lakshmi* e *Parvati* ou *Girija* na mencionada ordem. Essas Devis são os exteriorizados poderes ou *Shaktis* de *Brahma*, *Vishnu* e *Shiva*, as três pessoas da Divina Trindade, e possuem as qualidades de infundir conhecimento, prosperidade e domínio próprio, ou seja, ajudar o homem a alcançar seus mais altos objetivos mental, astral e físico, porque os princípios físico, astral e mental são reflexos (invertidos como o de uma montanha num lago) dos princípios da tríada superior.

Saraswati é a patrona da instrução e sabedoria prática; *Lakshmi* satisfaz os desejos, enriquecendo e preenchendo a vida, e quando se lhe adora, santifica toda prosperidade material; *Girija* ou *Parvati* abençoa o corpo físico e santifica seus poderes. O Ap. tem de aperfeiçoar o seu corpo físico, e portanto, o auxílio de que necessita está simbolizado na vontade de *Girija*; ao C. cabe aperfeiçoar o seu corpo astral com a ajuda do amor de *Lakshmi*, e o M. M. há de aperfeiçoar o seu corpo mental, auxiliado por *Kriyashakti*, ou o poder do pensamento de *Saraswati*.

Para dominar e organizar a sua natureza física, de modo a torná-la útil à sua natureza superior, o Ap. deve empregar a sua vontade, o poder de *Shiva*, a Primeira Pessoa da Trindade, refletida em sua Devi *Girija*. Para transmutar as paixões do corpo astral, o C. deve empregar o seu amor intuicional, procedente de *Vishnu*, a Segunda Pessoa, por meio de, *Lakshmi*. Para dominar a mente vacilante e torná-la perfeito instrumento para o Ego, o M. M. tem de empregar o poder do seu pensamento, a divina atividade de *Brahma*, a Terceira Pessoa, refletida em *Saraswati*. A senhora Blavatsky disse que o aspirante deve fazer um fardo com as coisas inferiores e pregá-lo ao Ego; quando o tiver feito, terá cumprido o destino que lhe está assinalado: terá transposto a sua s... a... com t... p...s.

Essa alusão é análoga à das p...s nos três graus, e em nada altera o fato de que o Ap. está ao mesmo tempo aprendendo a controlar as suas emoções, e o C. a conseguir domínio da mente. O maçom realiza simultaneamente duas tarefas: desenvolve-se e adianta-se nos planos superiores, e ainda aperfeiçoa e domina os seus instrumentos pessoais.

Como estarão relacionados esses instrumentos com o fogo, o Sol e a Lua? Recordemo-nos de que as três luzes menores são: 1ª, o V. M.; 2ª, o Sol — o P. V.; 3ª, a Lua — o S. V. Em sua qualidade de luzes menores, esses dignitários correspondem às Devis. É o S. V. que cuida especialmente dos Aps., o P. V. dos Cs. e o V. M. dos M. Ms.

É interessante notar-se que na explicação acima o fogo corresponde à mente. Vê-se outro aspecto da mesma verdade no fato de ser a mente o poder motor da Ciência moderna. Sem o fogo não poderiam existir a química, física, geologia, astronomia e todas as aplicações práticas dessas Ciências. O M. M. maneja simbolicamente esse poder; sabe trabalhar os metais; fundir as colunas ocas por dentro, para conter os arquivos da alma e do espírito. Em sua mão está *Kriyashakti* ou o poder criador.

Diz-se que o curso da Lua simboliza a vida do homem comum, o qual adere aos objetos de desejo e deles se separa com relutância na hora da morte. Depois de haver passado um período de tempo nos mundos astral e mental, volta ao mundo físico e repete o processo. É o curso dos renascimentos periódicos. O curso do Sol é o do aspirante ocultista, do homem de desejos espirituais, que só aprecia a vida pelo que ela pode beneficiar ao Eu Superior, tanto nos outros como em si próprio. Também renasce, mas sem intervalo, ou depois de um muito curto. A Senda do Fogo é a senda da ascensão, na qual a lei da necessidade já não obriga ao renascimento, pois o Ego só o faz por sua escolha e só para ajudar o mundo.

OS TRÊS VILÕES

Pouco resta a dizer sobre o restante da lenda tradicional. Cabe notar a curiosa semelhança entre os nomes dados aos três vilões e ainda mais rara circunstância de que as três terminações dos nomes componham juntas as palavras sagrada *Aum* ou *Om*. Diz-se que *Jubel* e *Yehubel* significam "bem e mal"; ou também podem ser interpretados como contendo os dois nomes de *Jah* (*Jehovah*) e *Bel* ou *Baal*, que para um judeu daquela época teriam igualmente significado o bem e o mal.

A INSCRIÇÃO

Finalmente mencionaremos a misteriosa inscrição que com caracteres maçônicos se escreve na placa em cima do esq...e no p...l desse grau. Qualquer aluno primário conhece esse criptograma em sua forma corrente; mas é suscetível de numerosas transmutações. Uma destas coloca as letras em desusada disposição, e tem de ser lida da direita para a esquerda. Feita assim, ela produz as iniciais de nosso Mestre, a declarada data de sua morte, e a senha e contrassenha do grau. Mas unicamente um maçom é capaz de decifrá-la.

9. Os graus superiores

A maioria dos maçons masculinos sustenta que a Ordem compreende somente os três graus de Ap., C. e M. M., embora se admitam na Maçonaria inglesa os graus de Mark e Santo Arco Real como extensões nominais dos Segundo e Terceiro Graus, respectivamente. Também usam uma cerimônia de Instalação para o Mestre de uma Loja, que é praticamente um grau adicional, embora nunca assim denominado.

Entre os maçons masculinos, só trabalham com os graus superiores aqueles que pertencem ao Rito Escocês Antigo e Aceito, conquanto várias outras pequenas corporações maçônicas usem alguns desses graus. Os Ritos de Mênfis e Misraim costumavam ter uma lista de 97 graus, mas os reduziram agora para 33. Não obstante, embora muitos maçons não os admitam, esses graus superiores fazem parte definida do grande esquema maçônico, sendo como que uma série de marcos na Senda ascendente que conduz à união consciente com Deus. Em seu ritual e simbolismo esplende uma sucessão de quadros de estágios progressivos de realização espiritual, em que se confere poder sacramental adrede preparado para apressar o crescimento das faculdades internas do homem, em vários níveis e de várias maneiras.

Portanto, no Rito Comaçônico nós reconhecemos ambas essas séries de graus, e as admitimos como constituindo um conjunto coerente, que conduz a um estágio muito alto de desenvolvimento àqueles que trabalham satisfatoriamente com ambas. Mas estes objetivam claramente atender a duas categorias de pessoas: a maioria e a minoria.

Ao homem comum satisfazem plenamente os três graus preliminares da Ordem Maçônica; ao aprender as lições ali ensinadas, ele não é mais o homem comum, pois ultrapassou a classe média.

Se puder suplementá-los com o conhecimento transmitido pelos graus de Mark e Santo Arco Real, ele contará com uma regra de vida e uma filosofia que o guiarão honrosamente durante o resto de sua atual existência e lhe assegurarão boa oportunidade de progresso na próxima.

No Santo Arco Real ele ultrapassa os substitutos dos segredos e aprende a genuína Palavra, infelizmente perdida há longo tempo. Pois a verdadeira Palavra é o Nome de Deus, e aqueles que mantêm uma indigna concepção da natureza e atributo de Deus, permanecem na ignorância desse verdadeiro Nome.

O PLANO MAÇÔNICO

O plano maçônico visa, evidentemente, desenvolver os princípios do homem em ordem regular. O trabalho da Loja Azul concerne primariamente à personalidade transitória o instrumento temporário da alma. Se se ouve a língua de boa referência a favor de um homem, podemos presumir que ele mantenha seu veículo físico sob controle satisfatório. Mas no grau de Ap. é ele instruído a trazê-lo completamente dominado, a suavizar e a polir a pedra bruta, e ao mesmo tempo, a manter sua natureza emocional dentro dos devidos limites, reprimindo-lhe os aspectos inferiores e desenvolvendo-lhe o lado superior. Como C., ele aprende a dominar de maneira absoluta essas emoções, ao passo que trabalha no desenvolvimento gradual dos poderes de seu corpo mental, no despertamento e educação de suas faculdades intelectuais.

Como M. M. se lhe ensina a corresponder a esse sublime título pela obtenção de completo domínio sobre a personalidade, tanto da mente como das emoções; e a desenvolver uma magnífica atitude de fraternidade e altruísmo, que o impele sempre a tomar o ponto de vista do Ego, de modo que nunca mais consinta ao esquadro obscurecer o compasso, mas o conduza pelo Vale da Sombra da Morte para o limiar daquele mundo celeste onde sempre mora o Eu imortal. Pois a morte e ascensão místicas também relatam não só a continuidade da existência da personalidade no mundo astral depois da morte do corpo físico, mas, num sentido superior, simbolizam a morte de todo o perecível, e a conquista de uma realidade eterna além dos véus do espaço e do tempo.

A CERIMÔNIA DE INSTALAÇÃO

Sempre me pareceu motivo de bastante pesar o fato de que nos trabalhos da Maçonaria continental tenha sido grandemente truncada, e mesmo inteiramente omitida, a bela cerimônia de Instalação do Mestre de uma Loja. O cargo de V. M. é de muitas dificuldades e responsabilidades, e para mantê-lo com êxito se requer uma combinação de qualidades não frequentemente declaradas. Firmeza e perfeita justiça se devem combinar com tato, adaptabilidade e persuasão. O V. M. precisa manter entusiástico interesse pelo trabalho maçônico, forte determinação para conservar suas tradições imemoriais e a santidade de suas balizas, bem como uma ardente resolução de sempre realçar a dignidade da Ordem, sem, contudo, jamais se esquecer por um momento de que a gentileza e o amor fraternal constituem a própria essência e fundamento de todos os seus trabalhos.

O Irmão cujo dever consiste em desenvolver essas características dentro de si mesmo, necessita, manifestamente, de todo auxílio que se lhe possa proporcionar. E inquestionavelmente ele recebe mais poder do alto pelo uso de uma cerimônia suntuosa e impressiva, do que pelo mero fato de ser eleito pelos Irmãos e tomar assento na cátedra do Mestre. Aparentemente o C. D. T. O. V. M. aceita e aprova o costume do rito mutilado dos países onde ele prevalece, pois a sucessão prossegue, embora haja um sentimento completamente diferente acerca do efeito produzido*.

A confirmação da autoridade efetiva ocorre no momento em que o V. M. é solenemente instalado em sua cadeira como um

---

* *Vide* pp. 155-156.

certo s...l e p...a de poder, mas subsiste também um adequado e formosíssimo simbolismo oculto nos outros s...s. O s... de ac... é o de um poderoso e dignificado monarca chamando alguém ao qual está prestes a outorgar um favor; o p...lo e o s... de s... dão as sugestões mais valiosas quanto à natureza da conduta de um Mestre na Cátedra, e a s... de um m... de a...e e c...a expressa bem a cortesia e dignidade que devem caracterizar todas as suas ações.

O GRAU DE MARK*

No Grau de Mark se estimula o aspirante a acrescentar ao progresso geral que se espera de todos os maçons o desenvolvimento de toda e qualquer inclinação ou poder especial que ele possua, a fim de que suas habilidades possam estar assim à disposição de seus Irmãos e ser utilizadas em benefício de sua Loja, e o trabalho que lhe passe pelas mãos leve em si a marca de suas características particulares. Assim, é dever especial do maçom do Grau de Mark desenvolver suas inclinações, não para sua autoglorificação, mas para o bem de seus Irmãos; enquanto o trabalho do Mestre de Mark consiste em descobrir nos que se acham a seu cargo as inclinações, mesmo ainda não suspeitadas, que eles possuam, e fazê-las vir à tona sob seus cuidados carinhosos e protetores.

Ao mesmo tempo se ensina ao neófito, por meio do ritual, a necessidade de humildade e paciência. Ele faz uma ch... da ab..., que é uma obra bela e excelente, mas para a qual os construtores não estão ainda preparados, e consequentemente, ela tem que ser posta de lado por enquanto. Em seu desapontamento, sente primeiro o candidato que desperdiçou seu trabalho vital; mas se lhe exorta a demonstrar paciência e fortaleza, que tempo virá em que seu trabalho poderá ser aceito e utilizado. Essa experiência é ine-

---

* Literalmente: *de marca*. Preferimos conservar a palavra inglesa por ser a mais usual na terminologia maçônica. Significa *distinto, proficiente, eminente, marcante*. (N. do T.)

vitável na vida daquele que se esforça por servir a humanidade. O estudante deve estar preparado para aceitar que há ideias que, embora inquestionavelmente boas em si, têm, contudo, que ser rejeitadas quando apresentadas prematuramente. Deve aprender a subordinar sua vontade à do G∴ A∴ D∴ U∴, a trabalhar na tarefa que lhe haja sido prescrita, e a desempenhar a parte que lhe tenha sido assinalada no grande plano de que ele é apenas uma fração infinitesimal, embora necessária.

> Por cheio que esteja o mundo,
> Há lugar para o homem ardoroso;
> Deus tem necessidade de mim, ou eu não existiria;
> Aqui estou para ajudar o plano.

Nos graus da Ordem Maçônica podemos observar uma profecia ou penumbra das verdadeiras iniciações que se acham à frente da Senda do neófito, tomando-se o Grau de Ap. como uma imagem da entrada na Senda Probatória, o de C. como representando o entrar na Corrente que é a Primeira das Grandes Iniciações, e o de M. M. como simbolizando o Quarto Passo, ou a Iniciação do *Arhat*.

A característica do Grau de C. é serviço; todos os seus cinco estágios são formas de serviço, os quais conduzem àquela condição em que as mãos do candidato estão perpetuamente livres para empunhar toda e qualquer ferramenta que se faça necessária no momento, no trabalho de auxiliar outros.

Como se reconhece o Grau de Mark como originariamente tendo feito parte do de C., o Exc. e Perf. Irmão Wood interpreta o Homem de Mark e o Mestre de Mark como simbolizando, respectivamente, a Segunda e a Terceira das Grandes Iniciações, conduzindo assim, muito satisfatoriamente, ao Grau de M. M., que é, evidentemente, uma penumbra do Estágio de *Arhat*.

O mesmo Irmão também nota no sistema hinduísta uma interessante analogia com o ensinamento do Grau de Mark. O homem que entrou no Primeiro Estágio da Senda propriamente dita é ali chamado *Parivrájaka*, o Errante, o que se toma no sentido de que o Iniciado não tem lar certo, nem alicerce ou ancoradouro neste mundo físico. Está assim expresso num hino: "Aqui sou apenas um estrangeiro; o céu é o meu lar". Realizou a primeira parte dessa citação, mas não realizou completamente a segunda. Sente como se fosse um simples visitante nessas regiões mundanas, onde a maioria das pessoas se estabelece e edifica seus lares; contudo ele não está definitivamente estabelecido no trabalho espiritual. Quando houver eliminado os três grilhões do egocentrismo, dúvida e superstição, é então chamado *Kutichaka*, o Construtor da Cabana. Agora não é mais um errante não estabelecido nos mundos, pois achou por si mesmo um lugar e trabalho definidos no plano búdico. Conseguindo isso, dá-se-lhe uma marca, simbolizada na fraseologia maçônica e bíblica como uma pedra branca*, na qual se inscreve um nome, que é o nome verdadeiro do Ego.

O termo hinduísta aplicado ao homem que dá o terceiro grande passo é *Hamsa*, o Cisne. Supõe-se que esse nome se baseie numa antiga fábula que dotava esse pássaro da apócrifa faculdade de separar o leite da água depois de haverem sido misturados. É, portanto, tomado como símbolo do homem cujo discernimento é perfeito, que pode distinguir o que é digno de ser feito e o faz, e portanto, "marca bem".

Os Oficiais de uma Loja de Mark representam os sete princípios no homem, tal qual na Loja comum, mas adicionalmente temos ali três Supervisores, que guardam os Portais do Sul, Ocidente e Oriente. Estes também ocupam seu exato lugar na série de princípios quando os tomamos como simbolizando o *antahkarana*, que no Iniciado se tornou um canal ativo entre o Ego e a personalidade. Diz o Irmão Wood que assim como os Senhores do Carma selecionam uma porção de carma acumulado, para ser esgotada num limitado período de vida, e essa porção se expressa nos corpos do homem e em seu ambiente, assim o Ego seleciona uma porção de si mesmo para ser o agente interno (*antahkarana*)

---

* Cf. *Apoc.* 2:17. (N. do T.)

entre eles e a personalidade*. Esse *antahkarana*, que é triplo, contém assim o plano de trabalho para a encarnação, e os Supervisores, na qualidade de agentes dos Senhores do Carma, velam por esse plano.

Quando o homem passou a Segunda Iniciação, por haver eliminado os três grilhões antes referidos, ele começa a ver e a agir segundo o plano maior do Ego, que é superior à porção encarnada. Mas os Supervisores não lhe permitirão seguir sua visão a ponto de negligenciar o trabalho inferior que tem ainda de executar. Não que deva perder a sua visão, e sim, submeter-se humildemente aos deveres que lhe restam ser cumpridos nas vias comuns.

O SANTO ARCO REAL

Assim como o Grau de Mark é uma extensão do de C., assim também o do Santo Arco Real de Jerusalém é uma continuação lógica do Grau de M. M. Propositalmente estou pondo de lado toda consideração da confusão elaborada em sua história, embora eu haja introduzido algumas notas a seu respeito em meu segundo volume, *Pequena História da Maçonaria*. Basta dizer-se aqui que todos os graus superiores referidos neste livro têm suas raízes nos Antigos Mistérios, do mais remoto passado. Não foram, como se supõe frequentemente, criados posteriormente por cerimonialistas da Idade Média, porém foram revividos e reintroduzidos por sugestão direta ou indireta do C. D. T. O. V. M., quando Ele julgou desejável o seu reaparecimento. Jamais se deve esquecer que através dos séculos ele (ou o seu antecessor no cargo) tem sido "A Vida Oculta da Maçonaria", e que essa vida tem se manifestado de muitas maneiras e por meio de inesperados canais, quando e onde quer que melhor pareceu à execução da grande Obra.

Para explicar, dentro do permissível, o ensinamento maravilhosamente iluminador do grau verdadeiramente sublime do

---

* Isso vem explicado em seu livro *Os Sete Raios* (Ed. Pensamento).

Santo Arco Real, me servirei da exposição dada no Discurso Místico do Ritual Comaçônico do grau, com exceção apenas dos pontos que é necessário manter secretos.

Havendo, simbolicamente, atingido no 3º Grau o limiar da imortalidade, depara o aspirante com uma busca a fazer, a busca dos G... S... do M. M., perdidos com a morte prematura do Mestre H... A... Por meio do ensinamento ministrado neste Grau do S. A. R. vemos pela primeira vez por que e como se perdeu a Palavra Sagrada em consequência dessa morte. Não é porque haja sido esquecida, mas porque os Três Principais haviam jurado pronunciá-la somente quando estivessem reunidos. Assim todos os M. Ms. juram procurar esses segredos perdidos, até encontrá-los. São os segredos da natureza eterna do homem, os segredos da Divindade que ele esqueceu em consequência de seu envolvimento no véu da matéria e que, informa-se, poderão ser encontrados desde que se siga a direção de uma estrela, como o fizeram os sábios da Antiguidade. Essa estrela é a Estrela da Iniciação, a estrela da presença de Deus em nossos corações.

O Grau de S. A. R. conduz o neófito a uma etapa ulterior em sua busca, sendo assim uma final preparação para o sublime Grau de M. M., e era uma parte integrante da mesma tradição hebraica. A hora simbólica do S. A. R. é a do começo da construção do Segundo Templo*, o Templo da alma do homem, tal qual o Templo do Rio Salomão representa o de sua personalidade transitória.

Mas antes de poder o inquiridor encontrar a P... perdida, essa Luz Interna que reside em todas as coisas criadas, que está sepultada no Templo do Rei Salomão, deve sua visão estar tão purificada que ele possa contemplar sua presença com os olhos desvendados. A conquista dessa verdadeira visão espiritual é simbolizada pela Passagem dos Quatro Véus na estrada para a Cidade Celeste, o Santuário de Luz e Paz; pois os véus representam as limitações da consciência que cegam a sua visão da verdade. As P...s de P...

---

* O templo construído por Zorobabel e os judeus depois do cativeiro de Babilônia. *Esdras*, cap. 3. (N. do T.)

dos Véus explicam os meios pelos quais pode o inquiridor remover as barreiras que o detêm, e lhe mostram as qualidades a ser desenvolvidas para realizar o real progresso espiritual. Tal é a obra do excelente Grau de Mestre, a qual é empreendida com o poder e a luz da estrela.

No Capítulo do S. A. R. se leva a busca da P... a uma conclusão temporária. Por um acidente aparente é o candidato levado a descobrir a Abóboda Secreta do rei Salomão, sepultado bem no fundo da terra. Nessa abóboda ele encontra o s... e m... N... do Al., e em sua obra maçônica consegue pela primeira vez a visão direta da Divina Presença. O poder sacramental investido nesse grau objetiva apressar o crescimento da Centelha Divina em seu interior, de maneira que aqueles que vivam retamente os ensinos referentes à verdade da imanência de Deus, possam conseguir sua consciente realização, e o candidato possa estar assim capacitado para reconhecer a presença de Deus em todas as coisas, por mais profundamente velada que esteja essa presença aos olhos da carne.

Os ensinamentos do Grau de S. A. R. se acham formosamente sintetizados nas palavras do salmista:

Para onde me irei do Teu Espírito? Ou para onde fugirei de Tua Presença?
Se eu subir aos céus, lá Tu estarás; se eu descer ao inferno, também ali estarás.
Se eu tomar as asas da alva, e permanecer nos extremos do mar, mesmo ali me conduzirá Tua mão, e Tua destra me susterá.
Se eu disser: Talvez as trevas me encubram; então minha noite se tornará dia.
Sim, Contigo as trevas não são trevas, mas a noite é tão clara como o dia; para Ti são iguais as trevas e a luz.
(Salmo 139:7-12).

Certos emblemas que nos são realçados na cerimônia do S. A. R. estão cheios de solene significação e valiosas sugestões. O significado do N... Divino que se descobre na Abóbada

Secreta do rei Salomão, é por igual simples e profundo. Ensina que Deus é um único e mesmo Deus, qualquer que seja o Nome por que O chamem, e está imanente tanto no mais ínfimo como no mais elevado.

Proclamando assim a paternidade universal, mantém também a fraternidade universal e apresenta aos nossos companheiros o mais nobre dos ideais.

O símbolo está totalmente circundado pelo círculo, emblema do próprio Deus, a eterna realidade atrás e dentro de todas as coisas, imutável e todavia contendo todos os elementos de mutabilidade. Desse círculo se pode em verdade dizer que tem seu centro em todas as partes e sua circunferência em nenhuma parte, pois é a Onipresença manifesta no símbolo. Ademais, no círculo esplende uma profunda verdade da criação. É gerado pela radiação de um centro, isto é, sua circunferência é determinada pelos limites dos raios emanados do centro para todas as direções. No sentido mais profundo, é essa radiação que constitui o próprio círculo, porque o centro e a circunferência são apenas momentos alternados no processo da radiação. Por esta podemos compreender que a Criação, ou a radiação do Centro Divino de todas as coisas viventes, não é uma ação executada em algum momento particular por Deus, mas é contínua; é o Seu próprio ser; a Criação é coeterna e coexistente com Deus.

Em realidade, toda a criação emana do Centro Divino. Os inúmeros raios se movem cada um em sua particular direção para a circunferência; mas ao passo que no centro todos eles são um, na circunferência são múltiplos, sendo cada raio distinto de todos os outros. Assim, em Deus tanto a unidade como a multiplicidade estão simultaneamente contidas; no centro tudo é um e na circunferência tudo é múltiplo.

No mundo externo vivemos na circunferência do Círculo Perpétuo; todos estão separados e por isso sofrem. A Arte Real da Maçonaria ensina-nos que temos de caminhar por nosso próprio raio de manifestação para aquele centro onde nenhum M. M. pode errar, a fim de redescobrirmos a verdade da unidade da Vida Divina em todas as coisas. Quando nos movemos na circunferência, nos movemos no tempo; contudo, quando contemplamos o círculo como um todo, vemos sua circunferência simultaneamente em todas as suas partes, e somos assim levados a compreender que o tempo é apenas nossa deturpada visão da eternidade.

O símbolo do círculo nos ensina, também, o poderoso ritmo da Criação; todas as coisas emanam do centro da unidade para a circunferência da multiplicidade, e depois retornam de novo para essa unidade donde surgiram. É este o Eterno Sopro de Deus, o Sopro da Criação que se manifesta amplamente em todo o Universo: na vida do homem, com seu ciclo de existência da infância através da virilidade até a velhice, e na natureza com as suas alternações de dia e noite e a sucessão rítmica das estações. Em conexão com isso, é interessante notar-se a quantidade de palavras com a acepção de "espírito", existentes em diferentes línguas e que primitivamente significavam "sopro": *spiritus* no latim, *pneuma* na Grécia, *ruach* entre os hebreus, *atma* no sânscrito. É este Sopro Divino, o Espírito Santo, o Fogo Criador de Deus, que invocamos especialmente no Grau do S. A. R.

Dentro do círculo está colocado o triângulo, o qual nos ensina que Deus, embora uno em essência, se manifesta como uma trindade: poder, sabedoria e amor. A Vontade Divina é o centro do círculo repousando na eterna e imutável paz; a Sabedoria Divina é o processo da radiação, o Espírito Santo que é a Fonte da Atividade Divina, criando a multiplicidade de coisas ao emanar do centro; o Amor Divino se mostra na circunferência do círculo, unindo todas as criaturas separadas no mesmo vínculo de paz.

Essa tripla natureza do Divino está presente em toda a Criação, em cada objeto e em cada criatura. Em nossa consciência se manifesta na vontade espiritual, sabedoria intuicional e inteligência criadora, que são os três aspectos ou modalidades do Espírito no homem, feito à imagem e semelhança de seu Criador. No Universo que nos circunda a vemos como as três qualidades de manifestação: inércia, mobilidade e ritmo, conhecidas na filosofia hinduístas como as três *gunas* e na filosofia ocidental como espaço ou extensão, tempo ou mudança, e ritmo ou qualidades que dão a cada coisa sua natureza distinta e essencial.

Outro símbolo da Criação é a cruz inscrita dentro do círculo, mostrando como o Divino em manifestação está crucificado na cruz da limitação, sofrendo voluntariamente para que o mundo possa vir à existência. Nesse processo de Criação, o Divino como vida e o Divino como forma parecem uma dualidade, mesmo que sejam apenas manifestações do Deus único e eterno. Esse duplo papel ou aparente dualidade no universo é igualmente simbolizado pela cruz, que destarte se torna o emblema do Quádruplo Nome de Deus. Entre os rosa-cruzes medievais tomavam-se os quatro braços dessa cruz para simbolizar os quatro elementos — água, fogo, ar e terra — chamados em hebreu Iammim, Nour, Ruach e Iabescheh, e correspondendo ainda às Quatro Bestas junto ao trono de Deus, para nós simbolizadas pelos Quatro Grandes Estandartes da Ordem.

Desde que aprendemos ser toda vida a Vida Divina, resulta também que a fraternidade dessa vida é em verdade universal, e não está de nenhuma maneira confinada às espécies humanas. Não só é todo homem nosso Irmão, qualquer que seja a sua raça, cor ou credo, mas também os animais e árvores ao nosso redor — até mesmo as próprias rochas sob nossos pés — são todos nossos Irmãos mais jovens, todos partes da mesma poderosa evolução. Quando atinamos com todo o significado desse conhecimento, quando verificamos a grande diferença que ele produz em nossa atitude para com o mundo que nos envolve, e a grande mudança que a prática da verdade aqui ensinada deve produzir em cada Companheiro, não nos admiramos do alto conceito em que os escritores maçônicos têm este Grau do S. A. R. de Jerusalém, e o consideram como a coroa e complemento da Maçonaria, por causa do conhecimento de Deus que nos proporciona.

Um símbolo curioso mas instrutivo, característico desse grau, é o chamado Triplo Tau, formado de três níveis, um permanecendo perpendicular e dois horizontalmente justapostos no centro (*Figura* XXVI). O Tau no Egito Antigo era o equivalente simbólico da cruz; significava a crucificação da vida no mundo de manifestação. Era também o emblema da natureza andrógina da Divindade, simbolizando Deus como Pai-Mãe.

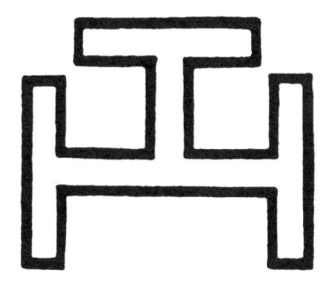

Figura XXVI

No avental do V. M. notamos os três Taus separados. No Santo Arco Real os vemos conjugados, pois o ensinamento ali ministrado é o da unidade a ser encontrada em todo esse tríplice universo. Esse ensinamento também significa que cada pessoa dessa trindade tem seu aspecto masculino e feminino, o que é precisamente a mesma ideia expressa na religião hinduísta pelo enunciado de que cada pessoa tem seu *Shakti*, comumente descrito como seu consorte. Assim o três-em-um se torna seis-em-um, e com o circundante círculo que indica a totalidade imanifesta, temos o místico sete.

Na Maçonaria do Santo Arco Real também se denomina "chave" ao Triplo Tau. Contém oito ângulos retos, e é empregada como medida ou mnemônica pela qual se podem calcular os sólidos platônicos. Tomada isoladamente, comensura com o tetraedro, cujos lados, sendo quatro triângulos equiláteros, equivalem a oito ângulos retos, porque a soma dos ângulos internos de qualquer triângulo igualam a dois ângulos retos. Relata-se que esse sólido fora usado pelos platônicos como símbolo do elemento fogo.

Duas dessas chaves equivalem ao octaedro, que contém seis ângulos retos, e se considerava representar o ar. Três Chaves comensuram com o cubo, cujos lados contêm 24 ângulos retos; considerava-se essa figura como simbolizando a terra, porque de todas as figuras é a mais firme e imóvel sobre sua base.

Cinco dessas chaves perfazem quarenta ângulos retos, que equivalem à soma dos contidos nos vinte lados equiláteros do icosaedro. Tomava-se este sólido como expressando o elemento água.

O sólido platônico restante, o dodecaedro, tinha como seus lados doze pentágonos regulares. Em geometria é uma regra que os ângulos internos de qualquer figura retilínea são iguais a duas vezes tantos ângulos retos menos quatro, quantos são os lados dessa figura. Daí que os ângulos internos de um pentágono são 10 - 4 = 6 ângulos retos. Portanto, o dodecaedro compreende 72 ângulos retos, e consequentemente, é representado por nove chaves.

Assim se verifica que essa chave é a maior medida comum de todos os sólidos platônicos. É por esse motivo que no pergaminho que o envolve na Joia do Santo Arco Real deparamos com a frase latina: *Nil nisi clavis deest*, "Nada se quer senão a chave". Essa frase nos ensina, de um lado, que sem o conhecimento interno todos esses símbolos não têm vida, e do outro, que por grandioso que seja o ensino ministrado, ainda há mais para se encontrar, se nos movermos pela senda do progresso maçônico.

Existe um método pelo qual, subdividindo os triângulos e o selo de Salomão em triângulos menores, e somando o número total de graus formados por todos os seus ângulos, podemos também descobrir o número de ângulos retos equivalentes aos dos sólidos platônicos. Tal processo é complicado e de pouca utilidade prática; por isso não o demonstro aqui. Embora seja verdade que os sólidos platônicos têm um profundo significado em relação ao processo da Criação Divina, sobre o mesmo assunto o Santo Arco Real contém preciosíssimos ensinamentos.

GRAUS AINDA MAIS ELEVADOS

Necessito recapitular brevemente algo do que escrevi na obra *Pequena História da Maçonaria*, numa tentativa de dar o mais fielmente possível uma ideia do esplendor e imenso valor prático dos graus superiores. Ainda que, para a maioria dentre nós, o S. A. R. desvende muito satisfatoriamente o sistema dos ensinos maçônicos, subsistem minas de conhecimento mais profundas para o estudante decidido a prosseguir em seu caminho até a última meta, e a quem nada pode satisfazer senão o mais elevado. Gradualmente passa ele a compreender que, embora realmente haja encontrado o Nome Divino no S. A. R., e entrado em contato pelo menos com um aspecto da Luz Interna de Deus, resta-lhe ainda pela frente uma busca posterior, em que ele poderá penetrar até o mais profundo da consciência e natureza da Divindade.

Grande e maravilhosa é, com efeito, a revelação que já lhe foi ministrada, uma revelação que lhe mudou todo o aspecto da vida e lhe torna para sempre impossível a egoística e miseravelmente limitada existência do profano. Contudo, começa agora a verificar que ele está apenas tocando a circunferência de um círculo, ou melhor, está apenas roçando a superfície de uma esfera infinita.

A ROSA-CRUZ

É então que ele inicia sua segunda grande busca, que ascende por numerosos estágios, durante os quais são estudados, e em certa extensão realizados, diferentes atributos do Pai de Todos, até culminar na magnificente iluminação ministrada no Grau Dezoito, o do Soberano Príncipe da Rosa-Cruz de Heredom, por meio do qual ele encontra o divino amor reinando em seu coração e nos de seus Irmãos. Também aprende que Deus desceu e veio participar de nossa natureza inferior, expressamente para podermos ascender para participar com Ele de Sua verdadeira natureza.

O nome do G∴ A∴ D∴ U∴, que se revela ao aspirante no maravilhosíssimo 18°, era o segredo mais interno e central dos ensinamentos dos Mistérios Egípcios. Em sua encarnação como Christian Rosenkreutz, o C. D. T. O. V. M. traduziu a Palavra para o latim, conservando de forma bem engenhosa seu notável caráter mnemônico, todas as suas complicadas acepções e ainda uma íntima aproximação com o seu som original. Naturalmente que não pode ser revelado aqui, mas o caráter geral da instrução que ela comunica de maneira tão hábil pode ser indicado por uma sentença citada de um dos santos patronos da Maçonaria: "Deus é luz, e n'Ele não há nenhuma treva". Também nos ensina que Deus está entronizado em todos os corações humanos, que o mais íntimo espírito de todo homem é arte do próprio Deus, uma centelha do Divino; portanto, os homens são unos com Ele, e não há culminância a que o homem não possa aspirar.

Desse grandioso fato central se pode deduzir todo um sistema de filosofia, bem como uma regra de vida. Quando os homens estão realmente convencidos dessa Palavra, há fraternidade, paz e progresso, mas quando ela se perde, impera o caos e viceja amplamente o mal. Compete a cada Cavaleiro meditar nela e procurar realizar tudo quanto se acha nela implícito, porque o conhecimento que isso lhe proporciona deve saturar todas as fibras de seu ser, e tornar-se literalmente parte de sua própria essência, se tem em vista cumprir o dever que dele se espera. Sua atitude constante tem que ser de profunda reverência e agradecimento, que inspira esse sublime pensamento; tem que viver à luz dessa gloriosa verdade, que jamais deve ser esquecida por um instante sequer. Para o homem que realmente a conhece, toda a vida é um grandioso e alegre canto de triunfo e gratidão. Tudo isso ele reconhece, em tudo isso ele se regozija, toda vez que se lembra dessa maravilhosa Palavra de poder.

O claro dever de todo Cavaleiro Rosa-Cruz é difundir essa luz, pregando pela palavra, quando possível, e sempre pela ação, esse verdadeiro "evangelho da graça de Deus". Na forma comaçônica desse grau se lhe instrui a fazer diariamente certos esforços prescritos para cooperar com o G∴ A∴ D∴ U∴ e oferecer-se como um canal para a Força Divina. Por esse trabalho diário seu *buddhi*, ou princípio intuicional, a sabedoria oculta que no Egito se chamava Hórus, o Cristo habitando no homem, deve ser ressuscitado e amplamente desenvolvido, de maneira que o homem se torne, até os limites de sua capacidade, uma manifestação vivente do amor eterno, um real sacerdote que seja instrumento desse amor para auxiliar o mundo.

Nesse grau também notamos certos símbolos de profunda significação. A flor da Rosa possui a tripla conotação de amor, segredo e fragrância, ao passo que a Cruz comporta também o triplo significado de autossacrifício, imortalidade e santidade. Quando se tomam em conjunto esses dois emblemas, como sempre o estão no nome Rosa-Cruz, indicam o amor do autossacrifício, o segredo da imortalidade e a doce fragrância de uma vida santa.

A serpente representa a eternidade; o duplo triângulo simboliza o espírito e a matéria; o pelicano é outro símbolo antigo de autossacrifício, como a águia o é da vitória.

É significativo que até esse ponto, tendo satisfeito certos requisitos, pode o aspirante solicitar promoção, pode pedir o reconhecimento de seu progresso. Mas agora que ele se encaminha com a luz dos graus superiores, não mais pode fazer pedidos; deve aguardar o convite daqueles que já os atingiram. Não lhe cabe, e sim a eles, decidir quando estará preparado para fazer um esforço ulterior. Nos níveis de que ele agora se aproxima, é a fraternidade tão íntima, tão perfeita, que não deve haver nenhum risco de que sua plenitude seja maculada pela introdução de um elemento discordante.

Esses graus superiores não prosseguem apenas o mesmo processo de desenvolvimento iniciado nos graus inferiores, pois se pode dizer que em certo sentido o repetem num nível superior. O Ap. controla e eleva a emoção no corpo astral; o Rosa-Cruz de Heredom desenvolve e eleva muito mais o amor no *buddhi* que lhe corresponde. O C. procura reforçar o seu intelecto para compreender os mistérios ocultos da Maçonaria; o Cavaleiro H. K.

desenvolve dentro de si aquela qualidade intelectual maior que lhe dá sempre perfeito equilíbrio em um senso de absoluta justiça, de maneira que compreenda as operações do carma. O M. M. combina dentro de si e amplia mais a qualidade dos graus abaixo deles; o *dieu-garde* de seu grau mostra estar ele atento para espalhar bênção e auxílio ao redor de si aonde quer que vá; e por certo é isso verdadeiro, numa extensão muito maior e num nível muito mais elevado, com o Soberano Grande Instrutor Geral do 33°, pois deve ele ter amor, sabedoria e poder igualmente manifestos em si, de sorte que nele se exteriorize a verdadeira ciência de governar.

Na Maçonaria Azul e no Grau do S. A. R., invocamos a assistência de certos anjos do sétimo raio, para que auxiliem os oficiais a conduzir os trabalhos da Loja ou Capítulo. No 18° e em outros graus ainda mais elevados procedemos do mesmo modo, mas são diferentes os tipos de anjos que respondem, pois cada grau tem sua peculiar espécie de Deva-assistente. No entanto, nesses casos é muito mais plenamente extenso o apoio do Reino Angélico, pois então não contamos apenas com a ajuda dos Devas na execução de nossas cerimônias, porém a cada Príncipe de Heredom, no momento de sua Perfeição, se liga um anjo especial, para ajudá-lo em suas atividades individuais particulares em prol da causa. Isso se fará mais compreensível se mencionarmos primeiramente as características dos demais graus.

A MAÇONARIA NEGRA

Alguns necessitam de algo mais, além da esplêndida revelação do vivente amor de Deus, que recebem no Grau Dezoito. São os que sentem existir ainda mais ensinamentos a aprender acerca da natureza de Deus, e que desejam ardorosamente compreender o significado do mal e do sofrimento e sua relação com o plano divino. Para estes existe a Maçonaria Negra, ou seja, os ensinos e o progresso compreendidos do Grau Dezenove ao Trinta.

Essa seção da Maçonaria está especialmente relacionada com o esgotamento do carma em seus diferentes aspectos, estudado como uma lei de retribuição, e que de certo ponto de vista é negro e terrível. É este o sentido mais profundo subjacente nos elementos vingativos do Cavaleiro K. H. Os aspectos mais sombrios do carma estão amplamente relacionados com a ignorância do homem da natureza de Deus, e com a confusão ligada às múltiplas formas em que Ele se revela, e assim os s...s do 30° contêm a essência de sua filosofia. Esse grau não estará plena e validamente conferido se esses s...s não forem devidamente comunicados, pois expressam o seu significado e propósito mais íntimos.

Na antiga instrução egípcia, correspondente a esse grupo de graus, se ensinava que o que o homem semeasse, isso mesmo colheria, que se semeasse o mal, o resultado seria o sofrimento para si próprio. Também se estudava o carma das nações e raças, e a operação interna da lei nos diferentes planos era investigada pela visão interna e demonstrada ao estudante.

O conjunto do que denominamos agora Maçonaria Negra nos leva a uma explicação do carma como Justiça Divina, havendo sido esta preservada para nós em desenho sombreado no atual 31°, o do Grande Inspetor Inquisitor Comandante, cujo símbolo é um par de pratos de balança. No Egito se tomava esse par de pratos como símbolo da perfeita balança da Justiça Divina; o aspirante aprendia que todo o horror, geralmente associado ao esgotamento do carma, se baseava realmente na justiça absoluta, embora parecesse ela um mal à visão menor do profano.

Desse modo, o primeiro estágio da instrução superior, o da Rosa-Cruz ou Maçonaria Vermelha, é dedicado ao conhecimento e preservação do bem, enquanto ao segundo estágio, o do Cavaleiro K. H., está assinalado o conhecimento do mal aparente e a sua explicação. A seguir, nos primeiros passos da Maçonaria Branca, coroa de toda a gloriosa estrutura, o aspirante aprende a ver a justiça subjacente do grande e eterno Deus, chamado no Egito Amon-Rá, que se acha igualmente atrás de tudo, quer nos pareça um mal ou um bem. Também fomos informados de que em época remota, antes do *Kalyuga*, em que o mal aparente predominava sobre o bem, o Cavaleiro K. H. usava insígnias amarelas em vez de pretas.

O 30º liga o Cavaleiro K. H. mais à seção governativa da Grande Hierarquia do que à sua seção instrutiva. Tem que se tornar um centro de perene energia, que objetiva dar-lhe força para vencer o mal e torná-lo um efetivo poder ao lado do bem. Embora o cinto seja preto, a cor predominante da influência é um azul elétrico (a do Primeiro Raio, completamente diferente da cor azul da Maçonaria Azul ou simbólica dos três primeiros graus), debruada de ouro, incluindo e contudo não inundando o róseo do 18º. Ao Trono do Soberano Comandante se transmite uma modalidade superior da mesma energia, estando o mesmo capacitado a passar para outros a graça sacramental.

A MAÇONARIA BRANCA

O mais elevado e último dos poderes sacramentais dos Antigos Mistérios, a nós transmitidos, é o do Soberano Grande Inspetor Geral do 33º. Os Irmãos desta alta Ordem devem ter passado de uma concepção da Divina Justiça para a certeza do conhecimento e plenitude da Glória Divina na Luz Oculta. O 33º liga o Soberano Grande Inspetor Geral ao Rei Espiritual do Mundo — o mais poderoso dos adeptos, que é o chefe do planeta — e lhe desperta os poderes do Triplo Espírito na medida do possível.

Só a uns poucos se outorga o mais elevado de todos os graus, e mesmo então, desses poucos é possível que apenas um punhado haja tido a menor concepção do que receberam, ou dos poderes colocados em suas mãos. A maioria dos que o atingem provavelmente o encara sobretudo como um grau administrativo, e nenhuma ideia tem de haver um lado espiritual nesse grau.

A outorga efetiva do Grau 33 é uma experiência bastante esplêndida quando vista com a visão interna, pois o Hierofante dos Mistérios (o C. D. T. O. V. M.) permanece acima ou ao lado do iniciador físico, naquele prolongamento de sua consciência que se chama o Anjo da Presença. Se coincidir ser já um Iniciado o recipiendário do Grau, mais uma vez brilhará sobre ele a estrela (no Egito chamada a Estrela de Hórus) que marca a aprovação do Iniciador único. Em qualquer caso, ao mesmo tempo, das mansões celestes brilham esplendorosamente os grandes anjos brancos do rito, a ponto de se mostrarem em nível tão baixo como o etéreo, a fim de poderem ministrar sua bênção plena ao novo governante da Ordem.

O C. D. T. O. V. M. faz as ligações efetivas tanto com ele como com o reservatório de forças mantido à parte para a obra da Fraternidade Maçônica, e também, através dele, com o Poderoso Rei cujo representante ele é para essa obra; ao passo que os anjos brancos da Ordem permanecem como os guardiães do Soberano Grande Inspetor Geral durante toda a sua vida. Esse estágio combina o maravilhoso amor de Hórus, o filho, com a inefável vida e força de Osíris, o divino pai, e Ísis, a eterna mãe do mundo; e esta união do amor com a força é a sua característica mais saliente.

Àqueles que se abrem à sua influência, esse estágio confere poder semelhante e tão só um pouco mais abaixo ao da Primeira Grande Iniciação, e os que ingressam no 33° devem qualificar-se seguramente para dar esse distante passo à frente. Com efeito, nos dias áureos dos Mistérios tal estágio era acessível somente aos Iniciados, e sente-se que presentemente também só a esses deve ser acessível, justamente por se afigurar apropriado que a maravilhosa dádiva do episcopado seja conferida apenas a membros da Grande Fraternidade Branca.

O poder do Grau, quando em atividade, se revela numa aura de reluzente cor branca e áurea, envolvendo em seu interior as cores rósea e azul de Rosa-Cruz e K. H.; e contudo está também fortemente penetrada por aquele matiz peculiar do azul elétrico, que é o sinal particular da presença do Rei. O Soberano Grande Inspetor Geral é o "Bispo" da Maçonaria, e se a vida do Grau é realmente vivida, ele deve ser um centro sempre radiante de poder, um verdadeiro sol de luz, vida e glória onde quer que se encontre.

Tal era o mais elevado e mais santo dos poderes sacramentais conferidos nos Mistérios do Egito Antigo, e tal é o mais elevado Grau que conhecemos na Maçonaria de hoje, a muito poucos outorgado em sua plenitude. A todos os que recebem o grau 33, oferece-se a oportunidade de atraírem do alto a sua sublime glória. Até que ponto é ela aproveitada e qual o uso que se faz de tal poder, está apenas nas mãos dos Irmãos, pois para usá-la como se deve, é mister um alto desenvolvimento espiritual e uma vida de constante humildade, vigilância e serviço. Se a invocarem para o serviço dos outros, fluirá através deles poderosa e docemente para auxílio do mundo. Se negligenciarem o poder, este permanecerá adormecido e os laços sem uso, e aqueles que lhe permanecem atrás voltarão suas vistas para outros mais responsáveis. A influência do 33º é um verdadeiro oceano de bênção e esplendor, pois é o poder do próprio Rei, o senhor que reina sobre o planeta como o vice-gerente do Logos de eternidade em eternidade.

COMO USAR OS PODERES

Em todos os casos se deve compreender claramente que, embora a conferência dos graus superiores coloque certos poderes definidos nas mãos do recipiendário, esse fato não o dota imediatamente do conhecimento da maneira como os há de empregar. Nesse sentido tem que *crescer* por longa e cuidadosa prática, e o primeiro passo será a plena compreensão deles.

Não é coisa fácil conseguir-se essa plena compreensão. Aqueles dentre nós a quem esses poderes são confiados, têm que lidar com forças de um mundo novo e superior. Temos que fazer em pequena escala o que os nossos mestres fazem a todo tempo numa escala muito maior, o que significa que devemos elevar nossas vidas até mais próximo das deles. Foi-nos transferida uma parte definida de sua obra, para os deixarmos livres para outras e superiores atividades; não devemos fracassar perante eles, não devemos desapontá-los mostrando-nos incapazes de realizá-la.

Evidentemente nossa tarefa é da mesma natureza daquela com a qual já estamos teoricamente familiarizados. Todos os que têm trabalhado na Igreja católica liberal ou nos primeiros graus da Comaçonaria, sabem que o principal objetivo dessas grandes organizações é atrair influência espiritual do alto, e irradiá-la para o mundo circundante, sob uma forma em que o mundo possa assimilá-la prontamente. Mas em cada uma dessas corporações o trabalho efetivo de irradiação e distribuição é feito por entidades não humanas, que são os grandes anjos ou Devas que invocamos, sendo nossa participação nesse trabalho mais a de provisão do material que essas entidade empregam. Nossa é a intensidade de devoção, vida e boa-vontade que atrai a resposta do Logos; delas é o labor de escolher, de classificar as múltiplas variedades daquela divina resposta, e aplicá-la onde seja mais necessária.

Mas agora, nesse trabalho dos graus superiores, somos chamados não somente para coletar, mas para dirigir, não somente para prover o material, mas para o distribuir e aplicar. Temos que exercer as funções dos anjos nalguns dos planos inferiores, deixando-os assim livres para concentrar suas energias nos níveis superiores, onde ainda somos menos eficientes. Os grandes anjos de nossos graus respectivos cooperarão seguramente conosco; é com tal propósito que vêm até nós; mas de nossa parte temos que ter nossa partilha no trabalho, de sorte que a máquina como um todo possa funcionar em sua mais alta eficiência.

Este é, com efeito, um prodigioso privilégio conferido a nós, e envolve uma responsabilidade correspondentemente pesada. Estou certo de que nenhum de nós usará seu poder de maneira intencionalmente errada; não há nenhum perigo disso, mas há a possibilidade de que, por ignorância, fracassemos em fazer suficiente uso desses nossos novos talentos. Disseram-nos há muito tempo que "a inação num ato de misericórdia pode tornar-se ação num pecado mortal". Desde que os Grandes Seres nos confiaram poderes tão portentosos, é mister procurarmos compreendê-los plenamente, estudar sua atuação, de modo que aprendamos a empregá-los com a melhor vantagem e a proceder com eles como nossos mestres querem que procedamos.

O segundo ponto é que, havendo recebido tão grande acréscimo de poder por nossa conexão com o anjo, havemos de manter vigilância dobrada e cuidadosa sobre nossas palavras e pensamentos, e preservar-nos mais estritamente de qualquer impulso momentâneo de irritabilidade. Entre nós, depois de anos de autotreinamento, tal sentimento passa tão rapidamente que, embora seja, por certo, sempre indesejável, talvez não tivesse tanta importância antes; mas agora se torna muito mais grave, pois mesmo sua rápida passagem pode produzir considerável dano na vítima de nossa ira.

NOSSAS RELAÇÕES COM OS ANJOS

Precisamos considerar detidamente a relação com o Reino Angélico em que nos colocam esses graus superiores, pois é assunto de máxima importância. No momento de seu aperfeiçoamento, é ligado ao novo Soberano Príncipe da Rosa-Cruz um esplêndido anjo carmesim, um ser de beleza, dignidade e poder que excedem o mais dilatado alcance de nossa imaginação.

De que natureza é essa ligação, e qual será o efeito prático dessa bela associação? O anjo se liga aos princípios superiores do homem, e mais que todos, ao *buddhi* ou sabedoria intuicional, e o resultado se revela presentemente de duas maneiras. A indescritível vitalidade e versatilidade da mente do anjo atuarão constantemente no corpo mental do neófito, estimulando-o à maior atividade, sugerindo novas diretrizes de pensamento e ação para benefício da humanidade, fortalecendo qualquer amor dentro dele e oferecendo-lhe sempre novos canais pelos quais flua.

Inversamente, quaisquer ideias que surjam na mente do neófito serão logo apanhadas e intensificadas pelo anjo, e oferecer-se-ão todas as espécies de sugestões quanto aos métodos de as pôr em prática. Mas não se pode reiterar demasiado frequentemente, nem demasiado fortemente gravar no aspirante, que tudo isso acontecerá *somente* se ele fizer um esforço decidido para manter-se aberto à influência angélica, *somente* se ele se encher de ardente amor, que é o fator comum e o traço de união entre as duas linhas de evolução, que noutros aspectos diferem tão amplamente.

Se de todo temos que compreender esses maravilhosos habitantes de um mundo superior, o qual é uma parte de *nosso* mundo (e é evidentemente nosso dever procurar compreendê-los), necessitamos ampliar toda a nossa concepção da vida. Nos primeiros graus, nossos estudos devem ter elevado o nosso ponto de vista e nos propiciado uma visão mais ampla do que a do homem sem instrução; mas achamo-nos ainda confinados dentro de nossa rotina humana e precisamos aprender a transcendê-la. Quando comparadas com a inconcebível realidade, nossas ideias são, quando muito, pessoais e limitadas, e até baixas e sórdidas. São boas na sua espécie, mas estão restritas a essa espécie; eficientes em algumas direções, mas totalmente alheias à existência de outras direções de importância maior.

Os reinos da natureza estão curiosamente relacionados uns com os outros, e é extremamente difícil a mútua compreensão. Refleti quão longínqua é a possibilidade de compreender nossa vida mesmo para o mais inteligente de nossos animais domésticos. Ele nos vê sentados ou lendo durante horas a fio; como pode ter ele qualquer ideia do que estamos fazendo? A muito ampla seção de nossa existência, que se estriba em nossa posse desses poderes, está completamente fora de seu alcance, e jamais lha poderemos explicar. De igual maneira, existem muitas atividades do reino angélico, que são incompreensíveis.

Todavia, quando um desses brilhantes espíritos é ligado a nós por uma cerimônia maçônica, não devemos imaginá-lo como um diretor ou assistente, mas simplesmente um cooperador e Irmão. Está tão arraigado o nosso egocentrismo que ao ouvirmos falar de uma associação tão maravilhosa, logo imaginamos, conquanto inconscientemente, o que *nós* podemos lucrar com essa relação. O que podemos aprender desse resplandecente ser? Seremos guiados, aconselhados e protegidos por ele? Ou, por outro lado, é ele um servo a quem podemos mandar satisfazer nossa vontade?

É exatamente por sermos criaturas dessa espécie, por pensarmos dessa maneira, por estarmos nesse estágio da evolução, que a admissão do 18° tem de ser feita somente por convite. Uma pessoa que se ache ainda nessa condição, que podemos chamar de latente egoísmo, não está ainda preparada para ser ligada a uma radiante entidade, que ignora o que seja egoísmo.

Ali está presente um grande e poderoso ser, de uma ordem completamente diferente da nossa, mas de certa maneira sua complementar. Se ambos pudermos trabalhar juntos, numa união tão perfeita que haja entre nós apenas uma vontade, um propósito, um pensamento — e esse é o pensamento divino — poderemos realizar muito mais, e ser enormemente mais úteis ao Logos do que jamais o seríamos trabalhando separadamente, por estrênuos que fossem nossos esforços. Tal união faz parte do intento de Deus para conosco; se pudermos atingi-la, ser-nos-á de incrível vantagem; se, no entanto, a desejarmos com as vistas postas nessa vantagem pessoal, seremos indignos dela e malograremos na realização de nossa esperança. Devemos aceitar tão magnífica camaradagem somente por causa do benefício que ela acrescentará ao mundo. Em relação a nós, devemos ser absolutamente impessoais, esquecer-nos totalmente, e no entanto devemos estar saturados do divino e fervente amor pela humanidade.

Alguém conjecturará: "Estas coisas são demasiado elevadas para mim; quem estará capacitado para elas?". Mas se o carma coloca a oportunidade em seu caminho, é porque *está* dentro de suas possibilidades tal realização, ainda que isso signifique trabalho mais árduo do que o até então empreendido. E o ardente amor, que é a própria essência da vida de seu Serafim, lhe despertará cada vez mais a qualidade latente em si mesmo; e até aquilo que agora parece impossível será realizado, tornar-se-á uma parte de sua existência diária.

O 30° também atrai o seu anjo, de caráter adequado. É um grande *deva* azul do Primeiro Raio, que empresta sua força ao Cavaleiro K. H., mais ou menos como o anjo carmesim que assiste ao Exc. e Perf. Ir. da Rosa-Cruz.

O 33º concede dois de tais esplêndidos companheiros e cooperadores. Ambos são espíritos de tamanho gigantesco, comparados com a humanidade, e de colorido radiantemente branco. Entre os anjos não existe sexo na acepção que damos ao vocábulo; contudo esses dois grandes seres diferem num sentido que se exprime melhor dizendo que um deles é predominantemente masculino e no outro prevalece o feminino. O que permanece habitualmente à direita do Soberano Inspetor Geral tem uma aura de brilhante luz branca salpicada de ouro, e representa Osíris, o sol e a vida, o aspecto positivo da Divindade. A que permanece à esquerda tem uma aura de luz semelhante, com veias de prata, e representa Ísis, a lua e a verdade, o aspecto negativo ou feminino da Glória Divina. São de um esplendor indiscutível, e radiantes de vivo amor, embora a maioria deles transmita uma sensação de irresistível, embora benevolente poder. E dão força para agir com decisão, exatidão, coragem e perseverança no plano físico.

Pertencem à ordem cósmica de anjos, que são comuns a outros sistemas solares paralelos ao nosso. Seus permanentes centros de consciência se acham no plano intuicional; contudo, toda vez que julgam conveniente, atraem ao redor de si matéria astral e mental (como, por exemplo, em todas as cerimônias maiores da Loja), e estão sempre prontos para dar sua bênção quando quer que seja invocada. São inseparavelmente unos com o Soberano Grande Inspetor Geral, ligados ao seu Eu Superior; nunca o abandonam, a não ser que por indignidade ele primeiro os abandone e afaste. Os símbolos do sol e da lua estão habitualmente representados nas manoplas do detentor dessa sublime posição, e intentam referir-se a esses grandes poderes angélicos, os quais se assemelham intimamente aos magnificentes membros de seu reino, que se ligam a um Bispo por ocasião da sua consagração, e daí em diante permanecem sempre ligados a ele.

Esta última frase requer um pouco mais de explicação, por ser de caráter não usual uma tal associação. Essa brilhante série de hostes celestes não acompanha visivelmente nem o bispo nem o Soberano Grande Inspetor Geral a todo o tempo, contudo, a consciência desses elevados companheiros angélicos nunca está fora de contato com a deles, embora não seja fácil explicar-se o laço.

O anjo conserva sempre aberta uma linha de comunicação e o extremo dessa linha, que se assenta na aura de seu companheiro humano, flutua ali tal qual uma estrela ou tênue ponto de luz. Se o Bispo ou o Príncipe-Maçom invocar seu amigo interno, este estará instantaneamente ali; não é, com efeito, necessário uma chamada, pois basta o mais simples brilho de um pensamento. O laço tem que ser de natureza muito notável, pois tenho pessoalmente observado que a intenção de executar qualquer ato episcopal, mesmo para dar a bênção mais comum, atrai imediatamente a atenção desses nobres colaboradores, embora eu não haja de maneira nenhuma pensado conscientemente neles.

Tenho ponderado se seria uma irreverência ver no tênue ponto de luz, na aura que representa o anjo, algo de analogia, num nível infinitamente inferior, com o habitante no Tabernáculo que é o veículo do Senhor, o Cristo. Quantas vezes tenho visto, em algumas igrejinhas da Europa Continental, a delicada chama que indica a Santa Presença. E quando alguma humilde camponesa, em sua ida ao mercado, pousa sua cesta no pórtico e se joelha para uns momentos de oração, quantas vezes vi essa chama resplandecer com uma irradiação semelhante à solar, em resposta imediata ao seu ardente pensamento devocional! A Santa Presença nunca está ausente, mas certamente se exibe com maior intensidade em resposta a um apelo. Não será o centro de força do anjo algo semelhante a um tênue reflexo disso?

Talvez se possa notar outra analogia nas doze estrelas que, segundo a formosa descrição contida no *Apocalipse*, estão tão frequentemente pintadas nos quadros medievais, circundando a cabeça da Bendita Virgem Maria. Todas elas representam poderes; talvez correspondam de certo modo aos pontos de luz que os anjos nos deixam na aura. A estrela sempre pairante acima da cabeça de um Iniciado significa o poder do Rei, a que pode ele recorrer a qualquer momento, ao passo que a estrela sobre sua testa é o símbolo de seu próprio poder adquirido.

10. Dois maravilhosos rituais

I

OS TRABALHOS NO EGITO

No Capítulo 6 tratamos do processo adotado na Loja para iniciar um candidato. Naturalmente nem sempre é esse o caso, e quando não há Iniciação, despacham-se primeiro os assuntos que possam surgir, e depois é costume o V. M. ou algum Irmão idôneo, indicado por ele, instruir os Irmãos sobre as diretrizes maçônicas, ou dar alguma conferência sobre algum ponto histórico de interesse maçônico. Às vezes se repetem as "Conferências" formuladas da Ordem masculina, que é uma coleção muito interessante de documentos dispostos em forma de perguntas e respostas, as quais recapitulam e explicam o ritual, além de conterem apreciável soma de informações maçônicas. Às vezes se recita a explicação oficial do p...l, com algum comentário elucidativo que ocorrer ao V. M.

No Egito Antigo era essa a ocasião em que as Lojas comuns ministravam ensinos especiais dos Mistérios. Parece que consistiam de conversações um tanto familiares do V. M. sobre as várias ciências compreendidas no amplo plano de estudos. Os Irmãos podiam formular perguntas, mas tudo era feito com o maior decoro possível, e com certa reverência, arcaica e formal, mas tão sincera que era encantador observar.

O que agora chamamos exames (embora os seus diferissem

muito dos nossos), era realizado quando se julgasse conveniente. Nenhum Irmão podia passar para o grau superior sem satisfazer os examinadores a respeito de seu completo conhecimento e idoneidade no grau em que na ocasião estivesse trabalhando.

Sempre que possível, tinha-se o máximo cuidado de apresentar exemplo sobre o ponto que se estava considerando. Faziam-no por meio de pinturas e modelos; às vezes por meio de representações dramáticas dos mais notáveis acontecimentos históricos; e outras vezes, pela efetiva materialização de objetos e substâncias que de outro modo não se poderiam obter.

Nas três Grandes Lojas era diferente o processo. Seus membros haviam já adquirido o necessário conhecimento científico, de modo que podiam dedicar-se completamente ao objetivo principal de sua existência, qual o da difusão de energia espiritual sobre todo o país. Isso era feito por meio de um ritual, o mais magnificente quiçá de quantos conheceu o homem, e do qual darei uma versão livre, ainda que me pareça impossível expressar em palavras a majestade e esplendor do original.

Como já se disse, as Grandes Lojas limitavam a quarenta o número de seus membros. Eram selecionados dentre todos os Irmãos, e cada um deles devia escolher uma virtude e manifestá-la em sua conduta para ser digno representante dela na Loja. Assim, por exemplo, um representava a perseverança, e o chamavam o Cavaleiro ou Senhor da Perseverança; outro era o Cavaleiro do Valor; outro escolhia a virtude do tato, e assim sucessivamente. Apresento a seguir uma lista de tais qualidades, ainda que não me satisfaça a transcrição, por ser muito difícil encontrar em nossos idiomas palavras que expressem exatamente as ideias dos antigos egípcios, e em alguns casos se necessita de toda uma sentença para explicá-las plenamente.

Cada Irmão tinha, assim, por dever habilitar-se para expor ou manifestar sua qualidade ou atividade, não precisamente por si mesmo, mas como uma unidade do todo. O Irmão cultivava o valor, não para ser pessoalmente valoroso, mas para representar o valor naquele agrupamento, encarado como uma

1. Amor e Sabedoria	V. M
2. Fortaleza	P. V.
3. O Poder de descobrir e apreciar a beleza	S. V.
4. Discernimento (Bom Juízo ou Discernimento)	P. M. I.
5. Eloquência	Orador
6. Veracidade e Exatidão	Secretário (Arquivista e Bibliotecário)
7. Indústria (Diligência)	Administrador (Tesoureiro)
8. Eficiência	Mestre de Cerimônias
9. Sentimento de unidade (Simpatia)	Maestro da Música
10. Cortesia	P. D.
11. Tato	S. D.
12. Decisão (Presteza)	C. I. T.
13. Valor	C. E. T.

14. Jovialidade
15. Confiança
16. Calma
17. Equilíbrio
18. Perseverança (Firmeza)
19. Reverência
20. Devoção
21. Previsão (Cálculo ou Pré-ciência)   Colunas
22. Retidão
23. Senso de honra
24. Imparcialidade
(Liberto de preconceitos)
25. Justiça
26. Desprendimento (sem desejos)

27. Domínio do Pensamento
28. Domínio da Emoção
29. Domínio do Físico
30. Linguagem Prudente
31. Domínio da Memória
(saber o que recordar e o que esquecer)
32. Meditação
33. Pureza   Colunas
34. Paciência e Afabilidade
35. Persuasão
36. Adaptabilidade
37. Tolerância
38. Anelo de Serviço (Humildade)
39. Estudo
40. Perspicácia

entidade composta, que num sentido muito real constituía uma unidade.

Cada um deles devia conhecer sua qualidade, não só de seu ponto de vista, mas também por um singular sistema de entrelaçamento com as demais qualidades. Considerava-se cada pessoa habilitada a fazer um sermão acerca de sua qualidade do ponto de vista de cada uma das outras qualidades. Por exemplo: o valor temperado pela humildade; o valor afetado pelo amor, e assim sucessivamente. Podiam fazer-se muitas combinações curiosas e interessantes. Tratava-se de homens de primeira linha, que precisavam executar seu labor eficazmente.

A FORMA DO TEMPLO DE AMON-RÁ*

O principal trabalho das três Grandes Lojas do Egito Antigo era "A Construção do Templo de Amen"; e segundo foi dito, os Irmãos consideravam esse trabalho como a principal razão de sua própria existência. Já ficou exposto no Capítulo 1 que os maçons egípcios afirmavam que a Luz Oculta de Deus mora no interior de todo homem, por mais escondida e latente que esteja; e por consequência, consideravam que os iluminados deviam viver de maneira que sem obstáculos brilhasse neles a Luz, e além disso, deviam, por quantos meios estivessem ao seu alcance, procurar ajudar a descobrir e desvendar a Luz Oculta em seu próximo.

Descobriam por experiência que a melhor maneira de prestar simultaneamente tal ajuda a grande número de pessoas, era dispor um canal por onde fluísse uma caudalosa torrente de energia espiritual que se derramasse por todos os recantos do país, e isso era precisamente o que tratavam de fazer por meio da cerimônia

---

* Também chamado *Amen-Rá*. Não se confunda o Amon egípcio com os personagens homônimos bíblicos, que figuram em alguns sistemas maçônicos. (N. do T.)

que passo a descrever. Diziam assim: "Toda Luz emana do Ser Supremo; mas como os homens se encerram nas cavernas da ignorância e incompreensão, nossos espelhos terrenos podem refletir essa Luz onde de outro modo não penetraria, e assim o Ser Supremo aceita nossa ajuda e condescende em empregar na obra aquela parte de Si mesmo que se manifesta por meio de nós". Aguardavam ansiosamente essa cerimônia, e sem regatear esforço algum, por penoso que fosse para predispor-se para ela, executavam-na com insuperável entusiasmo.

Reuniam-se para essa função numa vasta sala subterrânea, semelhante a uma grande catedral. A Loja era uma pequena área no centro dessa prodigiosa caverna, como a *cela* num templo grego. O assoalho de mosaico, o pavimento enxadrezado e as disposições maçônicas habituais eram os mesmos que agora. Para a prática desse rito especial se colocava o altar no meio; mas a forma usual da Loja no Egito era o duplo quadrado (uma figura oblonga cerca de duas vezes mais comprida que larga), e então o altar permanecia no meio do quadrado oriental. Mas para "A Construção do Templo de Amen" o altar era absolutamente central. Em todas as Lojas do Egito se dava muitíssima importância ao altar, dizendo que desde épocas imemoriais os altares da Maçonaria tinham sido faróis de liberdade, e cada Loja, uma cidade de refúgio.

No limite exterior da área da Loja, no lado norte, havia uma fila de nove altares subsidiários, algo semelhantes a mezinhas altas e redondas. Cada um deles era uma coluna de pedra soberbamente talhada, elevando-se a uma altura de pouco mais de 99 centímetros, para se alargar numa mesa redonda, de cerca de 66 centímetros de diâmetro, e tinha insculpido o nome de um dos grandes arcanjos. Eram os altares das Nove Ordens de Anjos, e o que atualmente representamos sob o nome de Arcanjo Miguel era o ponto central dos nove.

No solo, em volta de cada mesa, havia uma espécie de cocho raso em que se queimava incenso durante toda a cerimônia. Não estou bem certo da maneira como conservavam o fogo, porque nos Mistérios Egípcios se produzia brilhante luz e intenso calor por meios muito diferentes dos nossos, e provavelmente por algum meio ainda não descoberto por nós. Assim é que ao redor desses pequenos altares mantinham sempre erguida uma tênue cortina de incenso.

O altar do centro da Loja era peculiar e requer uma pequena explicação. Estava construído segundo o mesmo plano geral que os dos anjos, mas era consideravelmente mais maciço. A borda da mesa era mais grossa e não matematicamente circular, mas sim como o perímetro de um polígono de quarenta lados, um para cada membro da Loja. A superfície do altar tinha cerca de 231 centímetros de diâmetro, e os quarenta lados eram quadrados. O altar era feito de uma espécie de pedra obsidiana, ou possivelmente de jade, de aspecto vítreo, mas não preto, e sim, azul-escuro ou verde. No centro da superfície estava oculta uma brilhantíssima luz, de todo invisível quando se fechava o mecanismo.

Na superfície desse altar oco havia uma abertura, fechada por uma porta de duas folhas, que podiam abrir-se deslizando, de modo que a luz se projetasse no teto da Loja pelo vão à superfície do altar. Além disso, cada um dos lados ou facetas tinha uma portinha que se podia puxar para cima. Podia-se segurar no puxador da portinha e erguê-la, de sorte a fazer brilhar uma réstia de luz que se projetava horizontalmente até a parede distante através da pequena fenda assim aberta. No interior de cada uma dessas portinhas havia um vidro colorido, e assim se emitiam diferentes raios de cada uma dessas quarenta fendas quando se abriam. Escolhiam-se essas cores para representar as várias qualidades, ou pelo menos distinguir uma das outras. Algumas eram cores simples, mas a maioria eram combinações, isto é, cada réstia de luz era como que dividida, digamos, em metade amarela e metade azul. Às vezes tal divisão era diagonal e às vezes horizontal, de modo que os raios resultantes eram prontamente reconhecíveis.

No centro do teto luzia sobre o altar a Estrela Flamígera, que na plenitude de seu esplendor equivalia à conjunta intensidade de vários e enormes arcos de lâmpadas elétricas. Mas podia-se diminuir o brilho para empregá-lo em diversos graus de potência luminosa.

Cada Irmão trazia para a cerimônia uma luz sua, numa lanterna escura. Era uma caixa aparentemente tosca, de cerâmica azul, que tinha um tubo correspondente ao de uma lanterna de lente circular convexa, de modo a poder lançar uma poderosa réstia de luz que se projetava claramente no ar carregado de incenso. O raio luminoso de cada pessoa era diferente e correspondia a um dos provindos do altar central.

Outra característica completamente estranha às nossas ideias modernas era a presença de dois acólitos auxiliares da cerimônia, um menino e uma menina, de uns doze anos de idade, escolhidos dentre os mais formosos de todo o território do Egito. Ambos prestavam o mais sagrado juramento (o juramento por Amon, que ninguém ousaria quebrar) de não falar fora da Loja o que ali ocorresse.

Debaixo do pedestal do V. M. se guardavam certos vasos e outras insígnias, que esses pequenos acólitos retiravam solenemente dali quando se tornavam necessários.

A CONSTRUÇÃO DO TEMPLO DE AMON-RÁ

Quando se tinha de celebrar a cerimônia da Construção do Templo de Amon-Rá, abria-se a Loja da maneira comum, e era elevada diretamente ao Terceiro Grau pelo processo mais abreviado, na devida e antiga forma. A Estrela Flamígera brilhava no momento da abertura, mas não em toda a sua intensidade. Depois das inquirições quanto aos assuntos do dia, o V. M. dava um g... que era respondido como de costume, e dizia:

— Irmãos, reunimo-nos para cumprir nosso magno dever, que é o de levantar o Templo do Ser Supremo, o Grande Arquiteto, o Grande Geômetra, o Altíssimo.

Ao pronunciar o primeiro título todos os presentes levantavam a mão direita com o dorso na altura da testa, e ao pronunciar os demais títulos, saudavam exatamente tal qual o fazemos agora. A seguir continuava o V. M.:

— Que sejamos considerados dignos de servi-Lo.

Todos os presentes repetiam essas palavras, cantando solenemente em resposta:

— Que sejamos considerados dignos de servi-Lo.

Da mesma forma se iam repetindo as seguintes frases:

V. M. — Que Sua sabedoria guie nossa obra.
Todos — Que Sua sabedoria guie nossa obra.
P. V. — Que Sua força inspire nossa obra.
Todos — Que Sua força inspire nossa obra.
S. V. — Que nossa obra manifeste Sua beleza.
Todos — Que nossa obra manifeste Sua beleza.
V. M. — Que nossa obra seja aceitável à Sua vista.
Todos — Que nossa obra seja aceitável à Sua vista.

Esta última sentença tinha significado mais profundo do que o que transpira de nossas palavras, pois inclui também a ideia de que enquanto Ele a via e aprovava, podia brilhar e manifestar-se por meio dela.
Depois dizia o V. M.:

— Irmãos, preparemo-nos durante uns poucos minutos de meditação.

Fazia então um sinal com a mão, e apagava-se a Estrela Flamígera, ficando a Loja em completa escuridão. Cada Irmão levava oculta a luz de sua lanterna, e no lugar de cada um deles havia uma espécie de cova para encaixar a lanterna, cujo tubo ficava então dirigido para a faceta correspondente do altar central. Cada Irmão (ou Irmã) se sentava sempre num mesmo lugar, e o vidro colorido colocado no tubo da sua lanterna era exatamente igual ao da faceta do altar ao qual correspondia esse Irmão.

O DESVELAR DA LUZ OCULTA

Após alguns minutos de meditação na obscuridade, o V. M. dava um g..., que recebia a acostumada resposta, e o P. V. dizia:

— V. M., é de vossa vontade que roguemos a deus Rá* que desvele a Luz Oculta?

O V. M. responde:

— Rá desvela a Sua Luz quando nós desvelamos a nossa. Assim, dai para poderdes receber.

Dito isso, deixava seu posto na obscuridade e se dirigia para o altar, acompanhado dos dois acólitos, e permanecia junto ao altar de costas para o seu posto, com sua lanterna na mão. Abria a portinha da lanterna e mostrava a sua luz, dizendo: "Dou a Luz da sabedoria", e dirigia essa luz para o altar, em frente; e ao fazê-lo, estendia a mão e erguia a portinha correspondente. Havia um pequeno bordo em que a portinha se segurava para ficar aberta, e assim, em resposta ao raio colorido de sua lanterna, se projetava sobre ele um raio colorido provindo do altar. Em seguida ele entregava a lanterna ao seu pequeno acólito, que a reconduzia à sua cadeira e a colocava em sua cova, enquanto o V. M. dava uma volta ao redor da mesa para se colocar no lado oposto.

* O Logos manifestado por meio do Sol.

Depois o P. V., de seu lugar, dizia:

— Dou a Luz da fortaleza.

E imediatamente descobria a sua luz, que também estava em sua cova, de modo que o raio de luz incidia sobre a faceta da mesa exatamente oposta a ele. O V. M. erguia aquela portinha e projetava-se a luz correspondente do altar.

Depois o S. V. dava a luz da beleza, e em continuação cada membro mencionava sucessivamente sua qualidade peculiar, dizendo: "Dou tal ou qual luz". E a cada vez o V. M. erguia a portinha da faceta correspondente ao locutor, de sorte que por ela se projetava o respectivo raio, e assim havia sempre dois raios: o da luz dada pelo Irmão e o da luz que em resposta ele recebia do altar.

Depois que os quarenta Irmãos haviam descoberto desse modo as suas luzes, o V. M. continuava:

— O círculo está completo. Que a luz brilhe!

Ao pronunciar essas palavras, abria a superfície da mesa, recuando as duas folhas de porta semicirculares, de maneira que no teto se projetasse um poderoso raio cilíndrico de luz branca. Os raios coloridos das qualidades mediam uns dez centímetros de diâmetro, mas o do raio ou jorro central media uns sessenta centímetros, e chegava até o teto, no mínimo a vinte metros de altura.

Claro e formoso é o simbolismo dessas cerimônias. Cada Irmão contribui com sua cota de luz e obtém a devida resposta. Quando houvessem todos desempenhado sua parte respectiva, ficava constituído o homem perfeito. Depois brota a luz branca que resume todas as cores, e em resposta desce a Luz do Logos. Uma vez inundada a vasta sala com a luz da Estrela Flamígera, os Irmãos fechavam suas lanternas e corriam as portinhas das facetas do altar, assim como as de cima da mesa.

AS OFERENDAS

A parte seguinte consistia num hino de ação de graças a Rá, o Logos ou Deus Sol, por Sua resposta, e O glorificavam dizendo: "Banhemo-nos em Sua Luz e tributemos-lhe a devida reverência". Este era o resumo do hino, mas continha muitos versículos.

Terminado o hino, dizia o V. M.: "Trazei as oferendas"; e os acólitos iam até o seu pedestal e lhas apresentavam. Os meninos lhe traziam dois vasos de ouro, muito semelhantes aos que agora se usam no serviço eucarístico, e até certo ponto correspondentes aos mesmos. Essa cerimônia precedeu de muito ao Cristianismo; assim, não é impossível que algumas de suas características tenham sido depois assimiladas por essa religião. Podemos, evidentemente, considerar essa cerimônia como a modalidade egípcia da Eucaristia, porque seu objetivo era idêntico. Os Irmãos se ofereciam a Deus em corpo, alma e espírito; em resposta, Deus se infundia neles de maneira especial, e então atuavam como canais de Sua graça para o mundo.

O menino trazia do pedestal do V. M. uma salva de ouro, com uma tampa cupulada de uns trinta centímetros de diâmetro, muito semelhante às vasilhas que hoje se usam para servir verduras na mesa; mas era de ouro maciço, primorosamente trabalhado e de muito peso.

A menina trazia uma taça de manufatura semelhante; não igual ao cálice cristão, porém mais parecia com a taça de dupla asa, para vinho, dos tempos medievais. Esses vasos eram objeto de profundíssima reverência por sua imemorial antiguidade, e seu estilo tinha muito pouco de egípcio, pelo que possivelmente procediam dos atlantes.

A menina trazia também um curioso triângulo de ouro, com um olho humano gravado no centro. Uma ligeira depressão em forma de concha, no ápice do triângulo, permitia que o oficiante o usasse como colher, segundo o explicaremos.

Esses vasos eram colocados no altar diante do V. M., que estendia as mãos sobre eles, dizendo:

— Oh! Altíssimo. Poderosíssimo, Sapientíssimo, perpétua

Luz de quem toda luz irradia sempiternamente. Nós Te restituímos aqui a vida e luz que nos deste. Nesta oferenda está nossa vida. A Teus pés a depositamos e diante de Ti a depomos. Assim como Te leva nossa vida, assim também possa ela trazer-nos Tua vida. Inunda nossa oferenda com Tua vida para que esta possa despertar-se em nós.

Todos os Irmãos estendiam as mãos, pronunciando o equivalente egípcio de: "Assim seja!".

O V. M. se revestia então de uma preciosa túnica de tecido de ouro, que o acólito havia trazido do pedestal; dava um g..., e virando-se com os braços estendidos para as colunas, dizia:

— Irmãos, entregastes-vos ao nosso Senhor Osíris-Rá; agora Osíris-Rá Se vos entregará.

Todos os Irmãos entoavam de novo: "Assim seja!".

Em seguida o V. M. destampava os vasos. Na salva havia uma espécie de torta chata, de uns 36 centímetros de superfície e doze milímetros de espessura, entalhada em quadrados como um tabuleiro de xadrez; não cortada de todo, mas meio cortada por seis linhas paralelas a cada par de lados, de modo que se pudesse partir facilmente a torta em pedacinhos quadrados. O corte era mais profundo ao redor dos nove quadrados do centro. A torta era confeccionada com farinha de trigo, de sabor um tanto doce, e coberta superficialmente por uma tênue camada de substância embranquecida, parecida com o caramelo de nossas tortas atuais. A taça continha um líquido incolor.

A DESCIDA DE OSÍRIS

Tão logo o V. M. destampava os vasos, levantava os braços para a Estrela Flamígera, e exclamava:

— Ó Senhor, desce!

Quando a copiosa torrente de luz caía sobre as oferendas, efetuava-se uma transmutação química, sem dúvida pela ação actínica da luz, que mudava em carmesim a cor embranquecida do caramelo. Parecida transmutação química devia de se efetuar na taça, porque o líquido incolor tomava intenso matiz de rosa.
Efetuava-se a troca de cor evidentemente para simbolizar a descida da Vida Divina, e uma vez completada a mutação, dava o V. M. uma peculiar série de sete g...s repetidos por ambos os V...s, o C. I. T. e o C. E. T., e depois dizia:

— O Senhor se nos entregou; demos graças ao Senhor.

Todos os Irmãos repetiam essas palavras, cantando-as várias vezes numa espécie de antífona com muitas partes, que evidentemente todos sabiam de cor.

A DISTRIBUIÇÃO DO SACRAMENTO

Depois de tudo isso, o V. M. ordenava ao M. de C. que colocasse ordenadamente oito Irmãos dos situados no ângulo sudeste da Loja e os conduzisse ao altar. Esses nove se agrupavam em torno do V. M. enquanto ele permanecia perto do altar.
Virava-se-se então o V. M. de frente para o altar, quebrava um dos quadrados do lado nordeste da torta e o punha na taça. Tomava depois o triângulo de ouro e introduzia na taça o vértice em forma de colher, com o qual tirava o pedacinho quadrado da torta e o consumia reverentemente. Depois, ao virar-se de frente para os nove Irmãos que o rodeavam, todos estes se inclinavam ligeiramente ante ele, dizendo a uma voz:

— Tu és Osíris.

O V. M. quebrava outro quadrado da torta, e o deitava na taça. O M. de C. se adiantava saudando, e entregava ao V. M. uma colherzinha feita de cerâmica formosamente azul, finamente vítrea, que com frequência encontramos em *ushabtis**. O V. M. tomava a colherzinha, extraía com ela o pedacinho quadrado e o ministrava ao M. de C. Em seguida, todo o grupo, inclusive o V. M., se inclinava ligeiramente ante o M. de C. e exclamava a uma voz:

— Tu és Osíris.

Cada Irmão entregava sucessivamente sua colherzinha, e recebia o pedacinho de torta e a reverência e saudação de seus Irmãos.

Quando todo o grupo dos nove havia participado do sacramento, o M. de C. os restituía aos seus respectivos lugares e conduzia ao altar o S. V. e nove outros do ângulo sudoeste da Loja, os quais efetuavam exatamente o mesmo ritual. Seguia-se depois o P. V. com nove Irmãos do ângulo noroeste, e finalmente o Secretário com nove Irmãos do ângulo nordeste.

Cada Irmão trazia sua colherzinha, e depois que o V. M. a tinha usado para lhe ministrar o sacramento, deitava-a numa grande escudela de ouro que os acólitos sustinham ao seu lado. Um ponto digno de nota era que os acólitos sustinham a escudela diante do V. M. cada vez que este ministrava um fragmento de torta impregnada no líquido do cálice, com o fim de aparar alguma gota que caísse.

Quando o V. M. dava o fragmento a cada Irmão, dizia:

— Recebe a Luz. Tu és Osíris. Deixa brilhar a Luz.

E os nove Irmãos do grupo se inclinavam respeitosamente ante aquele que acabava de receber o sacramento, e repetiam:

---

* No Egito Antigo, *ushabtis* era uma figura em forma de múmia, com inscrições extraídas do *Livro dos Mortos* e colocada ao lado de um morto, no túmulo. (N. do T.)

— Tu é Osíris.

Verificar-se-á que depois que os quarenta haviam recebido e regressado a seus lugares, restava ainda o bloco central de nove quadrados. O V. M. quebrava um deles, deitava-o na taça, extraia-o logo com a colher triangular de ouro, e o levava a um dos nove altares dos anjos, na parte norte da Loja. Acompanhavam-no os acólitos, um de cada lado, os quais sustinham um lenço estendido diante dele para receber as gotas que pudessem cair do triângulo.

Em cada altar havia uma toalhinha quadrada, de linho, e em cima desta, um pratinho delgado, de cor azul, em que o V. M. depositava o pedacinho de torta, dizendo:

— A dádiva de Osíris a... (aqui mencionava o nome do anjo).

Os Irmãos cantavam em resposta:

— Louvor ao santo... (repetiam o nome do anjo).

O V. M. efetuava essa cerimônia em cada um dos nove altares, mas a cada vez voltava ao altar central; e o último fragmento, que era o do centro da torta, o depositava no altar do arcanjo a quem nós chamamos são Miguel.

Os acólitos traziam do pedestal, depois, um frasco com água, e o V. M. lavava cuidadosamente a salva, a taça e o triângulo, deitando logo a água na escudela onde havia posto as colherzinhas azuis, enxugando os vasos com a toalha que os acólitos sustinham. Em seguida o V. M., acompanhado dos acólitos, passava pelos nove altares dos Anjos e cuidadosamente recolhia deles o pratinho com o fragmento da torta e os deitava ambos na escudela. Depois tomava a toalhinha quadrada de linho e limpava com ela a superfície do altar, donde jogava na escudela o que ainda restasse ali.

É evidente que se supunha que cada anjo havia extraído da oferenda o que desejava, de modo que bem se podia retirar o símbolo externo. O V. M. não fazia nesse caso uma viagem separada para cada altar, mas começava pelo extremo ocidental da linha de altares e os ia seguindo diretamente um após outro. Quando voltava ao altar do centro da Loja, deitava na escudela a toalha com que havia enxugado os vasos. Sobre ela colocava então a tampa, que ele selava com o seu selo por dois pontos, e os acólitos a punham de lado até o fim da cerimônia.

A REUNIÃO DE OSÍRIS

Depois de feito o precedente, o V. M. voltava para a sua cadeira com os dois acólitos, e todos se sentavam. Depois ele dava um g... e dizia:

— Irmãos, o corpo de Osíris está fragmentado e sepultado em vosso interior. Como ressuscitará?

E os Irmãos repetiam as mesmas palavras:

— O corpo de Osíris está fragmentado e sepultado em vosso interior. Como ressuscitará?

Cantavam repetidas vezes essas palavras em antifonia. Era um hino, o qual, no entanto, produzia uma melodia mágica em tom menor, que impressionava maravilhosamente. Essa música se tornava gradualmente mais lânguida e melancólica, ao passo que a luz ia fenecendo lentamente até reinar completa escuridão. Então a música se extinguia completamente, e reinava um período de silêncio durante o qual os Irmãos meditavam sobre a morte e vida de Osíris.

Do silêncio brotava uma suave e longínqua música como que de fadas, a qual por imperceptíveis graus se avolumava e aproximava cada vez mais. Ainda que suave, já não era de modo algum triste, mas tranquila e ditosa, com um agradável e persistente estribilho. Ao cabo de um momento, ressoava uma voz com tão hábil gradação modulada, que era quase impossível dizer quando havia começado a ressoar. A princípio parecia que sussurrava no ar, depois as palavras começavam a tomar forma articulada, e antes que a gente o percebesse, a voz cantava em tom cada vez mais claro e alto:

> — Osíris é imortal e imutável. Osíris está fragmentado e dividido em milhares de partes, e contudo, sempre reunido. Ainda que possa ser muitos, é sempre um. Nós somos Osíris; por meio de nós Ele ressuscitará e será reunido. Porque nós somos um, tal qual Ele é um.

Depois os Irmãos se reuniam e cantavam uníssonos as mesmas palavras, em coro gradualmente crescente.
Terminado o canto, o V. M. dava um g... e dizia:

> — Levantai-vos, Irmãos, que sois Osíris. Como recebestes, dai-o.

Levantava-se também o V. M., e voltando-se para o Oriente, com a lanterna aberta, cuja luz se projetava na distante parede oriental da vasta sala, dizia:

> — Eu, Osíris, dou a Luz da sabedoria.

Todos os Irmãos voltavam o rosto para as paredes; o P. V. abria sua lanterna e dizia:

> — Eu, Osíris, dou a Luz da força.

Depois o S. V. emitia, analogamente, a Luz da beleza; os Irmãos iam descobrindo, um após outro, a luz de suas lanternas, e a projetavam, com todas as suas forças, simbolizando sua respectiva qualidade, pelos tenebrosos âmbitos da sala, que representavam as trevas do mundo profano. Tão flexível era a linguagem, que a frase "Luz da beleza" podia ser igualmente interpretada por "a beleza da Luz".

Nesse ponto a cena era sumamente impressionante, pois os raios luminosos se projetavam em todas as direções através das trevas:

Quando o último Irmão acabava de falar, o V. M. dizia:

— Como a verdadeira sabedoria é amor, também difundo a Luz do amor que abarca e inclui tudo.

A REFULGÊNCIA DA LUZ

Após alguns minutos de intensa e silente concentração, o V. M. repetia a série de sete g...s, respondida pelo V...s, o C. I. T. e o C. E. T. Todos os Irmãos voltavam o rosto para o interior da Loja e imediatamente ressoava o canto de triunfo.

— Osíris ressuscitou. Uno é Osíris. Todos nós somos unos nele. Regozijai-vos, oh! Irmãos, regozijai-vos, porque Osíris venceu a morte e o temor. Não há morte nem temor. Osíris vive eternamente e nós vivemos nele.

Cantava-se esse hino em antífonas, que finalmente culminavam na vitoriosa exclamação:

— Brilha intensamente, Osíris-Rá. Que a Luz brilhe!

Nesse ponto o V. M. se voltava para Estrela Flamígera, e a vasta sala se inundava novamente de luz. Os Irmãos apagavam suas lanternas e se revestiam de reluzentes túnicas de gala em honra à ressurreição de Osíris. Quando todos estavam dispostos, o V. M. dava um só g... e dizia:

V. M. — Irmão P. V.: Osíris é um ou muitos?
P. V. — Osíris é sempre um, V. M., mas manifesta-se em variedade de formas.
V. M. — Irmão S. V.: quando se manifesta Osíris em variedade de formas?
S. V. — Quando ele se divide e desce aos mundos inferiores, V. M.
V. M. — Por que desce, Irmão P. V.?
P. V. — Para nosso benefício, V. M.
V. M. — Como se entende isto, Irmão S. V.?
S. V. — Porque sem ele não existiríamos.
V. M. — Assim, pois, somos Osíris, Irmão P. V.
P. V. — Somos Osíris, V. M., e por nosso meio tem de brilhar sua Luz.
V. M. — Donde procede essa Luz, Irmão S. V.?
S. V. — Do olho de Osíris, V. M., quando contempla o seu mundo.
V. M. — Que sucederia, Irmão P. V., se Osíris retirasse sua vista?
P. V. — O mundo cessaria de existir, V. M.
V. M. — Assim, pois, está sua Luz em todos, Irmão S. V.?
S. V. — Está, V. M., mas em alguns está oculta pela ignorância.
V. M. — Qual há de ser então nossa obra, Irmão P. V.?
P. V. — Desvelar esta Luz Oculta, V. M.
V. M. — Como poderemos fazer esta obra, Irmão S. V.?
S. V. — Quanto mais claramente brilhe em nós a Luz, V. M., tanto mais brotará a Luz Oculta em nosso próximo.
V. M. — Como assim, Irmão P. V.?.
P. V. — Porque Osíris é uno, V. M., e Osíris que está dentro de nós, chama a Osíris que está em nossos Irmãos.
V. M. — Assim, pois, Irmãos, expressemos nossa gratidão pelo que Osíris nos beneficiou, fazendo com que sua Luz brilhe sobre outros, como hoje o fizemos.
V. M. — (continuando): Unamo-nos agora para dar graças a Osíris.

A PROMESSA E A BÊNÇÃO

Organizava-se então a procissão em que todos os Irmãos usavam suas magníficas vestimentas de gala e davam volta no vasto recinto, cantando hinos com vivíssimo entusiasmo. Terminada a circunvolução pelo salão, dividiam-se em quatro grupos, que se colocavam respectivamente no ponto médio de cada uma das paredes do local, e a um sinal convencional se dirigiam simultaneamente para o centro, ocupando de novo seus postos na Loja. Uma vez todos colocados, o V. M. dava a peculiar série de sete g...s, e levantando os braços sobre sua cabeça, dizia:

— Irmãos, voltemos a construir o templo de Amon-Rá, que cria, mantém e destrói os mundos. Osíris, Ísis e Hórus são unos com ele. Nós lhe prometemos nossa vida que dele recebemos. Invoquemos sua bênção.

Em resposta, todos os Irmãos levantavam os braços para a Estrela Flamígera e solenemente repetiam:

— Prometemos nossa vida a Amon-Rá, de quem a recebemos.

Depois baixavam os braços e prorrompiam numa maravilhosa antífona final em que se repetia muitas vezes o Sagrado Nome, à maneira como se repete o coro do "amém" no *Messias* de Handel, ainda que a música mais se assemelhasse às fugas de Bach. "Louvor a Amon; graças sejam dadas a Amon; Amon, Amon, Amon-Rá".

O entusiasmo e o gozo dos Irmãos eram indescritíveis.

Extinta a última vibração do alegre canto, o V. M. tornava a levantar os braços e exclamava profundamente emocionado:

— Que a bênção, a paz, o amor e a vida de Amon permaneçam perpetuamente em vós.

Todos estendiam suas mãos para responder:

— Assim seja.

Depois desgraduava e fechava a Loja, no devido e antigo costume.

Decorrido um lapso de tempo conveniente depois de terminada a cerimônia, o V. M. e alguns dignitários levavam a escudela de ouro até a margem do Nilo. Embarcavam num bote, vogando até chegar ao centro do rio, onde o V. M. rompia os selos e esvaziava nas profundas águas o conteúdo da escutela. Em seguida a lavava cuidadosamente e voltava a restituí-la ao santuário.

II

A CERIMÔNIA DOS SANTOS ANJOS

O C. D. T. O. V. M. mantém uma Loja própria num salão de Seu castelo, e pessoalmente gozamos várias vezes a fortuna de presenciar alguns de seus trabalhos. Assisti ali a um formoso ritual que me foi permitido descrever, pois difere tanto do rito comum das reuniões maçônicas, que não se quebra nenhum J... em publicá-lo.

Consiste numa cerimônia especial que se celebra no dia da festa cristã do arcanjo são Miguel e de todos os anjos. Aos estudantes maçônicos e eclesiásticos vale a pena notar que certo número desses festivais da Igreja cristã são muito mais do que simples comemorações, pois são definitivamente ocasiões em que, por várias razões, se aproximam o céu e a terra, e a comunicação entre os mundos visíveis e invisíveis se estabelece com maior facilidade do que de costume.

Subsiste frequentemente uma base astronômica para esse fenômeno, como no caso dos festivais de são João Batista e do Evangelista, que se diz serem os santos patronos da Maçonaria. Um festival ocorre em 24 de junho e o outro em 27 de dezembro, visando, sem dúvida, respectivamente, os solstícios do verão e inverno*, embora com um erro de alguns dias por causa da má adaptação do calendário medieval. O Dia de São Miguel é, evidentemente, uma tentativa para assinalar o equinócio outonal, conquanto agora o seja uma semana atrasada, e se inclui também entre as ocasiões que mencionei. Anualmente se aproveita essa oportunidade para fazer o maravilhoso intercâmbio de forças que vou procurar descrever, embora, tanto quanto no primeiro caso, seja esse um dos muitos exemplos em que as palavras parecem desesperadamente inadequadas.

A LOJA E OS OFICIAIS

No lado oriental de uma espaçosa sala havia um trono de mármore branco, formosamente esculpido, levantado sobre uns tantos degraus, no qual se sentava o C. D. T. O. V. M., vestido de um magnífico manto à maneira de capa pluvial, preso no peito por uma brilhantíssima joia de diamantes e ametistas em forma de uma estrela de sete pontas. Debaixo da capa levava um traje de malha de ouro, que pertencera a um imperador romano.

De cada lado seu, de pé sobre um dos degraus para o trono, permanecia um guarda com traje de malha de prata, armado de uma espada desembainhada.

No lado ocidental, em frente ao trono, se sentava o *Chohan* ou Senhor do Terceiro Raio, com magníficas vestimentas de verde e ouro, mas o broche de sua túnica era um triângulo de ouro crivado de diamantes e esmeraldas, e o seu trono era de pórfiro polido. Evidentemente atuava ele como P. V.

Na parede do sul, a meio caminho do C. D. T. O. V. M. e do *Chohan* do Terceiro Raio, havia um terceiro trono de mármore rosado, no qual se sentava um conhecido Adepto nas funções de

---

* No hemisfério norte. (N. do T.)

S. V., vestido de uma túnica parecida com uma casula, com profusos adornos de ouro e azul. A casula tinha bordada em sua frente uma coluna coríntia, que se estendia do pescoço aos joelhos, e de cujos lados brotava uma ramagem que subia até os ombros, como se vê nas casulas de estilo gótico. Em seu peito se prendia uma corrente de ouro, da qual pendia uma estrela de cinco pontas formada de safiras, e da qual pendia, por sua vez, uma cruz de rubis.

O centro da Loja ficava vazio, embora vários Irmãos vestidos de túnicas de brilhantes cores se sentassem nos bancos das colunas. Os losangos do pavimento de mosaico eram alternadamente de rosa e azul pálidos, e parecia que havia neles algum desenho adicional traçado com linhas tênues. Também havia linhas de diversas cores ao redor do pavimento, como se costuma ver às vezes nas Lojas comaçônicas.

O TRIÂNGULO DE ADEPTOS

É claro que o C. D. T. O. V. M. dirigia os trabalhos como V. M. Iniciou a cerimônia trocando algumas frases com os outros adeptos. Houve também alguns cânticos e vários movimentos rápidos e simultâneos.

Depois o V. M. entoou algumas frases solenes que pareciam orações, e descendo do trono, colocou-se no pavimento em determinado ponto a curta distância e em frente do trono.

Ao descer do trono, os dois assistentes, de frente um para o outro, o saudaram com suas espadas quando passou entre eles, e desceram até o solo, permanecendo em frente do trono aguardando o seu retorno.

O P. V. cantou também uma oração e desceu do trono, e depois o S. V. fez exatamente o mesmo, de modo que os três ficaram formando um triângulo retângulo, de frente para o centro.

Depois de trocar cerimoniosas saudações, cantaram em antífona, e parecia que mutuamente se arrojavam ígneos relâmpagos, até que o triângulo ficou assinalado com linhas de luz brilhante e dourada.

A CHEGADA DOS ANJOS

O V. M. voltou-se para o S. V. e entoou uma sentença. O S. V. respondeu, e ambos voltaram as costas para o centro, permanecendo olhando perpendicularmente para o sudeste da linha de fogo que os unia. Depois entoaram simultaneamente uma invocação com os braços estendidos para diante; e subitamente apareceram dois anjos que se colocaram em frente deles para formar um quadrado com os três adeptos. Trocaram alguns sinais à maneira de saudação, voltaram a cantar e expelir ígneos raios, de modo que o quadrado ficou assinalado com linhas de áurea luz, como o triângulo.

A seguir o P. V. voltou-se para o S. V. e cantaram juntos, olhando perpendicularmente para a linha de fogo que os unia pelo sudoeste. Também entoaram a invocação e repetiram os movimentos que o V. M. e o S. V. haviam feito antes. Outros dois anjos apareceram em frente a eles, e com eles formaram um quadrado, que também ficou assinalado com linhas de luz. Cada vez que aparecia um anjo, todos os presentes prorrompiam numa exclamação de boas-vindas (S... I... I... S...) e o saudavam.

Depois o S. V., levantando os braços, cantou uma invocação, e imediatamente apareceu a seu lado um poderoso anjo vestido do mesmo modo que ele. Ambos se estreitaram a mão direita enquanto levantavam a esquerda sobre a cabeça, e trocaram rapidamente algumas saudações. Os Irmãos deram o grito de boas-vindas e o anjo tomou o lugar que o S. V. tomava no pavimento, regressando este ao seu trono.

Em seguida, o P. V. praticou a mesma cerimônia e O substituiu no pavimento outro anjo vestido como ele estava.

Finalmente, o V. M. fez a mesma coisa que os demais; mas antes de voltar ao seu trono, desembainhou a espada, traçou com ela um sinal no ar e depois a embainhou e se dirigiu para o seu trono. Seus assistentes o saudaram como antes e tornaram a reassumir seus lugares no degrau.

Os três adeptos haviam descido de seus tronos pelo lado esquerdo e voltaram a ele pelo lado direito. Os anjos representativos dos sete raios de nosso sistema solar ficaram dispostos em dois quadrados tangentes por um ponto, e de pé sobre os dois lados do triângulo adjacentes ao ângulo reto.

A CONSTRUÇÃO DO TEMPLO DOS ANJOS

Depois de alguns outros cânticos, o V. M. se levantou do trono e, erguendo os braços, iniciou uma potente invocação a que, depois de entoada a primeira sentença, se uniram todos os anjos e os Vs.

A seguir, os três oficiais e todos os anjos se voltaram rapidamente para o norte e cantaram juntos uma longa invocação, por cujo efeito apareceram outros dois anjos que completaram o terceiro quadrado. Mas esses dois anjos eram cósmicos, da classe que não está limitada a um só sistema solar, e assim ficaram representados os noves coros angélicos. Quando traçaram seu quadrado com linhas áureas, desenhou-se no pavimento, com traços ígneos, a proposição número 47 do primeiro livro de Euclides, com cuja preparação, durante a vida terrena em que usou o nome de Pitágoras, estivera tão familiarizado o Adepto que agora atuava como S. V.

Os anjos vibraram de novo com seus luminosos raios, mas dessa vez para cima, no ar, de modo que sobre cada um dos três quadrados ergueram uma pirâmide e um tetraedro sobre o triângulo central.

Depois lançaram seus raios em direção ao solo e construíram assim uma série de pirâmides invertidas, resultando a combinação de quatro prismas, um de seis faces e três de oito, cujo plano central era o pavimento em que estavam os anjos. Na *Figura* XXVII se fez um esforço para mostrar esta construção em perspectiva, e na *Figura* XXVIII foi feita uma tentativa para mostrá-la numa rápida visão.

BIBLIOTECA MAÇÔNICA PENSAMENTO

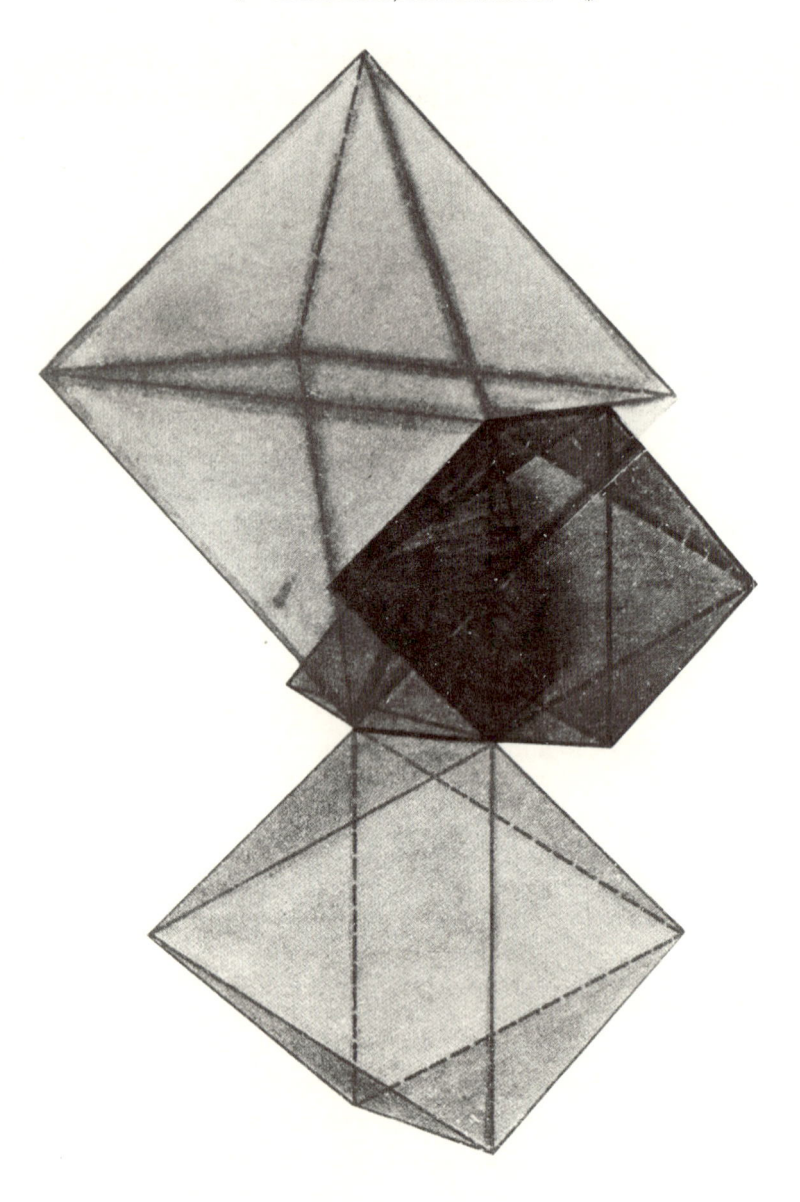

Figura XXVII
O templo dos anjos

Figura XXVIII

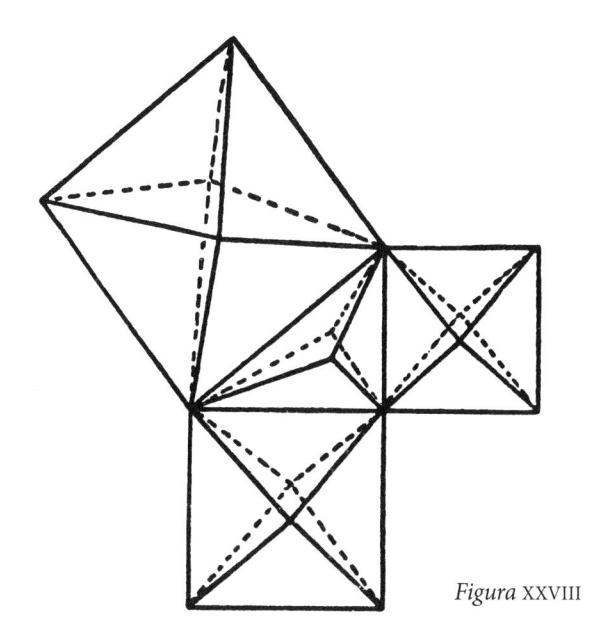

A CERIMÔNIA NO TEMPLO

Logo depois de os anjos terem construído um templo de tão estranha forma, passaram a efetuar em seu interior uma cerimônia interessantíssima. Dançaram em coro, em vistosas e variadas figuras, como o fazem os adeptos na cerimônia de Wesak, descrita em minha obra *Os Mestres e a Senda*, embora fossem diferentes as figuras. Formavam uma estrela de sete pontas, uma cruz suástica em muitas outras figuras, mas com dificuldade se podia vê-las, por causa das coruscantes radiações ígneas que brotavam das pontas da figura.

Após muitas mudanças de coloração, entoavam em coro uma espécie de hino, em cuja maravilhosa música as vozes ressoavam como estrondo de trombeta ou repique de enormes sinos. O poliprismático templo era transparente como cristal e contudo parecia estar impregnado de fogo, de modo que ao contemplá-lo se compreendia o significado da estranha descrição que faz o *Apocalipse* (15:2) de um mar de cristal inundado de fogo.

À medida que crescia a intensidade do hino angélico, era mais vivo o resplendor do templo; raios de fogo se difundiam pelo empíreo, levando mensagens e saudações aos longínquos mundos do espaço. E a esta tremenda invocação vinha uma resposta, muitas respostas mesmo. Estranhas para nós, e além de todo poder descritivo, em magnetismo e sentimento eram estas respostas de outros mundos; mas que *eram* respostas não havia a menor dúvida. Algumas vieram de outros planetas de nosso sistema; outras chegavam certamente de mundos dos quais agora nada sabemos.

Era dramático o final da cerimônia. Os prismas refulgiam com intensidade cada vez maior, até que todo o templo parecia uma massa de fogo vivo, e ao ressoar o canto final de triunfo, alçou-se o templo nos ares e desapareceu arrebatado num carro de fogo como noutro tempo o profeta Elias.

Depois entoaram todos os Irmãos um hino, o C. D. T. O. V. M. abençoou solenemente a assembleia, e desfilaram todos cantando em procissão, cuja retaguarda fechavam, como usualmente, os três oficiais.

O EFEITO DO FESTIVAL

O festival de são Miguel e de todos os anjos, em que, como disse, se celebra anualmente esta reunião maçônica, é um aniversário muito anterior à era cristã, ainda que o Cristianismo o tenha adotado, como o fez com vários festivais das primitivas religiões. É uma troca de alegres saudações e votos cordiais, uma espécie de "feliz ano novo" entre os anjos.

No entanto, a cerimônia não se limita a uma saudação celeste, senão também tem outros objetivos, muitos dos quais é impossível compreender-se. Por exemplo, era evidente que se descarregavam energias no interior de nossa Terra resultando que destas forças recebidas pelos membros se difundia por outros mundos as que estes necessitavam.

Estou certo de que ainda andamos muito longe de compreender o significado de tão magnífico ritual. Recordo-me de que a senhora Blavatsky nos falou uma vez dele, e eu havia ouvido muitos anos antes uma alusão que sobre esse particular fez um Adepto da Fraternidade.

11. O encerramento da loja

AS SAUDAÇÕES

Assim como, ao abrirmos a Loja, concentramos todas as nossas forças para os trabalhos da noite, assim também, ao encerrarmos a Loja, voltamos a mobilizá-las para o final esforço de efundir a bênção maçônica.

A cerimônia de encerramento começa com o V. M. perguntando se algum Irmão deseja apresentar alguma proposição em benefício da Ordem em geral ou da humanidade. Tudo o que se refere aos assuntos administrativos da Loja deve ser efetuado no começo da reunião, antes de iniciar os trabalhos especialmente maçônicos. A única coisa admissível no encerramento são as propostas de Iniciação e as saudações que se recebem de outros Conselhos, Consistórios, Capítulos e Lojas.

As saudações então apresentadas não são de puro formalismo. Cada uma delas contribui para intensificar a energia que se está produzindo enquanto a Loja trabalha, e envolve a peculiar atmosfera mental da Loja que envia a saudação. Cada Loja existe no plano mental como um definido objeto mental, como uma coisa positiva no reino do pensamento. Portanto, quando o membro de uma Loja assiste a outra Loja, e a saúda em nome da sua, derrama influências muito benéficas mediante o raio de luz que recebe de sua Loja e por meio dele se difunde. Quando um Irmão está em sua própria Loja, põe-se em atividade a faceta, parte ou segmento de sua aura, que o relaciona com a Loja, e atualiza-se uma porção de seu ser potencial de formar parte da Loja.

Como entidade mental, a Loja está constituída pela soma das referidas porções de seus membros, que se combinam para formar um conjunto do qual brota o raio de luz que acompanha a saudação. Ao dizer que a Loja é uma entidade mental, não damos a entender que seja algo imaginário ou fantástico, senão que no plano mental cada Loja é uma coisa positiva, uma grande esfera com uma atuação precisa no espaço, sobre o local onde a Loja celebra suas reuniões. Se várias Lojas se reúnem no mesmo local em diferentes dias da semana, veem-se flutuar sobre o edifício as diversas esferas, que não se misturam, mas formam uma espécie de cacho, à maneira de uma coleção de bolinhas que se vende na rua para brinquedos de crianças.

São muito variadas as formas mentais produzidas pelas Lojas, e há algumas verdadeiramente formosas, porque os Irmãos que constituem a Loja a consideram como parte integrante de sua vida e trabalham com ardente entusiasmo. Quando os Irmãos têm conhecimento suficiente do significado oculto da Loja e de seus trabalhos, ela produz uma forma esplêndida no plano causal; mas se a Loja está composta de indivíduos de escassa capacidade intelectual, cujos pensamentos estão em maioria concentrados nas boas amizades e nos festins, será muito robusta a contraparte astral da Loja, mas muito deficiente a sua forma mental. Disso se infere que a saudação de uma das Lojas será mais benéfica que a de outras.

As saudações mais elevadas de todas são as do Supremo Conselho. O V. M. expõe por três vezes a pergunta que motiva a saudação, e portanto, a energia que a Loja recebe por meio da saudação se divide em três grupos distintos. Às vezes há resposta a cada uma das três perguntas, mas costuma não havê-la. O primeiro grupo traz a bênção da Maçonaria Branca. Só a pode dar o membro do Grau 31 ao 33, e tem todo o caráter de uma bênção do alto; por essa razão, suas comunicações se datam sempre do Zênite, para demonstrar que a bênção desce imparcialmente sobre todos os seres.

Nesse mesmo grupo podem também ser recebidas saudações de um Acampamento do Grau 30. São pretas as insígnias desse grau; seus ensinamentos especiais se referem à extinção do carma bom ou mau, e sua função específica na Maçonaria é infundir hábitos de ordem, justiça e disciplina. Por essa razão está esse grau estabelecido num acampamento sobre a montanha, para que possa ver em todo redor qualquer assunto que lhe seja submetido.

O segundo grupo de forças provém da Maçonaria Vermelha, ou antes, cor-de-rosa. Abarca esse grupo todos os maçons do Grau 4 ao 29, assim como inclui os maçons do Santo Arco Real. Seu ponto central é o Grau 18, ou Rosa-Cruz, e sua característica peculiar é o amor. Por causa de sua qualidade de amor, ele data todas as suas comunicações nos férteis vales que ladeiam as montanhas e descem para as abundantes planícies da vida cotidiana.

As saudações do primeiro grupo podem ser comparadas à bênção de um grande *guru* ou instrutor religioso, enquanto a do segundo se assemelha mais à afeição dos pais aos filhos, ou à que os *pitṛs* ou antepassados derramam sobre a humanidade.

Cada maçom do Grau 33 possui um poder de abençoar parecido ao dos bispos da Igreja cristã, porque os poderosos anjos brancos que estão especialmente ocupados na obra do Grau 33 têm muito de comum com os que desempenham análogo serviço nessa Igreja.

Depois vem o terceiro grupo de saudações, das Lojas de Mark e da Maçonaria Azul, e as dão os membros dos três graus. Implicam numa copiosa corrente de fraternal estímulo e fortaleza, procedente de outras Lojas, que estão maçonicamente no mesmo nível que o da que recebe a saudação. Essas Lojas estão situadas nas dilatadíssimas planícies.

Temos assim três tipos distintos de saudações, que respectivamente infundem bênção, amor e estímulo.

Às vezes uma Loja que não é a sua, mas com a qual está pessoalmente relacionado, encarrega a um maçom que saúde sua própria Loja ou outras que possa visitar. Nesse caso é uma espécie de embaixador da Loja que lhe confere o encargo, ainda que não pertença a ela, e está, portanto, facultado a levar suas saudações, como o poderia fazer um membro do quadro da Loja.

Nesse ponto do encerramento dos trabalhos, poderia suceder que não houvesse proposição alguma, e então o P. V. anunciaria:

— Reina silêncio em ambas as c...s, V. M.

Aqui não empregamos a palavra c...s no sentido dos pilares que se erguem nos pedestais, mas com referência aos membros que não desempenham cargos e se sentam nos lados norte e sul. Esses Irmãos estão literalmente situados como c...s na construção do templo, segundo se vê na Figura I desta obra. Sua função é sustentar a Loja.

Não quer isso dizer que os Irmãos enfileirados formem duas c...s horizontais no solo da Loja, constituindo o dossel ao oriente uma espécie de verga. Cada Irmão é uma separada c... perpendicular, que auxilia a suportar o teto; permanecem todos como Irmãos, iguais no trabalho. Citarei aqui o relato de uma visão muito formosa e instrutiva que teve há muitos anos um íntimo amigo meu:

> Um dia meditava eu na fraternidade, quando subitamente surgiu diante de minha visão interna um magnífico templo, de estilo aparentemente egípcio ou grego. Não tinha paredes externas, mas consistia em grande número de colunas, suportando um gracioso teto e circundando um pequeno santuário murado, em cujo interior não olhei.
> Não posso exprimir a intensidade com que senti que o edifício era profundamente significativo — impregnado como se achava de um magnetismo da inteligência que o tornava não uma simples visão, mas uma lição objetiva. Era uma lição contendo elevadíssimo ensinamento. Simultaneamente se desenvolveu um soneto explicativo, que em versos tersos e compactos o descreveu como um símbolo da verdadeira fraternidade. Todas essas colunas, em diferentes lugares, algu-

mas banhadas pela gloriosa luz solar, outras sempre na penumbra das linhas internas, algumas grossas, outras finas, algumas esquisitamente decoradas, outras igualmente fortes e sem adornos, algumas sempre frequentadas por devotos que costumavam sentar-se ao pé delas, outras sempre desertas: todas elas, silenciosamente, cordialmente, perseverantemente e igualmente sustinham um mesmo teto, protegendo a parede interna e seu santuário. Todas eram igualmente sinceras e diferentes. E o soneto terminava: "Vede nisto a fraternidade".

Não me seria possível reproduzir agora tal soneto, mas a riqueza e plenitude de seu significado, a profunda sabedoria tão nitidamente envolta nessas poucas palavras, me fez ver, como que com o jato de uma luz indagadora, o real significado da verdadeira fraternidade: a participação no serviço, o desempenho de sua parte sem preocupar-se com nada que não fosse o trabalho a executar*.

Creio que há muita coisa a se aprender de uma tal visão.

Terminam-se as saudações levantando-se todos os Irmãos da Loja para trocar seus cordiais afetos com o V. M., de modo que concentrem e focalizem os sentimentos de amor e lealdade para com ele e para com o C. D. T. O. V. M., atrás dele.

PREPARAÇÃO PARA O ENCERRAMENTO

O Orador lê uns tantos versículos inspiradores do V. C. S. e o V. M. convoca os Irmãos a que o ajudem a encerrar a Loja.

Já vimos a parte importante que os Irmãos desempenham na abertura da Loja, com o poder de seu pensamento e devoção. Durante toda a cerimônia, a forma mental construída pelos Irmãos visíveis e invisíveis foi acrescentando a abundância e intensidade de

---

* *Some Occult Experiences*, por Johan van Manen, p. 20.

seu conteúdo. Na hora de encerramento, todos atendem à distribuição da acumulada energia pelo mundo circundante.

Talvez possamos dar ideia da natureza desse efeito, comparando-o com o da construção de certos mantras hinduístas. Há alguns anos, nosso nobre irmão Sir Subramania Iyer, de Madras, me solicitou que investigasse um mantra que, proporcionado pelo eminente ocultista do sul da Índia, Swami T. Subba Rao, ele vinha usando havia muitos anos. Examinei cuidadosamente o assunto, e também usei depois o mesmo mantra, porque, com efeito, era verdadeiramente notável.

Segundo eu soube, esse mantra se encontra nos Upanixades *Gopalatapani* e *Krishna*, e consta de cinco partes, a saber: 1ª *Klim Krishnaya*; 2ª *Govindaya*; 3ª *Gopijana*; 4ª *Vallabhaya*; 5ª *Swaha*. Meditando deliberadamente no mantra, cada sílaba traça uma linha em posição tal que compõem uma estrela de cinco pontas, como a da *Figura* XXIX.

Ao repetir o mantra, as estrelas se vão superpondo até formar um tubo cuja seção transversal é uma estrela de cinco pontas, e o tubo serve de canal condutor da energia de Shri Krishna, que é a mesma entidade que o Senhor Maitreya, o atual Bodidhisattva ou Instrutor do Mundo, o excelso ser que se infundiu como Cristo no corpo de Jesus. Graças à energia que o mantra contém, pode-se usá-lo com vários propósitos, tais como para sarar enfermos, apartar os elementais e outros benefícios.

Descobri, no entanto, existirem três estágios na ação do mantra. Ao recitar *Klim*, que os ocultistas hindus chamam a "semente da atração", desperta-se a atenção da fonte da energia, e abre-se para baixo o que poderíamos denominar uma porta ou válvula. Depois, por todo o corpo do mantra a energia flui dentro da forma; e finalmente, com o som *Swaha*, essa energia é emitida para executar seu trabalho.

Nosso trabalho na Loja é da mesma natureza do que se realiza por meio desses antigos mantras. Durante a reunião estivemos aumentando o conteúdo da forma por nossa devoção e pensamentos, e agora fazemos os preparativos para difundir pelo mundo circundante a energia acumulada.

O ENCERRAMENTO

O encerramento dos trabalhos, como o seu início, começa com a importantíssima pergunta a respeito do primeiro e constante cuidado de todo maçom: ver se a Loja está inteiramente c...a. Já tratei no Capítulo 5 do propósito e efeito dessa cerimônia; e repete-se a pergunta no ato do encerramento porque estamos gerando e acumulando energia que não se há de utilizar no interior da Loja, senão projetá-lo para fora dela, em determinada direção.

Portanto, procuramos ver cuidadosamente se nossa Loja está c...a, da mesma forma que quem carrega um fuzil cuida de fechar hermeticamente a recâmara a fim de que a força explosiva do cartucho siga toda ela pelo cano, ainda que, em nosso caso, a energia não seja destruidora, mas, ao contrário, de positivo benefício para o mundo.

A ordem seguinte se refere à comprovação de que todos os presentes são maçons; mas não com o objetivo de ver se se infiltrou algum intruso, como quando da abertura — pois durante a reunião estiveram bem guardadas as portas — e sim para, por meio do p...o e do s...l, evocar o poder do grau e estimular até o seu extremo limite a atividade do respectivo chacra, de modo que cada membro da Loja expresse plenamente o poder que se lhe conferiu. Terminada essa cerimônia, o clarividente nota que o

Figura XXIX

chacra se ilumina, resplandece, fulgura, cintila e às vezes aumenta consideravelmente de tamanho.

Depois o V. M. pergunta ao P. V. qual é o seu posto na Loja e por que está ali colocado. Essa pergunta é em realidade um chamamento do anjo representativo do P. V., para que cumpra seu dever e veja se todos os Irmãos têm a suficiente fortaleza para desempenhar sua parte na presente obra e mantê-la na vida diária até a próxima reunião.

Feito já todo o possível para estimular os Irmãos e acrescentar a energia espiritual utilizável, invocando o auxílio da Ordem, pela inspiração do V. C. S., pelo mais escrupuloso e...to da Loja, pelo emprego do peculiar poder do grau da reunião em que estiverem trabalhando, e pela impetração da assistência do anjo, nos dirigimos de novo ao G∴ A∴ D∴ U∴ para lhe manifestar nossa cordialíssima gratidão pelos benefícios recebidos e nossa esperança de que a Ordem continue merecendo seu auxílio, já que os irmãos cumprem o dever de expressar todas as virtudes morais e sociais.

As formosas palavras e os pensamentos do hino final avivam ainda mais o entusiasmo; e depois, o V. M. resume nossos deveres para com o próximo na expressiva exortação de que temos de nos reunir sobre o nível, trabalhar sobre o prumo e separar-nos sobre o esquadro. Cada oficial levanta o símbolo correspondente à pronunciação de cada palavra.

Isso quer dizer que nos reunimos com perfeita amizade e igualdade, sem prejuízos nem preferências a respeito de ninguém e fazendo justiça a todos. Atuamos sempre com absoluta veracidade e retidão, demonstrando incessantemente o mais agudo senso de honra. E ainda que a Loja esteja agora sendo fechada e estejamos para separar-nos no plano físico, nos separamos sobre o esquadro sem jamais esquecer o perfeito ajuste que o esquadro assegura, de sorte que o interesse de nosso Irmão seja o nosso próprio interesse durante a sua ausência, tanto quanto em sua presença, sem egoísmo nem esquecimentos, porque todos somos pedras unidas na construção do divino templo erigido à glória do G∴ A∴ D∴ U∴

A seguir o V. M., levantando as mãos, pronuncia as potentes palavras que deixam livre toda aquela esplêndida acumulação de energias cujas radiações atingem todos os membros das Lojas devidamente constituídas no mundo inteiro. A quantidade de energia que cada Irmão possa receber dessa formidável efusão depende de si mesmo, de seu grau de adiantamento, de seu conhecimento e de sua atitude mental; mas nenhum estudante de Ocultismo duvida nem pode duvidar do enorme valor deste dom e do grandíssimo benefício resultante de pertencer à Ordem.

As hostes elementais que se congregaram durante a reunião dispersam-se por todos os âmbitos do espaço, e unicamente permanecem em seus postos os chefes das hostes ou anjos representativos dos oficiais. Quando, por ordem do V. M., o P. V. — que representa Shiva, o destruidor das formas — pronuncia a fórmula de encerramento, também se desvanecem os anjos dos oficiais subalternos, e só ficam os das três luzes e a augusta forma mental do C. D. T. O. V. M.

Ao pronunciar o P. M. I. as solenes palavras: "E o verbo estava com Deus", recorda aos Irmãos que ainda que cesse a manifestação, o Cristo permanece no seio do Pai, disposto a surgir de novo como Unigênito quando o verbo eterno, a eterna palavra, se dignar falar uma vez mais.

Os três oficiais principais apagam então uma após outra as suas velas, e ao apagá-las, declara cada qual que a qualidade por ele personificada permanece, não obstante, como um sacrário no coração dos Irmãos. O P. M. I. explica como isso é possível, recordando a todos que "Sua Luz resplandece mesmo em nossas trevas". Apagadas as velas, desaparecem os anjos representativos, e cada um deles, ao retirar-se, inclina-se profundamente ante a presença do C. D. T. O. V. M., que levanta sua mão abençoando, e só se desvanece quando, depois da última prece pela preservação da Ordem, todos se voltam com as mãos levantadas para o Seu retrato.

Assim termina uma das mais maravilhosas cerimônias do mundo, que sobrevive incólume em sua essência desde uma antiguidade tão remota, que nada sabe dela a história escrita pela mão do homem. Embora mal compreendida, só meio apreciada, e em muitos casos despojada dos esplendentes e majestosos ritos que lhe servem de genuína expressão, ainda prossegue efetuando seu peculiar labor num mundo ingrato e ignorante.

Faz milhares, talvez milhões de anos, que por ordem do Rei Espiritual do mundo se fundou a Maçonaria, e ainda é uma das armas mais poderosas em Suas mãos e um dos mais eficientes canais de Sua bênção. Alguns de nós tiveram o bom carma de haverem sido empregados nesse departamento de Seu serviço. Oxalá não nos esqueçamos jamais quão grande é o nosso privilégio, nem nunca deixemos de aproveitar plenamente a oportunidade que Ele nos ofereceu!

A... S...